高职高专酒店管理专业工学结合规

U0689464

酒店法律与法规

主 编 汤卫松 王旭东 副主编 徐 峰

ZHEJIANG UNIVERSITY PRESS
浙江大学出版社

图书在版编目（CIP）数据

酒店法律与法规 / 汤卫松，王旭东主编. —杭州：浙江
大学出版社，2010.2（2021.12 重印）
高职高专酒店管理专业工学结合规划教材
ISBN 978-7-308-07353-0

Ⅰ. ①酒… Ⅱ. ①汤…②王… Ⅲ. ①饭店—商
业经营—法规—中国—高等学校：技术学校—教材
Ⅳ. ①D922.294

中国版本图书馆 CIP 数据核字（2010）第 015131 号

酒店法律与法规

汤卫松　王旭东　主编

策 划 组 稿	孙秀丽　樊晓燕
责 任 编 辑	傅百荣
封 面 设 计	卢　涛
出 版 发 行	浙江大学出版社
	（杭州市天目山路 148 号　邮政编码 310007）
	（网址：http://www.zjupress.com）
排　　　版	杭州大漠照排印刷有限公司
印　　　刷	嘉兴华源印刷厂
开　　　本	787mm×1092mm　1/16
印　　　张	12.5
字　　　数	281 千
版　　　次	2010 年 2 月第 1 版　2021 年 12 月第 13 次印刷
书　　　号	ISBN 978-7-308-07353-0
定　　　价	33.00 元

INTRODUCTION   内容简介

　　本书共分八章,主要包括酒店法概述,酒店企业法律制度,酒店经营中涉及的合同法律制度,消费者权益保护法律制度,酒店与雇员,酒店管理法律制度,酒店财税法律制度,酒店争议与纠纷处理法律制度等章节。

　　本书可作为酒店管理专业和旅游管理专业的教材,也可作为酒店从业人员的培训教材。对各级酒店相关的行政部门管理人员来说,这也是一本重要参考价值的工具书。

PREFACE　　　前　言

　　高等教育系列的酒店服务与管理专业已有多年的办学历程,但到目前为止,专门的酒店法律与法规方面的教材还很缺乏。该专业在校生对酒店行业法律法规的学习一般都以《旅游法规》一书作为教材,这样做有一个好处,就是学生在学习一定量的酒店法律法规的同时,也学到了相当多的旅游行业的法律法规。但这种做法也有两个不足:一是学生的学习时间和精力都是有限的,学习与酒店行业关联度不高的法律法规内容(如"旅游资源保护法规","旅游交通运输法规"等)会消耗学生宝贵的时间和精力,使学生不能集中在自己需要的知识上面。二是,现行的各种《旅游法规》教材对有些酒店行业从业人员亟需了解的法律法规没有收入。比如,价格法以及劳动保障类的法律法规等。鉴于此,立足于多年来的教学与科研积累和浙江大学出版社的鼎力支持,经过几年的酝酿,我们决定编写一本针对于酒店服务与管理大类专业教学的教材——《酒店法律与法规》。本教材的编写有效弥补了《旅游法规》教材的不足,让酒店服务与管理专业学生更具针对性地、更有效地学习饭店业法律、法规。

　　根据编写前的准备与讨论,我们编写教材时达成了以下的共识,这些共识也即本教材的特点:① 本教材学习内容主要针对酒店行业;② 编写内容能反映立法的最新情况,具有最新时效性,所给案例能同步反映我国酒店行业的最新变化;③ 结合高职院校能力本位教学改革,本教材一定程度上体现了任务导向、工学结合的理念。

　　《酒店法律与法规》由湖州职业技术学院汤卫松、浙江经济职业技术学院王旭东任主编,义乌工商职业技术学院徐峰任副主编,万向职业技术学院殷铁兵、江苏广播电视大学张家港学院金瑞琴参编,全书最后由汤卫松定稿。具体编写分工如下:第二章酒店企业法律制度、第八章酒店纠纷处理法律制度由汤卫松编写;第三章酒店经营中涉及的合同法律制度、第四章消费者权益保护法律制度由王旭东编写;第一章酒店法概述、第六章酒店管理法律制度由徐峰编写;第五章酒店劳动法律制度由殷铁兵编写;第七章酒店财税法律制度由殷铁兵、金瑞琴编写。在本教材编写过程中,我们参阅并借鉴了众多学者、专家的著作,在此我们表示衷心的感谢。

由于专门的《酒店法律与法规》方面的教材还不多,没有现成的模式可供参考,"酒店法律与法规"理论与实务方面有许多问题还处于探索和研究阶段,加之编者水平有限,难免有疏漏之处,敬请广大读者批评指正。

编　者

2009 年 10 月 10 日

CONTENTS 目 录

第一章 酒店法概述

□ 学习目标

【能力目标】

熟练掌握法律关系要素,能正确分析和处理各类酒店法律关系。

【知识目标】

1. 了解并掌握酒店业的概念、酒店的分类、酒店立法的基本原则和作用、我国的酒店法规,了解酒店业的发展概况、国外酒店立法概况。

2. 本章重点是酒店的权利和义务及酒店法律事实的分类。

3. 本章难点是酒店法律关系的产生、变更和终止。

案例导入

案例 1-1

2008 年 3 月 17 日下午 4 点,王先生入住了广安门铁路宾馆的 2403 房间,房价为每日 148 元。次日下午 2 点,他在宾馆前台退房离店。当时,服务员要求他多支付半日的房费,理由是他过了中午 12 点才退房。王先生说,此规定不合理,可宾馆说这是行规,他只好多付了半日房费。

王先生认为,该宾馆的做法没有法律依据,属于霸王条款,违背了公平交易原则。因此,他起诉到法院,要求宾馆退还多收他的半日房费 74 元,并赔偿他因起诉所花费的交通费、住宿费、饮食费、误工费、通讯费等共计 6000 余元。

广安门铁路宾馆销售部的负责人表示,中午 12 点前退房结账是酒店业的行规,也是国际惯例,大多数宾馆酒店都是这么做的,此做法并没有违反规定。

问题: 对于本案中出现的两种截然不同的观点,你是怎么看的?

理论知识

第一节　酒店业与酒店立法概况

一、酒店和酒店业的概述

（一）酒店的概念

"酒店"（hotel）一词源于法语，原义是指贵族在乡间招待贵宾的别墅。hotel 在中文里的表达的意思有很多，有酒店、饭店、旅馆、宾馆等。随着社会的发展，酒店的内涵与外延都发生了巨大的变化。

国外一些权威词典对"酒店"一词解释有如下定义：

"酒店是在商业性的基础上，向公众提供住宿也往往提供膳食的建筑物。"——《大不列颠百科全书》。

"酒店是装备完好的公共住宿设施，它一般都提供膳食、酒类以及其他服务。"——《美利坚百科全书》。

"饭店是提供住宿、膳食等而收费的住所。"——《牛津插图英语词典》。

也就是说，酒店是以建筑物及建筑物上的设施、设备为凭借，为旅游者的旅游提供住宿、饮食、娱乐、购物、公共信息和其他委托代办服务的综合性、服务性企业。

通常酒店应该具备以下四个条件：

（1）它是一个建筑物或由很多建筑物组成的接待设施。

（2）它必须是经政府批准的，能够提供住宿的设施，也往往提供餐饮和其他高水平服务的设施。

（3）它的服务对象是公众，主要是外出的旅游者，也包括半永久性居住的人。

（4）在市场经济条件下，饭店是实行独立核算、自负盈亏的、商业性的、以营利为主要经营目的的企业。所以，使用者都要支付一定的费用。

（二）酒店的分类

1. 商务型酒店

它主要以接待从事商务活动的客人为主，是为商务活动服务的。这类客人对酒店的地理位置要求较高，要求酒店靠近城区或商业中心区。其客流量一般不受季节的影响而产生大的变化。商务性酒店的设施设备齐全、服务功能较为完善。

2. 度假型酒店

它以接待休假的客人为主，多兴建在海滨、温泉、风景区附近。其经营的季节性较强。度假性酒店要求有较完善的娱乐设备。

3. 长住型酒店

为租居者提供较长时间的食宿服务。此类酒店客房多采取家庭式结构,以套房为主,房间大者可供一个家庭使用,小者仅供一人使用的单人房间。它既提供一般酒店的服务,又提供一般家政的服务。

4. 会议型酒店

它是以接待会议旅客为主的酒店,除食宿娱乐外还为会议代表提供接送站、会议资料打印、录像摄像、旅游等服务。要求有较为完善的会议服务设施(大小会议室、同声传译设备、投影仪等)和功能齐全的娱乐设施。

5. 观光型酒店

主要为观光旅游者服务,多建造在旅游景点,经营特点不仅要满足旅游者食住的需要,还要求有公共服务设施,以满足旅游者休息、娱乐、购物的综合需要,使旅游生活丰富多彩、得到精神上和物质上的享受。

(三) 酒店业的概念

酒店业作为一个服务行业,是指为旅游者提供食宿服务的行业。它具有以下的产业特点:

1. 劳动密集型

酒店业,是一个劳动密集型行业。截至 2006 年末,全国共有星级酒店 12751 家,拥有客房 145.98 万间,床位 278.55 万张,员工 158 万人,行业准入的条件比较低。

2. 国际性

酒店业,是一个开放度较高的行业,酒店业的国际接轨程度较高,设置和使用国际上较常用的设施设备;管理和服务以国际水平为行业标准,超越国内的一般水平。酒店产品的质量要符合国际水准。

3. 无形性

酒店业产品特性明显。酒店产品,是有形的设施设备和无形的劳务的有机结合。其中,以劳务为主,设施设备为辅,客人得到的是对服务过程的评价和回味,主要是一种心理满足,对产品质量的评价没有严格统一的标准。

4. 低污染性

与化学工业、重工业相比,酒店业属于低污染行业。其经营产生的各类污染物不多,且少数污染物也比较容易处理。

5. 强文化性

酒店业的文化性,由有形文化(建筑设计、功能设计、装饰设计、环境烘托等)和无形文化(企业文化中的服务理念等因素)所决定。这里所说的文化,是通常所说的大文化,是由地域、民族、历史、政治所决定的人类知识、信仰和行为的整体。它包括语言、思想、信仰、风俗、习惯、禁忌、法规、制度、工具、技术、艺术、礼仪、仪式及其他有关成分。文化所包含的内容在酒店的各个方面都会充分地表现出来,进而使酒店具有业务上的强文化性。

6. 综合性

酒店产品的综合性,是指酒店业务的多样性和独立使用价值形式上的多元性。酒店向宾客提供的是旅居生活各方面的满足,使宾客在食、住、行、游、购、娱、公务、休闲、社交等方面的需要都能得到满足而各得其所。酒店要在同一时间的不同空间满足宾客的各种不同需要,也就意味着酒店要在同一时间能够提供宾客在旅游和居住过程中不同需要的各种独立的产品的使用价值。

7. 高敏感性

酒店业的敏感性,由社会政治、文化、经济因素和本地区旅游资源吸引力和季节性等因素所决定,酒店业的经营环境比较容易变化,难以预先控制。

二、酒店立法概况

自有文字出现,就有了关于旅游的记载。自出现旅游,便有了为外出旅游者提供食宿服务的早期叫做"客栈"、现在称为"酒店"的设施(我国古代叫"驿站"、"驿馆")。酒店业有世界第二古老行业之称,酒店法就是随着酒店业的发展而产生发展的。

关于酒店法的最早记载当数古巴比伦的《汉谟拉比法典》。该法典创始性地对酒店的服务质量问题作了规定——在啤酒中掺水可以处以死刑。当然,这类规定尚不具有近现代酒店法的意义。近现代意义的酒店法发源于英国,正是英国的普通法首先宣布饭店负有保证旅客生命健康的社会责任。到了现代,酒店业已成为与旅行社、旅游交通并列的旅游业三大支柱之一,成为一国创汇、创收的重要产业。与此相应,调整酒店法律关系、规范酒店管理行为的酒店法在许多国家也日臻完善。

(一)酒店法的概念

酒店法如同其他法律一样,有广义和狭义两种定义,广义的酒店法应该指规定酒店成立、经营过程中一切权利义务关系法律规范的总称,它既包括《酒店法》,也包括其他一系列相关的法律法规,如《合同法》《劳动法》等;狭义的酒店法则仅指《酒店法》本身,它应该是包括酒店登记入住、服务接待、客人人身及财物安全、物品寄存与保管、纠纷解决等内容的行业性法律。

我国酒店业立法的指导思想应当是加强对我国酒店业的管理;规范酒店业的经营活动;提高酒店业的服务质量和服务水平;保障酒店经营者和住宿者的合法权益;维护酒店业经营秩序;促进酒店业的健康发展。

(二)酒店立法的基本原则和作用

1. 酒店立法的基本原则

酒店业立法的基本原则是酒店立法精神的集中体现,也是酒店业法律规范中最基本的一般性准则。它为具体法律条文的制定指明了方向,同时它作为法律规定的最后底线,在没有具体细则规定时能够作为评判是非的最基本标准。

(1)平等原则。酒店经营者与住宿者之间的法律关系实质上是一种民事法律关系,双方都是平等的民事法律主体,一方不得将自己的意志强加给另一方。平等原则的基本含义是,酒店经营者和住宿者无论是何人,无论其具有何等身份,在酒店住宿法律关系中相互之间的法律地位是平等的,都是独立的平等的民事主体,都必须根据住宿约定提供和接受住店服务。

（2）自愿原则。在酒店经营中,住宿者有权根据自己的意愿选择住宿酒店以及选择接受酒店服务,酒店经营者也有权拒绝接受恶意的住宿者进店入住。同样,作为自愿原则,酒店经营者也不得强制住宿者接受其不愿选择的服务,酒店经营者不得拒绝住宿者通常的、合理的服务要求。为此,酒店业立法应体现和贯彻这一原则。

（3）公平原则。公平是法律最基本的价值取向,法律的基本目标就是在公平与正义的基础上建立社会秩序。在酒店业立法中,应当贯彻这一原则。酒店经营者和住宿者应当根据公平的理念确定各方的权利和义务,经营者和住宿者都应当在不侵害他人合法权益的基础上实现自己的利益,不得滥用自己的权利。

（4）诚实信用原则。诚实信用原则被称作是民法原则中的"帝王"条款,它对于酒店立法来说同样具有十分重要的地位。在酒店业的经营活动中,无论是酒店经营者,抑或是酒店住宿者,在处理彼此关系时,都应当讲诚实、守信用,以善意的方式履行自己的义务,以善意的方式行使自己的权利,不得以损害他人为目的的滥用权利。

（5）遵守法律和维护道德原则。酒店业立法应当确立经营者、住宿者在设立、变更、终止住宿法律关系中遵守法律、法规,尊重社会公德,不得扰乱社会经济秩序,损害社会公共利益的原则。这一原则是对当事人自愿原则的限制和补充。

2. 酒店立法的作用

建立我国酒店法律制度,已经是酒店业健康发展和保护消费者权利、解决纠纷的客观要求。建立和完善我国酒店法律制度的作用体现在以下几个方面:

（1）酒店法是约束酒店和客人双方行为的准则。酒店法行为规范的作用首先体现在它明确了酒店和消费者双方的权利义务准则和一些具体要求。它是衡量双方的合同、行为是否合法有效的标尺,可促进双方在法律允许的范围内经营和消费。

（2）酒店法是酒店和消费者权益的保证。酒店法的作用还体现在它通过明确酒店和消费者的权利及义务为酒店和消费者提供法律的保障。对酒店法律纠纷的解决提供了评判的标准,是保证合同依法履行、酒店及消费者合法权益得到保护的坚强后盾。

（3）酒店法是经营者进行酒店管理的有力手段。酒店的员工聘用与管理;酒店餐饮服务质量的把握;消防设施的配置;酒店治安管理等等都应该纳入法制化的轨道,使酒店各管理层的操作规范化,使员工与管理者之间、管理者与管理者之间的法律关系有规可循,减少矛盾出现的可能。

（4）酒店法是国家机关进行行政管理和宏观调控的依据。在我国酒店业发展的过程中,经济政策、行政手段都发挥过作用,酒店星级的评定、酒店设立的申请与审批等,但局限性日益显现。作为法制化建设的一部分,酒店的微观经营活动以及国家对酒店业的宏观调控政策都必须以法律为准绳。

（三）世界范围内酒店法的发展

综观世界各国的立法实践,大部分国家对酒店经营过程中不同种类的合同关系建立的具体法律制度有所不同。对于酒店在经营和管理过程中所发生的合同关系,各国多不采用专门立法的形式,而是将其隶属于其他较大的有名合同或者通过其他法律部门的相关法律来调整。

与中国同为大陆法系的日本,早在20世纪50年代就出台了《旅馆业法》,对酒店业的行业范围、经营活动、行为准则等作出了严格具体的规定。在酒店业高度发达的美国,至今没有关于酒店业务方面的全国统一规定,但是关于酒店和汽车旅店的法规却很多,包括从早期英国判例和社会习惯演变而来的普通法的许多规则。此外,各州都有经州法院在涉及州法的问题上发表的案例法和司法判例。

1981年,国际旅馆协会执行委员会在尼泊尔加德满都通过《国际旅馆法》。此法规已经被国际旅馆业普遍承认,属国际上现行有效的关于旅馆和旅客契约关系的法规。《国际旅馆法》在宗旨中写明,它规定旅馆和旅客双方之间的权利义务,这个法规可以作为各国关于旅馆住宿契约立法的辅助性内容。该法规定"旅馆的责任应遵照国家法律条款",并对旅馆和旅客双方责任的确定采取了过失责任制。根据该制度,在发生旅客伤害事件时法院首先推定旅馆负有过失,旅馆如要减免责任就要举证过失不在己方或不全在己方。

（四）我国酒店立法现状

目前我国对各种纷繁的酒店业中的法律关系的规定,散见于《民法通则》、《合同法》、《著作权法》、《劳动法》等法律当中·还没有专门的酒店法。仅有的专门调整酒店关系的《中国旅游饭店行业规范》只对少数焦点问题作了规定,而且该规定的效力仅停留在行业规范的层面,当与其他法律规定发生冲突时,难以获得优先适用。另外,虽然在酒店的治安、卫生、级别评定方面均有相应的法规,但也大多是"条例"、"暂行条例"、"通知"之类,这些法规的法律效力低。

酒店中最常见的几类法律关系属于民事法律关系,而中国的民法典尚未出台,1986年颁布的《民法通则》和1990年《最高人民法院关于贯彻〈中华人民共和国民法通则〉若干问题的意见(试行)》等民事法律规定在面对日益复杂化的民事关系已经逐渐显得力不从心。加上酒店行业的特殊性和综合性,使得酒店中的法律关系尤其具有复杂性和专业性,普通的现行法律法规难以准确、全面地规范。

另外,我国目前现有的对酒店业进行管理的规范大多强调纵向的法律关系,即公法调整范畴——政府主管部门和酒店企业之间的关系。而酒店业务中大量发生的却是横向法律关系,即客人同酒店经营者之间的关系或酒店与酒店之间以及酒店与其他企业之间的关系——即私法调整范畴。因此,一旦消费者同酒店经营者之间出现纠纷,在缺乏相应法律基础的条件下许多问题单靠各级旅游行政部门是难以有效协调和妥善解决的。

第二节　酒店法律关系

一、酒店法律关系的概述

法律关系是指运用法律在调整人们相互关系过程中所形成的权利义务关系。人们在社会生活中形成各种社会关系，但并非所有的社会关系都是法律关系，只有当某一社会关系为一定法律规范所调整并在这一关系参加者之间形成一定的权利和义务时，才能构成法律关系。

酒店法律关系是指由酒店法律规范确认和调整的，在酒店经营活动中各方当事人之间具有权利、义务内容的社会关系。

酒店法律关系与其他酒店关系相比具有下列特征：

(1) 酒店法律关系体现国家统治阶级的意志。国家运用法律的手段，确认和维护有利于统治阶级的利益关系并受国家强制力的保护。

(2) 酒店法律关系是以酒店法律、法规上的权利、义务为内容的社会关系。

(3) 酒店法律关系的存在，以相应的法律规范为前提，是酒店法律规范在现实生活中的体现。

二、酒店法律关系的确立

酒店法律关系的产生、变更或终止都有一定的原因，那就是酒店法律事实的发生。

(一) 法律事实

法律事实，是指能引起法律关系产生、变更或终止的客观情况。

酒店法律关系只有通过某种客观事实或人的具体活动才能产生、变更或终止，否则相关的法律法规就变得毫无意义。不是所有的客观情况都能引起法律后果，只有那些能够引起法律后果的客观情况，我们才把它们称为"法律事实"。例如，旅客在酒店每日常规的起居、用餐等活动，一般不被认为是法律事实。但如果由于酒店提供了不符合卫生标准的餐饮导致旅客食物中毒，则可被认为是法律事实，从而引起侵权责任的法律后果。

根据酒店法律事实是否以主体意志为转移，可分为酒店法律事件和酒店法律行为两类。

(1) 酒店法律事件。酒店法律事件，是指能引起酒店法律后果，但又不以人的主观意志为转移的客观事实。事件可分为自然现象和社会现象两类。自然现象如地震、台风、洪水等；社会现象如战争、动乱、罢工等。

(2) 酒店法律行为。酒店法律行为，是指能产生法律后果，但以人的主观意志为转移的活动状态。行为的主要特点是人通过外部表现出来的、有意识的或有意志的、能产生一定法律后果的活动。

（二）酒店法律关系的产生、变更和终止

1．酒店法律关系的产生

酒店与客人之间法律关系的产生是随着客人住宿合同及其他有关合同的产生而产生的。酒店合同是指酒店为了获取利益向客人提供住宿设施、餐饮服务和其他附加服务，与客人或其他任何一方所达成的协议。酒店合同应是一种有偿、双务的诺成合同。客人向酒店提出了住房要求（发出了住房要约），办了登记手续，并且拿到了酒店客房的钥匙以后（即酒店接受了客人的要约）；或者是客人向酒店发出了就餐或其他方面的消费要约，而酒店又接受了这一要约，这时候酒店与客人之间的合同关系才正式成立。这种合同关系一旦成立，就标志着酒店对客人的人身及财物安全负有责任。国际私法统一协会的《关于旅馆合同的协定草案》中第 3 条第 1 款也明确规定："酒店合同在一方明确表示接受另一方提出的要约时即告成立。"

2．酒店法律关系的变更

酒店合同的变更大概有四种情况：客人延长或缩短原定住宿时间；客人因故取消住宿预定；因一方违约没有履行义务而导致另一方中止合同；酒店因客人有违法行为而终止合同。

3．酒店法律关系的终止

酒店合同的终止是指客人结束在酒店的消费，结账离店，酒店与客人之间的权利与义务关系便终止。国际私法统一协会的《关于旅馆合同的协定草案》中规定，客人结账到离店之间应有一段"合理时间"，如等待出租车等，这段时间里客人仍具有"潜在的客人身份"，酒店与客人之间的合同关系仍存在，酒店仍然负有"潜在的责任"，也应对客人的安全负责，直到其离开酒店为止。

在合同期限内，酒店方无权强迫客人终止合同；如合同期满，客人仍然要求继续留在酒店，须在规定的时间之内通知酒店并在酒店认可的前提下，方可延续。如任何一方在合同期内违反合同所规定的义务，另一方有权要求赔偿。

三、酒店运行中需要处理的法律关系

（一）酒店运行中需要处理的几类法律关系

1．酒店与客户（消费者）的关系

酒店与客户（消费者）之间的权利义务关系是酒店法中最重要的一个内容，它主要是一种服务合同的关系，酒店向客户（消费者）提供住宿、餐饮、购物、文化娱乐及其他有关服务，收取相应的价款，客户（消费者）接受这种服务并支付相应的价款，于是酒店与客户（消费者）之间形成了提供服务和接受服务的合同关系，这种合同关系的表现形式目前在实际生活中主要有：酒店住宿合同、酒店餐饮合同、酒店会议合同、酒店代理合同、酒店房间长期包租合同等。不同的合同关系，双方将在一定范围内具有不同的权利义务。

2. 酒店与员工的关系

酒店与员工的关系主要体现为劳动合同关系。我国已于 2008 年 1 月 1 日起实施新的《劳动合同法》。该法案主要着眼于以往因法律不利于劳方，使员工受到不公平待遇，因此该法在签订劳动合同、雇用期限、违约金等事项偏重于保障劳方，资方需支付经济补偿金，使得企业成本费用增加。

酒店与员工双方都应该密切关注《劳动合同法》中一些新的提法，把本酒店的劳动合同与新法中的条款进行对比，以此来维护各自的权利及利益。

3. 酒店与其他法人、非法人组织的关系

现代酒店的经营是一项综合性很强的业务，已经不能仅仅依靠自身的力量运转和发展，实际生活中的酒店组织形式也日趋复杂，酒店需要和其他各行经营者紧密合作才能有效运营。如酒店与旅行社之间建立的客房推销合同，酒店与交通部门的订票合同等等，这些合同具有一般合同的特点，但是它还具备的一个特点就是涉及三方面权利义务主体的利益。

4. 酒店与监管部门的关系

除了与客户（消费者）、员工、其他法人组织之间的横向法律关系外，另外一个极其重要的部分便是与国家管理机关间纵向的法律关系，如酒店设立的申请与审批、处罚和奖励、星级评定、年审等。此类法律关系可由狭义的《酒店法》外的相关法律来规定。

（二）酒店法律关系的内容

酒店法律关系的内容指酒店法律关系的主体依法享有的权利和承担的义务，反映着酒店法律关系主体的具体要求。

酒店法律关系主体依法享有的权利，是指酒店法律关系主体依法享有的某种权利和利益。酒店法律关系主体依法承担的义务，是指酒店法律关系主体依法承担的某种必须履行的责任，表现为负有义务者必须依法按权利享有者的要求做出某种行为或不做出某种行为。

不同的酒店法律关系有不同的内容，本节主要介绍最常见情况即酒店住宿合同的相关权利、义务。

1. 酒店的权利

（1）酒店有向旅客收取住宿费和合法或约定服务费的权利。酒店向顾客提供住宿客房及相关配套服务，旅客有义务承担住宿费和法律允许或双方约定的服务费用，如餐饮、洗衣、电话等费用。

在以下情况发生时，酒店有权利拒绝接待顾客：① 客房已满，接待不能。② 客人的行为违反酒店制定的合理规则。如携带危害酒店安全的物品入店者；拒不履行住宿登记手续的；欲利用客房进行违法活动且有合理证据；携带宠物入住客房等。③ 顾客患有精神疾病而无人监护或患有不适合居住的传染病。④ 不可抗力。

（2）有权按照法律规定对旅客在酒店内的不良行为进行制止、对违法行为进行举报及进行相关处理。对于顾客在酒店内违背社会公序良俗但未构成犯罪的行为，以及给其他大多数人带来不良感受的言语行为酒店有权利加以制止。对于顾客在酒店里进行的违法犯罪活动,如卖淫、嫖娼、赌博、吸毒、传播淫秽物品等行为,酒店经营者和工作人员有权利和义务加以举报,配合公安机关执法。

(3)酒店有权要求顾客赔偿因其自身过错给酒店造成的损失。住店旅客损坏酒店设施,预定客房不住宿又不及时通知,造成酒店损失的,酒店有权要求旅客赔偿损失,但这种赔偿应当是合理的。

2. 酒店的主要义务

(1)按明示或约定标准提供客房和服务。酒店和顾客的住宿合同一旦成立,酒店就必须按照其明示标准或双方约定提供服务,否则要承担违约责任。如接受了客人的预定却不能够按时提供预订房间、降低服务等级、不按标准收取费用等行为,均要承担相应的责任。

(2)保障旅客的人身安全。在酒店里,有多种因素可能影响旅客的人身安全,如设备故障或损坏、房屋倒塌、食用酒店的食物而中毒、工作人员的疏忽、第三人(如进入酒店的窃贼或行凶者)在酒店范围内实施侵权行为。酒店有保护客人人身、财产安全的义务。对于旅客在酒店内遭受人身伤害的问题,不同国家有不同的规定。例如酒店由于房屋缺陷造成旅客人身伤害的问题,有的国家要求酒店负"严格责任",有的国家则要求酒店承担过错责任。

知识链接 1-1

在美国,大多数州的法律对酒店保护顾客责任制订的一般规则是:酒店不是顾客个人安全的保险人。但酒店必须予以合理的照料,以防止顾客蒙受损害。否则,酒店就被认为因对由于其过失而造成的损害负有赔偿的责任。这就是合理照料规则。合理的照料是否已实施,取决于每一案件的事实和情况。酒店一般被认为对它能合理预见的行为负责。酒店予以合理照料的责任并不表明其可以推卸酒店的过错责任。譬如在纽约的一个早期案例中,酒店被认为应对一名妇女所受的伤害负责(电梯由于活塞连杆因腐蚀折断而坠落,致该妇女受伤),即使酒店在事故之前曾雇用专家检修过电梯。

在纽约州,如果顾客在酒店受到了可以合理被预见或若有合理留神照料就本来可以避免的损害,酒店可能被认为应对此负有责任。比如在一个案例中,足球队的队部设在一酒店内,前厅挤满了兴高采烈的球迷,一位老妇人在两个球迷急速穿过转门时受伤,法院认为酒店对其受伤应负有责任。这是因为酒店没有派门卫在转门旁监视。法院认为,酒店如果对顾客的安全有合理的留神,本来很容易就能预见这种情况下可能造成人身的伤害,若未预先谨慎地监视转门的使用,某些顾客就可能被某些得意忘形和蹦蹦跳跳的球迷们所撞伤。

知识链接 1-2

2003年12月4日最高人民法院审判委员会第1299次会议通过的《最高人民法院关于审理人身损害赔偿案件适用法律若干问题的解释》规定:"从事住宿、餐饮、娱乐等经营活动或者其他社会活动的自然人、法人、其他组织,未尽合理限度范围内的安全保障义务致他人遭受人身损害,赔偿权利人请求其承担相应赔偿责任的,人民法院应予支持。因第三人侵权导致损害结果发生的,由实施侵权行为的第三人承担赔偿责任。安全保障义务人有过错的,应当在其能够防止或者制止损害的范围内承担相应的补充赔偿责任。安全保障义务人承担责任后，可以向第三人追偿。赔偿权利人起诉安全保障义务人的，应当将第三人作为共同被告，但第三人不能确定的除外。"

知识链接 1-3

　　国际私法统一协会《关于旅馆合同的协定草案》第 11 条规定：① 由于发生在旅馆内的事故，或在旅馆控制下的其他任何地方发生的事故而造成旅客受伤、死亡时，旅馆应承担损害赔偿责任，但如对于造成损害的事故，旅馆对当时情况，已采取了谨慎合理的措施而仍不能避免，其后果也不可能防止时，将不承担责任。② 旅客由于服食旅馆提供的食品、饮料而受伤、死亡时，旅馆除能证明上述食品、饮料确实适于人类服食外，应付损害赔偿责任。③ 旅馆根据本条规定应负责任，但如顾客所受损害系由其本人过错造成的，旅馆得相应减轻其赔偿责任。④ 旅馆根据本条规定应负责任，但旅客所受损害部分出于旅客以外的另一方的过错时，则旅馆仍应负全部赔偿责任。⑤ 本条规定不妨碍旅馆向旅客以外的另一方行使追索权。

　　（3）保护顾客的财产安全。酒店对客人的携带物负有保管责任。世界上多数国家对此作了规定。

　　（4）酒店应承担的其他义务。酒店在其他方面的义务主要包括两大类。第一类是对于酒店客人所要承担的以上义务外的其他义务；第二类是酒店对非顾客自然人以及其他组织、国家机关承担的义务。

　　第一类中，酒店在保护顾客私人权利方面还承担相应的义务：一般情况下，未经允许不得进入客房，除非情况紧急（如火灾）和抢救顾客以及其他法定情形发生（如配合有法定手续的公安人员的调查）；不干涉顾客的私人事务，只要这种私人事务不违反公序良俗；对于顾客的隐私权加以保护等。同时，酒店还要履行各项为提供良好约定服务的附随义务：如对住宿设施的定时检修，建立健全安全保卫措施等。

　　第二类中，对于非顾客的财产和人身安全，除非有特别的约定，酒店一般不应承担特定的义务，但对于发生在酒店内的财产和人身损害，应当积极配合当事人和有关部门调查，必要时先给予救助；对于主管部门来说，酒店还要承担接受监管的义务。同时，主管部门也有义务对酒店的合法经营活动给予保护，尊重其自主经营的权利，不干涉其正常经营，也不硬性摊派不合理费用。

　　3. 顾客的权利和义务

　　由于酒店和顾客之间的权利和义务是相对应的，当酒店和顾客之间存在一定的法律关系后（如预定关系、住宿合同关系），往往酒店的义务就是顾客的权利，酒店的权利就是顾客的义务。因此顾客的权利主要体现为要求酒店按约提供高质量的住宿及配套服务方面；顾客的义务主要体现在要按约支付其享受服务的费用，在已知酒店安全、卫生管理的一些合理规定且签订住宿合同时未表示异议时则需遵守该合理规定（如不许携带宠物等），对由于自身行为造成酒店的损失要依法予以赔偿等。

四、酒店法律关系的保护

酒店法律关系一经形成,就受法律保护。国家对酒店法律关系的保护,是通过监督酒店法律关系主体正确行使权利、切实履行义务,并对侵犯酒店法律关系主体或不履行法定义务依法追究法律责任、实施法律制裁来实现的。

(一)酒店的法律责任

酒店在其业务活动中,作为酒店法律关系的主体,如果不履行或者不适当履行义务而给对方造成损害时,就应当承担相应的法律责任。

1. 违约责任

违反合同的责任,简称违约责任,是指合同当事人不履行或不完全履行合同所规定的义务,依据法律规定或合同约定所应承担的责任。

2. 侵权责任

酒店在运行过程中侵害其他自然人、法人或其他组织的合法权益的人身权、财产权时应承担的法律责任。违约责任与侵权责任存在以下区别:首先,违约责任是对酒店合同当事人约定义务的违反,是对相对权利的侵犯,而侵权责任是对法定义务的违反,是对绝对权利的侵犯;其次,违约责任是在订立酒店合同时,即已存在的法律关系,而侵权责任是由于侵权行为的发生,使当事人双方产生法律关系,分别成为债权人和债务人。在酒店业务中发生的民事纠纷,往往会同时导致两种责任的发生,受害人可以在两种责任之中任选一项获得赔偿。

3. 可完全免除责任

(1)旅客本人,或者其同伴,或其雇用人员,或前来访问旅客的人的疏忽大意、故意行为或不作为所造成的财物损失。

(2)不可抗力所造成的。

(3)财物本身内在原因所造成的。

(二)酒店法律关系的保护机构

保护酒店法律关系的机构主要有以下三类。

(1)行政机关。保护酒店法律关系的行政机关主要是指国家酒店行政管理机关和相关的国家行政管理机关。相关行政管理机关主要是指工商、税务、公安、卫生等管理部门,它们也可以依照国家有关行政法规,在其职责范围内,通过使用各种合法手段来保护酒店法律关系。

(2)仲裁机关。仲裁机关一般以第三者的身份,对特定的酒店纠纷或争议进行处理。在酒店企业之间或酒店企业与旅客之间发生纠纷时,仲裁机关可依据原合同的约定或事后双方当事人达成的仲裁协议,依法做出裁决。仲裁是终局的,一方当事人不履行裁决的,另一方有权向人民法院申请强制执行,以保护酒店企业和旅客的合法权益。

（3）司法机关。各级人民法院和人民检察院,根据法律法规的规定,对在酒店经营活动过程中违反法律法规的酒店法律关系主体做出裁决。人民检察院依法行使检察权,人民法院依法行使审判权,对在酒店经营活动中触犯法律的,人民检察院依法对其提起公诉,由人民法院依法判决。

（三）酒店法律关系的保护措施

（1）行政措施。国家酒店行政管理机关和相关的行政管理机关对酒店企业或其从业人员的违规行为可以作出警告、罚款、责令停业整顿、没收违法所得、吊销营业执照等行政处罚。另外,对于认真执行法律法规、工作成绩显著的单位和个人,酒店行政管理机关还可以给予适当的物质奖励和精神奖励。

（2）民事措施。对于酒店法律关系主体在侵权和违约中造成对方损害的,当事人应主要承担的是民事责任,国家司法机关可判令有侵权或违约行为的一方支付违约金、赔偿损失等。

（3）刑事措施。酒店法律关系主体违规行为构成犯罪的,人民法院可依法追究其刑事责任。

知识链接 1-4

酒店对客人携带物负有保管责任,古罗马时期就被列入了《罗马法》的保管合同中。《法国民法典》将旅客带进旅馆的财物看作是"不得不做的寄存"。任何寄存性质的物品,如在旅馆主人保管过程中被盗或者损坏,或旅馆主人无合法理由拒绝收受而导致被盗或损坏时,旅馆主人负全部赔偿责任。

普通法认为,旅馆是旅客财物的保险人,按照绝对责任制的原则,旅馆不论有无过失,均应对旅客财物的灭失负责（如果旅客财物的丢失出自本人过失或者欺骗,或出于天灾与战争,这一规则不适用）。

国际私法统一协会《关于旅馆合同的协定草案》第12条规定:"旅馆应对旅客带入旅馆的财物或虽然在旅馆外面而已由旅馆负责的财物的损伤、损坏或灭失负赔偿责任,其负责的期限为旅客有权在旅馆住宿的期间以及住宿期前后的一段适当的时间内。"

《中国旅游饭店行业规范》中有关客人财物保管的规定:"饭店应当采取措施,防止客人放置在客房内的财物灭失、毁损。由于饭店的原因造成客人财物灭失、毁损的,饭店应当承担责任。由于客人自己的行为造成损害的,饭店不承担责任。双方均有过错的,应当各自承担相应的责任。"该规定只对客人放置在客房内的财物提出酒店具有防止其灭失、毁损的责任,范围较窄。可以考虑在酒店法立法时,适当地扩大范围,既符合国际惯例,不损害顾客的利益,也不给旅馆、饭店带来不合理的负担。

思考与练习

一、有问有答

1. 简述酒店的概念及其产业特点。

2. 简述酒店立法的基本原则和作用。

3. 简述我国的酒店所存在的法律关系。

4. 何谓法律事实、酒店法律事件、酒店法律行为？

5. 酒店法律关系的构成要素是什么？

6. 酒店法律关系的保护机构有哪些？

二、案例分析

2008 年 3 月 11 号，漳州市民罗先生到厦门，晚上住在鹭江宾馆。罗先生将一辆车号为闽 e－a0266 本田雅阁轿车停放在宾馆门口的露天停车场里，并交纳了 5 块钱停车费。停车场保安告诉罗先生，住宿客人可以享受酒店的免费停车服务，隔天只要凭宾馆的住宿发票就可以退回这 5 块钱。第二天上午，罗先生发现车子竟然不翼而飞。情急之下，他马上报了警。2008 年 8 月，罗先生向思明区人民法院提起了民事诉讼，要求法院判令鹭江宾馆赔付失窃车辆的全价款，总计 23 万元。

法庭上，双方律师围绕四个有争议的问题展开了辩论，其中最核心焦点就在于，罗先生和鹭江宾馆之间是否存在车辆的保管合同关系？原告认为，罗先生将车子停在鹭江宾馆管辖的停车场里，正是因为宾馆疏于管理，才造成车辆被盗，负有"管理不善"的责任，理应赔偿车辆损失。而被告方却认为，由于罗先生所交的 5 元钱停车费并没有实际收取，保安也只是协助车辆的进出和停放，所以双方并没有形成保管合同的法律关系，所以"管理不善"更无从谈起，因此，车辆是否丢失与宾馆管理之间不存在因果联系。

问题：罗先生交的这 5 元钱停车费是否能确认双方存在保管合同关系呢？请根据我国法律规定说出理由。

能力训练

几个人一组，通过实地调查酒店，了解酒店的服务范围，并写出其中所涉及的法律关系和所涉及的法律部门。

第二章　酒店企业法律制度

□ **学习目标**

【能力目标】

　　熟练运用酒店企业的各项法律制度,能处理酒店企业在实践中设立、变更等法律事务,运用酒店企业破产法律解决酒店企业破产过程中遇到的法律问题。

【知识目标】

1. 了解并掌握个人独资企业、合伙企业、全民所有制企业、有限责任公司、股份有限公司的设立、组织机构、法律责任、企业的设立、变更与终止等内容。
2. 本章重点为有限责任公司、股份有限公司的成立条件及其组织机构。
3. 本章难点在于酒店企业的破产程序。

案例导入

案例 2-1

　　王某、李某、俞某三人于 2007 年 9 月共同出资 100 万元开设一家酒店,其中王某出资 40 万元,李某出资 30 万元,俞某出资 30 万元;三人按出资比例分享收益或者分担亏损。同年 10 月,三人缴清了全部出资,经登记管理机关核准登记,并领取了营业执照。2008 年 2 月,为解决资金周转困难,三人向该市某银行贷款 70 万元,期限为一年。2008 年 6 月,李某准备将自己在酒店的全部资产份额以 30 万元的价格转让给舒某,王某、俞某商量后表示同意。2008 年 7 月 1 日,李某办妥了退伙手续,舒某向李某交付了 30 万元的转让款,新合伙人向原登记机关办理了变更登记手续。2008 年年终结算时,该酒店发生严重亏损。2009 年 1 月 22 日,王某、俞某和舒某三人商定解散酒店,并将酒店现有财产 50 万元予以分配,但对银行贷款未做处理。2009 年 2 月 18 日,银行贷款到期,银行要求李某偿还全部贷款,李某以其已退伙为由,拒绝还贷。而舒某认为该笔贷款发生在其入伙之前,其不应承担还贷义务。王某、俞某均表示只按合伙协议约定的比例偿还相应的份额。银行遂向人民法院起诉,要求王某、李某、俞某、舒某归还贷款。

　　问:王某、李某、俞某、舒某的酒店属于什么组织形式的酒店? 李某的退伙和转让是否合法? 关于还贷的主张是否具有法律依据?

理论知识

第一节　酒店企业法概述

一、酒店企业法概述

（一）酒店企业的分类

酒店企业的分类依据不同的标准和尺度，有不同的划分方法。

一是以企业的组织形式为标准，可将酒店企业划分为独资企业、合伙企业和公司企业。独资企业又称单一企业，是由单个投资主体投资组建的企业。合伙企业是指由两个以上的投资主体根据契约约定出资和共同经营的企业。公司企业是指依公司法设立的、以营利为目的的具有法人资格的经营组织。

二是以企业的法律地位为标准，可将企业划分为法人企业和非法人企业。法人企业是指依法能够独立享有权利和承担义务的、以独立财产承担民事责任的企业。非法人企业是不能独立承担民事责任的，企业投资者要对企业债务负无限责任的企业。

三是以企业的所有制形式为标准，可将企业划分为全民所有制企业、集体所有制企业、私营企业和混合所有制企业。

（二）我国酒店企业法律制度体系

我国的酒店企业法体系主要由如下法律、法规构成：《中华人民共和国公司法》（以下简称《公司法》）、《中华人民共和国全民所有制工业企业法》（以下简称《全民所有制工业企业法》）、《中华人民共和国个人独资企业法》（以下简称《个人独资企业法》）、《中华人民共和国合伙企业法》（以下简称《合伙企业法》）、《中华人民共和国乡镇企业法》（以下简称《乡镇企业法》）、《中华人民共和国中外合资经营企业法》（以下简称《中外合资经营企业法》）、《中华人民共和国中外合作经营企业法》（以下简称《中外合作经营企业法》）、《中华人民共和国外资企业法》（以下简称《外资企业法》）、《中华人民共和国中小企业促进法》、《中华人民共和国乡村集体所有制企业条例》、《中华人民共和国城镇集体所有制企业条例》、《中华人民共和国私营企业暂行条例》等法律、法规。本章主要介绍《个人独资企业法》、《合伙企业法》、《全民所有制工业企业法》等有关法律、法规的内容。

二、个人独资酒店法律制度

（一）个人独资企业法的概述

个人独资企业法是指国家立法机关或者其他有权机关依法制定的、规范个人独资企业各种法律规范的总称。主要包括《个人独资企业法》、《个人独资企业登记管理办法》等。其中,《个人独资企业法》由第 9 届全国人大常委会第 11 次会议于 1999 年 8 月 30 日通过,2000 年 1 月 1 日起施行。

(二) 个人独资酒店的设立

1. 个人独资酒店的设立条件

设立个人独资酒店,应当具备下列条件:① 投资人为一个自然人;② 有合法的企业名称;③ 有投资人申报的出资;④ 有固定的生产经营场所和必要的生产经营条件;⑤ 有必要的从业人员。

2. 个人独资酒店的设立程序

提出申请。申请设立个人独资企业,应当由投资人或者其委托的代理人向个人独资企业所在地的登记机关提出设立申请。

工商登记。登记机关应当在收到设立申请文件之日起 15 日内,对符合个人独资企业法规定条件的予以登记,发给营业执照;对不符合个人独资企业法规定条件的,不予登记,并发给企业登记驳回通知书。

个人独资企业存续期间登记事项发生变更的,应当在作出变更决定之日起的 15 日内依法向登记机关申请办理变更登记。

(三) 个人独资酒店的事务管理

1. 个人独资酒店事务管理的方式

个人独资酒店投资人可以自行管理企业事务,也可以委托或者聘用其他具有民事行为能力的人负责企业的事务管理。

2. 个人独资酒店事务管理的内容

个人独资酒店应当依法设置会计账簿,进行会计核算。个人独资企业招用职工的,应当依法与职工签订劳动合同,保障职工的劳动安全,按时、足额发放职工工资。个人独资企业应当按照国家规定参加社会保险,为职工缴纳社会保险费。

三、合伙酒店法律制度

(一) 合伙企业法的概念

合伙企业法是调整合伙企业行为和合伙企业组织的法律规范的总称。《合伙企业法》于 1997 年 2 月 23 日第 8 届全国人民代表大会常务委员会第 24 次会议通过,2006 年 8 月 27 日第 10 届全国人大常委会第 23 次会议修订,自 2007 年 6 月 1 日起施行。

(二) 普通合伙酒店的设立

设立普通合伙酒店,应当具备下列条件:

(1) 有两个以上合伙人。

(2) 有书面合伙协议。合伙协议是合伙人共同就合伙事项达成的具有法律约束力的书面合同。合伙协议应当载明下列事项：① 合伙企业的名称和主要经营场所的地点；② 合伙目的和合伙经营范围；③ 合伙人的姓名或者名称、住所；④ 合伙人的出资方式、数额和缴付期限；⑤ 利润分配、亏损分担方式；⑥ 合伙事务的执行；⑦ 入伙与退伙；⑧ 争议解决办法；⑨ 合伙企业的解散与清算；⑩ 违约责任。合伙协议签订后，需要修改或者补充的，应当经全体合伙人一致同意。

（3）有合伙人认缴或者实际缴付的出资。合伙人可以用货币、实物、知识产权、土地使用权或者其他财产权利出资，也可以用劳务出资。

（4）有合伙酒店的名称和生产经营场所。合伙酒店设定自己的名称应符合《合伙企业法》和其他有关企业名称登记的法律、法规和规章的规定。

（三）合伙事务的执行

合伙事务的执行是指合伙事务执行人对外代表合伙组织，进行民事活动。

1. 合伙事务执行人

合伙事务执行人是指对外代表合伙组织进行民事活动的人。合伙事务的执行有两种情况：

（1）全体合伙人共同执行合伙事务。

（2）一名或数名合伙人执行合伙事务。按照合伙协议的约定或者经全体合伙人决定，合伙企业可以委托一个或数个合伙人执行合伙事务，其他合伙人不再执行合伙事务。

2. 合伙事项的表决

合伙人对合伙酒店有关事项作出决议，按照合伙协议约定的表决办法。合伙协议未约定或者约定不明确的，实行合伙人一人一票制度和简单多数通过制度。

（四）合伙酒店债务清偿

合伙酒店以其所有财产对其债务进行清偿，合伙酒店不能清偿到期债务的，合伙人承担无限连带责任。

合伙人在承担无限连带责任后，清偿数额超过自己在合伙酒店内应承担份额的债务时，有权向其他合伙人追偿，其他合伙人对已经履行了合伙企业全部债务的合伙人，承担按份之债。

（五）入伙、退伙

1. 入伙

入伙是指在合伙酒店存续期间，合伙人以外的第三人加入合伙，从而取得合伙人身份的法律行为。

（1）入伙的条件和程序。新合伙人入伙，除合伙协议另有约定外，应当经全体合伙人一致同意，并依法订立书面入伙协议。

（2）入伙人的权利、义务。入伙的新合伙人与原合伙人享有同等权利，承担同等责任，新合伙人对入伙前的合伙企业的债务承担无限连带责任。除入伙协议另有约定的外，新入伙的合伙人享有合伙企业对外代表权、合伙事务执行权、知悉权、表决权、账簿查阅权、利润分配权、剩余财产分配权、退伙权等等。同时，新入伙的合伙人应承担认缴出资、亏损分担、竞业禁止、自己交易禁止等义务，对合伙企业的合伙债务包括入伙前合伙企业的债务承担无限连带责任。

2. 退伙

退伙，是指合伙人身份归于消灭的法律事实。根据退伙发生的原因，退伙分为声明退伙、法定退伙、开除退伙。

《合伙企业法》规定，合伙协议约定合伙期限的，在合伙企业存续期间，有下列情形之一的，合伙人可以退伙：① 合伙协议约定的退伙事由出现；② 经全体合伙人一致同意；③ 发生合伙人难以继续参加合伙的事由；④ 其他合伙人严重违反合伙协议约定的义务。合伙协议未约定合伙期限的，合伙人在不给合伙企业事务执行造成不利影响的情况下，可以退伙，但应当提前30日通知其他合伙人。合伙人违反上述规定退伙的，应当赔偿由此给合伙企业造成的损失。

当然退伙。合伙人有下列情形之一的，当然退伙：① 作为合伙人的自然人死亡或者被依法宣告死亡；② 个人丧失偿债能力；③ 作为合伙人的法人或者其他组织依法被吊销营业执照、责令关闭、撤销，或者被宣告破产；④ 法律规定或者合伙协议约定合伙人必须具有相关资格而丧失该资格；⑤ 合伙人在合伙企业中的全部财产份额被人民法院强制执行。

开除退伙。合伙人有下列情形之一，经其他合伙人一致同意，可以决议将其除名：① 未履行出资义务；② 因故意或重大过失给合伙企业造成损失；③ 执行合伙事务时有不正当行为；④ 发生合伙协议约定的事由。对合伙人的除名决定应当书面通知被除名人，被除名人接到除名通知之日，除名生效。

退伙的效果。合伙人退伙，其他合伙人应当与该退伙人按照退伙时的合伙企业财产状况进行结算，退还退伙人的财产份额。退伙时有未了结的合伙企业事务的，待该事务了结后进行结算。退伙人对基于退伙前的原因发生的合伙企业债务，承担无限连带责任。

（六）合伙酒店解散和清算

1. 合伙酒店解散

合伙酒店有下列情形之一的，应当解散：① 合伙期限届满，合伙人决定不再经营；② 合伙协议约定的解散事由出现；③ 全体合伙人决定解散；④ 合伙人已不具备法定人数满30天；⑤ 合伙协议约定的合伙目的已经实现或者无法实现；⑥ 依法被吊销营业执照、责令关闭或者是被撤销；⑦ 法律、行政法规规定的其他原因。

2. 合伙酒店清算

合伙酒店解散，应当由清算人进行清算。清算人由全体合伙人担任，经全体合伙人过半数同意，可以自合伙企业解散事由出现后25日内指定一个或者数个合伙人，或者委托第三人担任清算人。自合伙企业解散事由出现之日起15日内未确定清算人的，合伙人或者其他利害关系人可以申请人民法院指定清算人。

清算人在清算期间执行下列事务：① 清理合伙酒店财产，分别编制资产负债表和财产清单；② 处理与清算有关的合伙企业未了结事务；③ 清缴所欠税款；④ 清理债权、债务；⑤ 处理合伙企业清偿债务后的剩余财产；⑥ 代表合伙企业参加诉讼或者仲裁活动。

合伙酒店财产在支付清算费用和职工工资、社会保险费用、法定补偿金以及缴纳所欠税款、清偿债务后的剩余财产，依照合伙协议约定的比例分配。

清算结束，清算人应当编制清算报告，经全体合伙人签名、盖章后，在 15 日内向企业登记机关报送清算报告申请办理合伙企业注销登记。

合伙酒店不能清偿到期债务的，债权人可以依法向人民法院提出破产清算申请，也可以要求普通合伙人清偿。合伙酒店依法被宣告破产的，普通合伙人对合伙酒店债务仍应承担无限连带责任。

四、全民所有制酒店法律制度

（一）全民所有制酒店法律制度概述

全民所有制酒店主要受《全民所有制工业企业法》约束，全民所有制工业企业法有狭义和广义之分。狭义的全民所有制工业企业法是指国家最高立法机关制定的《全民所有制工业企业法》，该法自 1988 年 8 月 1 日起施行。广义的全民所有制工业企业法是指调整国家在管理全民所有制工业企业以及全民所有制工业企业在生产经营活动中发生的各种经济关系的法律规范的总称。由此，除了《全民所有制工业企业法》外，还有国家有关法律、行政法规和规章中关于全民所有制工业企业的法律规范。

（二）全民所有制酒店的设立、终止

1. 全民所有制酒店的设立

全民所有制酒店设立的程序。全民所有制酒店设立程序如下：① 必须依照法律和国务院规定，报请政府或者政府主管部门审核批准。② 必须办理工商登记。根据《企业法人登记管理条例》的规定，企业登记主管机关是中国工商行政管理总局和地方各级工商行政管理局。

企业办理开业登记，应当在审批机关批准后 30 日内，向登记主管机关提出申请。登记主管机关应当在受理申请后 30 日内，作出核准登记或者不予登记的决定。经登记主管机关审核决定予以登记注册的，领取"企业法人营业执照"，企业即告成立。

2. 全民所有制酒店的终止

根据规定，全民所有制酒店由于下列原因之一而终止：① 违反法律、法规被撤销；② 政府主管部门依照法律、法规的规定决定解散；③ 依法被宣告破产，企业一经被宣告破产，企业即告终止；④ 其他原因。

全民所有制酒店终止的程序：

（1）作出企业终止的正式决定或裁定。全民所有制酒店终止时，必须作出正式的决定，这种决定或由企业作出，或由人民政府、企业主管部门、工商行政管理部门作出。企业破产裁定由人民法院作出。

（2）成立清算组，对酒店财产进行清算。全民所有制酒店终止时，必须成立清算组，对酒店财产进行清算。清算的主要内容包括两个方面：一是查清酒店的财产，核实债权、债务，并登记造册。二是收回债权、清偿债务，依法处理剩余财产。

（3）办理注销登记。酒店终止，应当向工商行政管理部门办理注销登记。工商行政管理部门核准后，收缴"企业法人营业执照"及其副本，收缴公章，并将注销登记情况告知其开户银行。同时企业终止时还应当向国有资产管理部门办理产权注销登记。

第二节　公司法律制度

案例 2-2

2005 年 8 月，某市汽车运输公司与该市某饮料厂经协商一致，决定由双方出资 100 万元，共同发起设立某市立山酒店有限责任公司（以下简称立山公司）。运输公司与饮料厂作为发起人签订了一份发起人协议，协议规定：① 饮料厂出资 60 万元，运输公司出资 40 万元；② 公司设立股东会、董事会，董事会作为公司决策和业务执行机构；③ 出资双方各按投资比例分享利润、分担风险；④ 公司筹备过程中的具体事宜及公司的登记注册均由饮料厂负责。同年 11 月，运输公司按协议规定将 40 万元投资款汇入饮料厂账户。之后，运输公司与饮料厂共同制定了立山公司的公司章程，确定了董事会人选。此后，立山公司迟迟没有办理公司注册登记。2006 年 4 月，运输公司以立山公司没有进行注册并开展业务活动为由，要求饮料厂退还其全部投资款 40 万元并赔偿损失。饮料厂则认为，双方已签订协议，缴纳出资，制定章程，成立董事会，事实上公司已经成立，故运输公司不能抽回出资。如运输公司要求退还投资款，则属于违约行为，应承担违约责任。

分析提示：本案涉及的法律问题是在公司设立过程中发起人是否可以抽回出资，而这一问题又与公司法关于有限公司成立的规定相关。首先应当确认立山公司是否已经成立。关于公司成立，我国《公司法》对股份有限公司和有限责任公司的成立分别采取核准成立主义和登记准则主义。其次，如果立山公司尚未成立，那么运输公司与饮料厂作为发起人仍处于公司成立过程之中。按照《公司法》的规定，公司成立后严禁发起人抽回出资，而在公司尚未成立时，发起人可否抽回出资呢？对此，《公司法》未作禁止性规定，又按公司法理论，发起人协议是被视为合伙协议的，而合伙人的退伙是法律所允许的，基于上述理由，应当认为运输公司在立山公司成立前是可以抽回出资的。本案可适用的法律规定：《公司法》第 27 条的 3 款："公司营业执照签发日期，为有限责任公司成立日期。"《公司法》第 34 条："股东在公司登记后，不得抽回出资。"

（资料改编自：http://www.ipsoon.com/sheli/HTML/2971.shtml）

一、我国公司法的概述

（一）公司的概念

公司是指依法设立的、以营利为目的的社团法人。根据我国公司法的规定,公司仅包括有限责任公司和股份有限公司。

（二）公司的特征

1. 公司具有法人性

我国《公司法》规定:"有限责任公司和股份有限公司是企业法人。"公司的法人性是公司与合伙企业的重要区别。

2. 公司具有营利性

营利性是指公司以营利为目的。所谓以营利为目的,是指公司以出资经营某项事业为手段,以获取利润或资产增值为目的。公司的营利性体现了公司的营业特征。

3. 公司具有社团性

社团性即联合性,指多数人的集合。公司是由两个或两个以上的人基于共同目的相互结合而成立的团体。公司的社团性是公司与独资企业的根本区别。

（三）公司的分类

依据不同的标准,可以把公司划分为不同的种类。

1. 无限责任公司、有限责任公司、股份有限公司、两合公司、股份两合公司

这是根据股东对公司所负责任的不同划分的。无限责任公司简称无限公司,是指所有股东无论其出资额多少,对公司债务负无限连带责任的公司;有限责任公司简称有限公司,是指所有股东均以其在公司中的出资额为限对公司的债务承担责任的公司;股份有限责任公司简称股份公司,是指公司全部资本划分为均等股份,所有股东就其持有的股份金额为限对公司债务承担责任的公司;两合公司是指一部分股东对公司债务负无限责任,而另一部分股东负有限责任的公司;股份两合公司,是指由无限责任股东和有限责任股东共同投资设立的公司,其中有限责任股东的投资被划分为若干等额股份。我国《公司法》把公司分为有限责任公司和股份有限公司两种。

2. 人合公司、资合公司、人合兼资合公司

这是按公司信用基础的不同所进行的分类。人合公司是指以股东个人条件作为公司信用基础而组成的公司。这种公司对外进行经济活动时,依据的主要不是公司本身的资本或资产状况如何,而是股东个人的信用状况。无限责任公司就是典型的人合公司。资合公司是指以公司资本和资产条件作为其信用基础的公司。股份有限公司是典型的资合公司。人合兼资合公司,是指信用基础兼具有股东个人信用及公司资本和资产信用的公司,公司既有人合性质又有资合性质。有限公司即为人合兼资合公司。

3. 母公司和子公司

这是根据某个公司对另一个公司的组织控制或依附关系来划分的。从理论上讲,一个

公司持有另一个公司的股份,处于控制和被依附地位时就成为母公司。子公司是指其股份或资产受其他公司控制、处于被控制和依附地位的公司。子公司虽然依附于母公司,但它仍然是独立的法人。

4. 总公司和分公司

这是按公司内部管辖关系进行的分类。总公司是管理全部公司组织的总机构。分公司是总公司管辖的分支机构,受总公司的管辖。总公司具有法人资格,分公司不具有法人资格。

5. 关联公司与公司集团

这是根据公司之间的特殊联系而划分的。关联公司亦称关联企业。广义上的关联公司,是指两个以上独立存在而相互之间又具有稳定、密切的业务联系或投资关系的公司。狭义的关联公司,则仅指存在持股关系但未达到控制程度的公司。通常所称的关联公司是指广义上的关联公司。公司集团亦称企业集团,是指在统一管理下,由法律上独立的若干企业或公司联合组成的团体。公司集团中处于主导地位的为母公司或支配公司,公司集团的成员都属关联公司或称从属公司。

(四)我国的公司立法

我国的《公司法》由第 8 届全国人大常委会第 5 次会议于 1993 年 12 月 29 日通过,自 1994 年 7 月 1 日起施行。此后,《公司法》于 1999 年、2004 年进行了两次小的修订。2005 年 10 月 27 日,《公司法》在进行了大规模的修订后,于 2006 年 1 月 1 日起施行。此外,《公司登记管理条例》于 2005 年 12 月 18 日修订颁布,于 2006 年 1 月 1 日起施行。

二、有限责任公司

(一)有限责任公司概念

有限责任公司简称为有限公司,是指依照《公司法》的规定设立,股东以其出资额为限对公司承担责任,公司以其全部资产对公司债务承担责任的企业法人。

(二)有限责任公司的设立条件

根据《公司法》的有关规定,设立有限公司,应当具备下列条件:

(1)股东符合法定人数。有限责任公司由 50 人以下股东出资设立。

(2)股东出资达到法定资本最低限额。

有限责任公司的注册资本为在公司登记机关登记的全体股东认缴的出资额。公司全体股东的首次出资额不得低于注册资本的 20%,也不得低于法定的注册资本最低限额,其余部分由股东自公司成立之日起 2 年内缴足;其中,投资公司可以在 5 年内缴足。

有限责任公司注册资本的最低限额为人民币 3 万元。法律、行政法规对有限责任公司注册资本的最低限额有较高规定的,从其规定。

股东可以用货币出资,也可以用实物、知识产权、土地使用权等可以用货币估价并可以依法转让的非货币财产作价出资;但是,法律、行政法规规定不得作为出资的财产除外。

对作为出资的非货币财产应当评估作价,核实财产,不得高估或者低估作价。法律、行政法规对评估作价有规定的,从其规定。

全体股东的货币出资金额不得低于有限责任公司注册资本的30%。

股东应当按期足额缴纳公司章程中规定的各自所认缴的出资额。股东以货币出资的,应当将货币出资足额存入有限责任公司在银行开设的账户;以非货币财产出资的,应当依法办理其财产权的转移手续。

股东不按照前款规定缴纳出资的,除应当向公司足额缴纳外,还应当向已按期足额缴纳出资的股东承担违约责任。

(3) 股东共同制定公司章程。公司章程是关于公司组织及其经营活动的基本准则。

(4) 有公司名称,建立符合有限公司要求的组织机构。

(5) 有公司住所。

(三) 有限责任公司的设立程序

(1) 由全体股东指定的代表或委托的代理人向公司登记机关申请公司名称预核,在公司筹建期间使用预核的公司名称。

(2) 全体股东共同制定公司章程。章程应当载明下列事项:公司名称和住所;公司经营范围;公司注册资本;股东的姓名或者名称;股东的权利和义务;股东的出资方式和出资额;股东转让出资的条件;公司的机构及其产生办法、职权、议事规则;公司的法定代表人;公司的解散事由与清算办法;股东认为需要规定的其他事项。股东应当在公司章程上签名、盖章。

(3) 股东缴纳出资。股东可以货币出资,或以实物、工业产权、非专利技术、土地使用权作价出资。对作为出资的实物、工业产权、非专利技术或者土地使用权,必须进行评估作价,核实财产,不得高估或者低估作价。土地使用权的评估作价,依照法律、行政法规的规定办理。

(4) 依法登记。股东的全部出资经法定的验资机构验资后,由全体股东指定的代表或者共同委托的代理人向公司登记机关申请设立登记,提交公司登记申请书、公司章程、验资证明等文件。法律、行政法规规定需要经有关部门审批的,应当在申请设立登记时提交批准文件。

(四) 有限责任公司的组织机构

1. 股东会

(1) 股东会的概念。股东会由全体股东组成,是公司的最高权力机构。股东会作为决策机构,并不具体执行公司业务,只是对公司的重大问题进行决策。

(2) 股东会的职权。股东会的职权是:决定公司的经营方针和投资计划;选举和更换非由职工代表担任的董事、监事,决定有关董事、监事的报酬事项;审议批准董事会的报告;审议批准监事会或者监事的报告;审议批准公司的年度财务预算方案、决算方案;审议批准公司的利润分配方案和弥补亏损方案;对公司增加或者减少注册资本作出决议;对发行公司债券作出决议;对公司合并、分立、解散、清算或者变更公司形式作出决议;修改公司章程;公司章程规定的其他职权。

（3）股东会的议事方式和表决程序。股东会通过会议形式决定公司重大问题。股东会会议分为首次会议、定期会议和临时会议。首次会议由出资最多的股东召集和主持。定期会议应当依照公司章程的规定按时召开。代表 1/10 以上表决权的股东,1/3 以上的董事,监事会或者不设监事会的公司监事提议召开临时会议的,应当召开临时会议。股东会会议由董事会召集,董事长主持。

股东会会议由股东按照出资比例行使表决权。公司增加或者减少注册资本、分立、合并、解散或者变更公司形式,以及修改公司章程,必须经代表 2/3 以上表决权的股东通过。股东会的其他议事方式和表决程序,除上述法定的以外,由公司章程规定。

召开股东会会议,应当于会议召开 15 日以前通知全体股东。股东会应当对所议事项的决定做成会议记录,出席会议的股东应当在会议记录上签名。

2．董事会、经理和执行董事

根据《公司法》的规定,有限公司设董事会,其成员为 3～13 人;两个以上的国有企业或者其他两个以上的国有投资主体投资设立的有限公司,其董事会成员中应当有公司职工代表。董事会中的职工代表由公司职工民主选举产生。

董事会设董事长 1 人,可以设副董事长 1～2 人。董事长为公司的法定代表人。董事任期由公司章程规定,每届任期不得超过 3 年。董事任期届满,可以连选连任。董事在任期届满前,股东会不得无故解除其职务。

董事会是公司的执行机关,对股东会负责,行使下列职权:负责召集股东会,并向股东会报告工作;执行股东会的决议;决定公司的经营计划和投资方案;制订公司的年度财务预算方案、决算方案;制订公司的利润分配方案和弥补亏损方案;制订公司增加或者减少注册资本的方案;拟订公司合并、分立、变更公司形式、解散的方案;决定公司内部管理机构的设置;聘任或者解聘公司经理,根据经理的提名,聘任或者解聘公司副经理、财务负责人,决定其报酬事项;制定公司的基本管理制度。

董事会会议由董事长召集和主持。1/3 以上董事可以提议召开董事会会议。董事会的议事方式和表决程序,除《公司法》有规定的以外,由公司章程规定。《公司法》规定,召开董事会会议,应当于会议召开 10 日以前通知全体董事。董事会应当将所议事项的决定做成会议记录。

有限公司设经理。经理是公司日常管理机构的负责人,由董事会聘任或者解聘;经理对董事会负责。

有限公司,股东人数较少和规模较小的,可以设 1 名执行董事,不设立董事会。执行董事可以兼任公司经理。执行董事的职权由公司章程规定。

3．监事会或监事

经营规模较大的有限公司,监事会为必设机关。不设立监事会的有限公司,可以设 1～2

名监事。

监事会的人数和组成。监事会成员不得少于3人,并在其成员中推选1名召集人。监事会由股东代表和适当比例的职工代表组成。股东代表由股东会产生,职工代表的比例由公司章程规定,由公司职工民主选举产生。董事、经理及财务负责人不得兼任监事。监事任期为每届3年,任期届满,可以连选连任,连任的次数不限。

(五)国有独资公司的概念及特征

国有独资公司,是指国家授权投资的机构或者国家授权的部门单独投资设立的有限公司。国有独资公司与其他形态公司相比,具有以下特征:

(1)国有独资公司是特殊的一人公司。它是同家授权投资的机构或者国家授权的部门单独投资设立的。国有独资公司的股东只有一个,即国家授权投资的机构或者国家授权的部门。这是它与其他有限公司的根本区别。

(2)国有独资公司是特殊的有限公司。国有独资公司作为有限公司,以其全部资产对公司债务承担责任,股东以其出资额为限对公司承担责任。它与一般的有限公司在许多方面,包括股东人数、股东身份、公司组织制度、股权行使等方面都有不同,适用《公司法》的特别规定。

(3)国有独资公司是不同于一般国有企业的公司企业。国有独资公司在设立根据、财产权性质、管理体制等方面都不同于一般的国有企业。

三、股份有限公司

(一)股份有限公司的概念

股份有限公司简称为股份公司,是指依照《公司法》在中国境内设立的其全部资本分为等额股份,股东以其所持股份为限对公司承担责任,公司以其全部资产对公司的债务承担责任的企业法人。目前,我国的国有大型企业正向股份公司的方向进行改革。

(二)股份有限公司的设立条件

根据《公司法》的规定,设立股份公司,应当具备下列条件:

(1)发起人符合法定人数。设立股份有限公司,应当有2人以上200人以下为发起人,其中须有半数以上的发起人在中国境内有住所。

(2)发起人认缴和社会公开募集的股本达到法定资本最低限额。股份有限公司注册资本的最低限额为人民币500万元。法律、行政法规对股份有限公司注册资本的最低限额有较高规定的,从其规定。注册资本为在公司登记机关登记的实收股本总额。

(3)股份发行、筹办事项符合法律规定。

(4)发起人制订公司章程,并经创立大会通过。

(5)有公司名称,建立符合股份公司要求的组织机构。

(6)有公司住所。

（三）股份有限公司的组织机构

1. 股东大会

（1）股东大会的性质和职权。股份公司由股东组成股东大会。股东大会是公司的最高权力机构，除了股份公司股东会享有的"对股东向股东以外的人转让出资作出决议"职权外，其职权与有限公司股东享有的职权相同。

（2）股东大会会议。股东大会会议可以分为股东大会和临时股东大会。股东大会应当每年召开一次大会。在下列情形之一的，应当在 2 个月内召开临时股东大会：一是董事人数不足《公司法》规定的人数或者公司章程所规定人数的 2/3 时；二是公司未弥补的亏损达实收股本总额 1/3 时；三是持有公司股份 10% 以上的股东请求时；四是董事会认为必要时；五是监事会提议召开时。

（3）股东大会议事规则。股东出席股东大会，所持每一股份有一表决权；股东大会作出决议，必须经出席会议的股东所持表决权的半数以上通过；股东大会对公司合并、分立或者解散公司作出决议，必须经出席会议的股东所持表决权的 2/3 以上通过；修改公司章程必须经出席股东大会的股东所持表决权的 2/3 以上通过；股东可以委托代理人出席股东大会，并在授权范围内行使表决权。

2. 董事会和董事长

股份公司设董事会，其成员为 5～19 人。董事会是公司执行业务、作出生产经营决策的常设机构。董事会对股东大会负责，其职权与有限公司董事会的职权基本相同。

董事会设董事长 1 人，可以设副董事长。董事长和副董事长由董事会以全体董事的过半数选举产生，董事长为公司的法定代表人。

董事会会议和议事规则。董事会会议分为定期会议和临时会议。董事会每年度至少召开 2 次会议，每次会议应当于会议召开 10 日以前通知全体董事。董事会召开临时会议，可以另定召集董事会的通知方式和通知时限。

董事会会议应有 1/2 以上的董事出席方可举行。董事会作出决议，必须经全体董事的过半数通过。董事会会议，应由董事本人出席。董事因故不能出席，可以书面委托其他董事代为出席董事会，委托书中应载明授权范围。

3. 经理

股份公司设经理，由董事会聘任或者解聘。经理对董事会负责，其职权与有限公司的经理的职权相对应。经理列席董事会会议。公司董事会可以决定，由董事会成员兼任经理。

4. 监事会

股份公司与有限公司的监事会或监事制度基本一致，有两点不同：第一，不论股份公司的规模大小和股东人数多少，均必须设立监事会；第二，监事会人数至少 3 人，没有上限。

（四）上市公司

1. 上市公司概念

股份有限公司依其发行的股票是否公开上市交易，分为上市公司和非上市公司。所谓上市公司,是指所发行的股票经批准在证券交易所上市交易的股份公司。

2. 公司上市的条件

股份有限公司申请股票上市,应当符合下列条件:股票经国务院证券监督管理机构核准已公开发行;公司股本总额不少于人民币 3000 万元;公开发行的股份达到公司股份总数的 25% 以上;公司股本总额超过人民币 4 亿元的,公开发行股份的比例为 10% 以上;公司最近 3 年无重大违法行为,财务会计报告无虚假记载。证券交易所可以规定高于前款规定的上市条件,并报国务院证券监督管理机构批准。

3. 公司上市的程序

我国公司上市采取自愿原则,符合法定条件的股份有限公司均可申请上市。根据我国《公司法》、《证券法》及有关规定,上市的基本程序可概括如下:

(1)向行政机关提出申请。国务院或者国务院证券管理部门负责股票上市的审批。公司上市必须按法律、行政法规的规定向审批机关报送有关文件。申请股票上市时应报送上市报告书、申请上市的股东大会决议、公司章程、公司营业执照、经法定验资机构验证的公司近 3 年或公司成立以来的财务会计报告、上市股票的作价规则和价格方案、证券公司的推荐书等。

(2)审查批准。国务院或者国务院授权证券管理部门对符合《公司法》、《证券法》规定条件的股票上市交易申请予以批准;对不符合本法规定条件的不予批准。

(3)向证券交易所提出申请。股票上市交易申请经国务院证券监督管理机构批准后,上市公司应当向证券交易所提交批准文件和前述各种申请文件。

(4)证券交易所审查批准。证券交易所负责审查的机构是上市委员会,其审查包括形式审查和实质审查。

(5)签订上市协议书。

(6)上市公告。股票上市交易申请经批准后,被批准的上市公司必须公告其股票上市报告,并将其申请文件存放在指定的地点供公众查阅。

(7)挂牌交易。在完成上述步骤后,公司将按照上市协议规定的时间,在证券交易所挂牌上市。根据证券法的规定,证券交易所自接到公司提交的上市批准文件之日起,应在 6 个月内,安排公司股票的上市。

4. 上市暂停与终止

股票上市后,当上市公司发生重大经济情况变化,而不再符合上市条件时,为了保护公共利益、投资人的利益,证券管理部门或证券交易所可以依法作出上市暂停或终止的决定,暂停股票的上市交易或取消其上市资格,这就是上市的暂停与终止。

《公司法》规定,上市公司有下列情形之一的,由国务院证券管理部门决定暂停其股票上市:① 公司股本总额、股权分布等发生变化不再具备上市条件;② 公司不按规定公开其财务状况,或者对财务会计报告作虚假记载;③ 公司有重大违法行为;④ 公司最近 3 年连续亏损。

公司决议解散、被行政主管部门依法责令关闭或者被宣告破产的，由国务院证券管理部门决定终止其股票上市。

（五）公司债券

1. 公司债券

公司债券，是指公司依照法定程序发行的、定期限还本付息的有价证券。公司债是公司依照法定条件和程序，通过发行有价证券的形式，向社会公众募集资金所产生的债务。

2. 公司债券的发行

公司债券的发行主体。《公司法》规定：股份有限公司、国有独资公司和两个以上的国有企业或者其他两个以上的国有投资主体投资设立的有限责任公司，为筹集生产经营资金，可以依照本法发行公司债券。

公司债券的发行条件。发行公司债券，必须符合下列条件：股份有限公司的净资产不低于人民币 3000 万元，有限责任公司的净资产不低于人民币 6000 万元；累计债券余额不超过公司净资产的 40%；最近三年平均可分配利润足以支付公司债券一年的利息；筹集的资金投向符合国家产业政策；债券的利率不超过国务院限定的利率水平；国务院规定的其他条件。公开发行公司债券筹集的资金，必须用于核准的用途，不得用于弥补亏损和非生产性支出。上市公司发行可转换为股票的公司债券，除应当符合第一款规定的条件外，还应当符合本法关于公开发行股票的条件，并报国务院证券监督管理机构核准。

3. 公司债券的发行程序

我国对公司债券的发行采取的是审批制。公司债券的发行程序概括为：① 由公司权力机关作出发行公司债券的决议。② 报经国务院授权的部门审批。国务院证券管理机构或者国务院授权的部门应当自受理公司债券发行申请文件之日起 3 个月内作出决定。③ 发行公司债券的申请经批准后，应当公告公司债券募集办法。④ 向社会公开发行公司债券。通过有承销资格的证券公司以代销或者包销的方式向社会公开发行公债券。

（六）外国公司的分支机构

1. 外国公司分支机构的概念

外国公司是相对于本国公司而言的，两者的区别主要在于公司的国籍不同。外国公司指依照外国法律在中国境外登记成立的公司。凡是依外国法律在中国境外登记成立的公司，不管其具有何国国籍、资金来源如何，都是外国公司。反之，均为中国公司。

外国公司分支机构是指外国公司依东道国法律在东道国境内设立的从事生产经营活动的场所或者办事机构，实际上是该外国公司在其本国之外的国家设立的分公司。

2. 外国公司分支机构的设立条件

根据我国《公司法》及相关法律的规定，外国公司在中国境内设立分支机构必须符合以下基本条件：

（1）必须在中国境内指定负责该分支机构的代表人或者代理人。

（2）必须向该分支机构拨付与其所从事的经营活动相适应的资金。

（3）外国公司的分支机构应当在其名称中标明该外国公司的国籍及责任形式并应当在本机构中置备该外国公司章程。

知识链接 2-1

违反《公司法》的法律责任

1. 违反登记管理的法律责任

违反《公司法》规定，办理公司登记时虚报注册资本、提交虚假证明文件或者采取其他欺诈手段隐瞒重要事实取得公司登记的，责令改正，对虚报注册资本的公司，处以虚报注册资本金额 5％以上 10％以下的罚款；对提交虚假证明文件或者采取其他欺诈手段隐瞒重要事实的公司，处以 1 万元以上 10 万元以下的罚款；情节严重的，撤销公司登记。构成犯罪的，依法追究刑事责任。

公司的发起人、股东有下列行为之一的，责令改正，处以违法金额 5％以上 10％以下的罚款；构成犯罪的，依法追究刑事责任：① 未交付货币、实物或者未转移财产权，虚假出资，欺骗债权人和社会公众的；② 在公司成立后，抽逃其出资的。

公司成立后无正当理由超过 6 个月未开业的，或者开业后自行停业连续 6 个月以上的，由公司登记机关吊销其公司营业执照；公司登记事项发生变更时，未按照《公司法》规定办理有关变更登记的，责令限期登记，逾期不登记的，处以 1 万元以上 10 万元以下的罚款。

2. 募集资金的违法责任

有下列情形之一的，责令停止发行，退还所募资金及其利息，处非法募集资金金额 1％以上 5％以下的罚款；构成犯罪的，依法追究刑事责任：① 制作虚假的招股说明书、认股书、公司债券募集办法发行股票或者公司债券的；② 未经《公司法》规定的有关主管部门的批准，擅自发行股票或者公司债券的。

3. 公司财务、会计的违法责任

公司违反《公司法》规定，在法定的会计账册以外另立会计账册的，责令改正，并处以 1 万元以上 10 万元以下的罚款。构成犯罪的，依法追究刑事责任。将公司资产以任何个人名义开立账户存储的，没收违法所得，并处以违法所得 1 倍以上 5 倍以下的罚款。构成犯罪的，依法追究刑事责任。

公司向股东和社会公众提供虚假的或者隐瞒重要事实的财务会计报告的，对直接负责的主管人负和其他直接责任人员处以 1 万元以上 10 万元以下的罚款。构成犯罪的，依法追究刑事责任。

公司不按照《公司法》规定提取法定公积金、法定公益金的，责令如数补足应当提取的金额，并可对公司处以 1 万元以上 10 万元以下的罚款。

4. 公司变更、清算中的违法责任

公司在合并、分立、减少注册资本或者进行清算时，不按照法律规定通知或者公告债权人的，责令改正，对公司处以 1 万元以上 10 万元以下的罚款。

公司在进行清算时，隐匿财产，对资产负债表或者财产清单作虚伪记载或者未清偿债务前分配公司财产的，责令改正，对公司处以隐匿财产或者来清偿债务前分配公司财产金额 1％以上

5%以下的罚款。对直接负责的主管人员和其他直接责任人员处以1万元以上10万元以下的罚款。构成犯罪的,依法追究刑事责任。

知识链接 2-2

中国旅游饭店行业规范

第一章　总则

第一条　为了倡导履行诚信准则,保障客人和旅游饭店的合法权益,维护旅游饭店业经营管理的正常秩序,促进中国旅游饭店业的健康发展,中国旅游饭店业协会依据国家有关法律、法规,特制定《中国旅游饭店行业规范》(以下简称为《规范》)。

第二条　旅游饭店包括在中国境内开办的各种经济性质的饭店,含宾馆、酒店、度假村等(以下简称为饭店)。

第三条　饭店应当遵守国家的有关法律、法规和规章,遵守社会道德规范,诚信经营,维护中国旅游饭店行业的声誉。

第二章　预订、登记、入住

第四条　饭店应与客人共同履行住宿合同,因不可抗力不能履行双方住宿合同的,任何一方均应当及时通知对方。双方另有约定的,按约定处理。

第五条　由于饭店出现超额预订而使客人不能入住的,饭店应当主动替客人安排本地同档次或高于本饭店档次的饭店入住,所产生的有关费用由饭店承担。

第六条　饭店应当同团队、会议、长住客人签订住房合同。合同内容应包括客人进店和离店的时间、房间等级与价格、餐饮价格、付款方式、违约责任等款项。

第七条　饭店在办理客人入住手续时,应当按照国家的有关规定,要求客人出示有效证件,并如实登记。

第八条　以下情况饭店可以不予接待:

(一)携带危害饭店安全的物品入店者;

(二)从事违法活动者;

(三)影响饭店形象者;

(四)无支付能力或曾有过逃账记录者;

(五)饭店客满;

(六)法律、法规规定的其他情况。

第三章　饭店收费

第九条　饭店应当将房价表置于总服务台显著位置,供客人参考。饭店如给予客人房价折扣,应当书面约定。

第十条　饭店客房收费以"间/夜"为计算单位(钟点房除外)。按客人住一"间/夜",计收一天房费;次日12时以后、18时以前办理退房手续者,饭店可以加收半天房费;次日18时以后退房者,饭店可以加收一天房费。

第十一条　根据国家规定,饭店可以对客房、餐饮、洗衣、电话等服务项目加收服务费,但应当在房价表及有关服务价目单上注明。客人在饭店商场内购物,不应加收服务费。

第四章 保护客人人身和财产安全

第十二条 为了保护客人的人身和财产安全,饭店客房房门应当装置防盗链、门镜、应急疏散图,卫生间内应当采取有效的防滑措施。客房内应当放置服务指南、住宿须知和防火指南。有条件的饭店应当安装客房电子门锁和公共区域安全监控系统。

第十三条 饭店应当确保健身、娱乐等场所设施、设备的完好和安全。对不按使用说明及饭店员工指导进行操作而造成伤害的,饭店不承担责任。

第十四条 对可能损害客人人身和财产安全的场所,饭店应当采取防护、警示措施。警示牌应当中外文对照。

第十五条 饭店应当采取措施,防止客人放置在客房内的财物灭失、毁损。由于饭店的原因造成客人财物灭失、毁损的,饭店应当承担责任。由于客人自己的行为造成损害的,饭店不承担责任。双方均有过错的,应当各自承担相应的责任。

第十六条 饭店应当保护客人的隐私权。饭店员工未经客人许可不得随意进入客人下榻的房间,除日常清扫卫生、维修保养设施设备或者发生火灾等紧急情况外。

第五章 保管客人贵重物品

第十七条 饭店应当在前厅处设置有双锁的客人贵重物品保险箱。贵重物品保险箱的位置应当安全、方便、隐蔽,能够保护客人的隐私。饭店应当按照规定的时限免费提供住店客人贵重物品的保管服务。

第十八条 饭店应当对住店客人贵重物品的保管服务做出书面规定,并在客人办理入住登记时予以提示。违反第十七条和本条规定,造成客人贵重物品灭失的,饭店应当承担赔偿责任。

第十九条 客人寄存贵重物品时,饭店应当要求客人填写贵重物品寄存单,并办理有关手续。

第二十条 客房内设置的保险箱仅为客人提供存放一般物品之用。对没有按规定存放在饭店前厅贵重物品保险箱内而在客房里灭失、毁损的客人的贵重物品,如果责任在饭店一方,可视为一般物品予以赔偿。

第二十一条 如无事先约定,在客人结账退房离开饭店以后,饭店可以将客人寄存在贵重物品保险箱内的物品取出,并按照有关规定处理。饭店应当将此条规定在客人贵重物品寄存单上明示。

第二十二条 客人如果遗失饭店贵重物品保险箱的钥匙,除赔偿锁匙成本费用外,饭店还可以要求客人承担维修保险箱的费用。

第六章 保管客人一般物品

第二十三条 饭店保管客人寄存在行李寄存处的行李物品时,应当检查其包装是否完好、安全,询问有无违禁物品,并经双方当面确认后签发给客人行李寄存牌。

第二十四条 客人在餐饮、康乐、前厅行李处等场所寄存物品时,饭店应当当面询问客人物品中有无贵重物品。客人寄存的行李中如有贵重物品的,应当向饭店声明,由饭店员工验收并交饭店贵重物品保管处免费保管;客人事先未声明或不同意核实而造成物品灭失、毁损的,如果责任在饭店一方,饭店按照一般物品予以赔偿;客人对寄存物品没有提出需要采取特殊保管措施的,因为物品自身的原因造成毁损或损耗的,饭店不承担赔偿责任;由于客人没有事先说明寄存物的情况,造成饭店损失的,除饭店知道或者应当知道而没有采取补救措施的以外,饭店可以要求客人承担其所受损的赔偿责任。

第七章　洗衣服务

第二十五条　客人送洗衣物,饭店应当要求客人在洗衣单上注明洗涤种类及要求,并应当检查衣物状况有无破损。客人如有特殊要求或者饭店员工发现衣物破损的,双方应当事先确认并在洗衣单上注明。客人事先没有提出特殊要求,饭店按照常规进行洗涤,造成衣物损坏的,饭店不承担赔偿责任。客人的衣物在洗涤后即时发现破损等问题,而饭店无法证明该衣物是在洗涤以前破损的,饭店承担相应责任。

第二十六条　饭店应当在洗衣单上注明,要求客人将衣物内的物品取出。对洗涤后客人衣物内物品的灭失,饭店不承担责任。

第八章　停车场管理

第二十七条　饭店应当保护停车场内饭店客人的车辆安全。由于保管不善,造成车辆灭失或者毁损的,饭店承担相应责任,但因为客人自身的原因造成车辆灭失或者毁损的除外。双方均有过错的,应当各自承担相应的责任。

第二十八条　饭店应当提示客人保管好放置在汽车内的物品。对汽车内放置的物品的灭失,饭店不承担责任。

第九章　其他

第二十九条　饭店可以谢绝客人自带酒水和食品进入餐厅、酒吧、舞厅等场所享用,但应当将谢绝的告示设置于有关场所的显著位置。

第三十条　饭店有义务提醒客人在客房内遵守国家有关规定,不得私留他人住宿或者擅自将客房转让给他人使用及改变使用用途。对违反规定造成饭店损失的,饭店可以要求下榻该房间的客人承担相应的赔偿责任。

第三十一条　饭店可以口头提示或书面通知客人不得自行对客房进行改造、装饰。未经饭店同意进行改造、装饰并因此造成损失的,饭店可以要求客人承担相应的赔偿责任。

第三十二条　饭店有义务提示客人爱护饭店的财物。由于客人的原因造成损坏的,饭店可以要求客人承担赔偿责任。由于客人原因维修受损设施设备期间导致客房不能出租、场所不能开放而发生的营业损失,饭店可视其情况要求客人承担责任。

第三十三条　对饮酒过量的客人,饭店应恰当、及时地劝阻,防止客人在店内醉酒。客人醉酒后在饭店内肇事造成损失的,饭店可以要求肇事者承担相应的赔偿责任。

第三十四条　客人结账离店后,如有物品遗留在客房内,饭店应当设法同客人取得联系,将物品归还或寄还给客人,或替客人保管,所产生的费用由客人承担。三个月后仍无人认领的,饭店可进行登记造册,按拾遗物品处理。

第三十五条　饭店应当提供与本饭店档次相符的产品与服务。如果存在瑕疵,饭店应当采取措施及时加以改进。由于饭店的原因而给客人造成损失的,饭店应当根据损失程度向客人赔礼道歉,或给予相应的赔偿。

第十章　处理

第三十六条　会员饭店违反本《规范》,造成不良后果和影响的,除按照有关规定进行处理外,中国旅游饭店业协会将给予内部通报批评。

第三十七条　会员饭店违反本《规范》,给客人的人身造成较大伤害或者给客人的财产造成严重损失且情节严重的,除按规定进行赔偿外,中国旅游饭店业协会将给予公开批评。

第三十八条　会员饭店违反本《规范》,给客人人身造成重大伤害或者给客人的财产造成重大损失且情节特别严重的,除按规定进行赔偿外,经中国旅游饭店业协会常务理事会通过,将对该会员饭店予以除名。

第十一章　附则

第三十九条　饭店公共场所的安全疏散标志等应符合国家的规定。饭店的图形符号应符合中华人民共和国旅游行业标准 LB/T001—1995 旅游饭店公共信息图形符号。

第四十条　会员饭店如果同客人发生纠纷应参照本《规范》有关条款协商解决;协商不成的,双方按照国家有关法律、法规和规定处理。

第四十一条　本《规范》适用于中国旅游饭店业协会会员饭店。尚未加入中国旅游饭店业协会的旅游饭店可参照本《规范》执行。

第四十二条　本《规范》自 2002 年 5 月 1 日起施行。

第四十三条　本《规范》由中国旅游饭店业协会常务理事会通过并负责解释。

第三节　酒店企业破产法律制度

案例 2-3

某市大酒店因经营管理不善,连年亏损。当地的电力公司、电信公司和运输公司是大酒店的三个最大债权人,他们不断地要求大酒店偿还债务,在屡催无果的情况下,电力公司联合其他两个最大的债权人向大酒店所在地的区法院申请宣告大酒店破产,要求大酒店在市区的房产和土地使用权抵偿债务。法院对此请求应当如何处理?

一、破产法概述

(一)破产的概念

在传统破产法上,"破产"首先意味着一种法律上的地位,它必然地伴随着倒闭清算的结果。其次,在法律上,"破产"常常被指称在债务人无力偿债的情况下以其财产对债权人进行公平清偿的法律程序。

按照现代破产法概念,"破产"首先是一种事实状态。这种事实状态,并不等同于传统意义上的破产事件,它并不必然地导致清算程序的发生。

我们认为现代破产法的破产,有两种不同的含义:一是指债务人资不抵债或明显缺乏清偿能力、不能清偿到期债务这种客观事实;二是指一种法律程序,即对达到"破产"这种客观状态的债务人程序,在这种程序中,法律根据当事人的申请将债务人的财产按照一定方式分配给债权人。本书所指的破产,一般情况下仅作第二种含义使用。

我国在 1986 年颁布了的《企业破产法(试行)》,1991 年颁布的《民事诉讼法》第 19 章规定了全民所有制以外的企业法人的破产还债程序;最高人民法院也分别于 1991 年、2002 年相继颁布了《最高人民法院关于贯彻执行〈中华人民共和国企业破产法(试行)〉若干问题的意见》、《最高人民法院〈关于审理企业破产案件若干问题的规定〉》两个司法解释,对规范我国企业破产行为,审理企业破产案件发挥了重要作用。2007 年 6 月 1 日,新的《企业破产法》实施,此前的仅适用于国有企业的《企业破产法(试行)》同时废止。

(二) 破产原因

破产原因又称破产界限,是指认定债务人丧失债务清偿能力,当事人得以提出破产申请以启动破产程序的法律事实。由于现代破产程序一般都包括重整程序与和解制度,因此广义的破产原因也包括重整原因与和解原因。

依据《企业破产法》的规定,所有的企业法人的破产原因是不能清偿到期债务,并且资产不足以清偿全部债务或者明显缺乏清偿能力。也就是说,企业破产的构成要件有两个:① 不能清偿到期债务;② 资产不足以清偿全部债务或明显缺乏清偿能力。

和解原因与狭义的破产原因相同。重整原因除了包括狭义的破产原因外,还包括有明显丧失清偿可能性的。有明显丧失清偿能力,即债务人企业遭遇的一种困难情形,指其资产状况表明其虽然目前尚未出现不能支付、资产不足以清偿全部债务的情况,但有证据表明其在近期即有明显丧失清偿能力的情形。

(三) 破产案件的管辖

1. 地域管辖

《企业破产法》第 3 条规定,破产案件由债务人住所地人民法院管辖。所谓债务人所在地,按照最高人民法院的司法解释,指企业主要办事机构所在地。债务人无办事机构的,由其注册地人民法院管辖。

2. 级别管辖

关于破产案件的级别管辖问题,新的《企业破产法》没有对其明确规定。案件的级别管辖一般依照工商登记的相应级别来确定:

(1) 县、县级市或者区的行政管理机关核准登记企业的破产案件,由基层人民法院管辖。

(2) 纳入国家计划调整的企业破产案件,由中级人民法院管辖。

(3) 个别案件的级别管辖,可以依照《民事诉讼法》第 39 条的规定办理。上级人民法院有权审理下级人民法院的第一审民事案件,也可以把本院审理的第一审民事案件交下级人民法院审理。下级人民法院对它所管辖的第一审民事案件,认为需要由上级法院审理的,可以报请上级人民法院审理。

二、破产案件的申请与受理

(一)破产申请的概念

破产申请是破产申请人请求人民法院受理破产案件的意思表示。

(二)破产申请人

破产申请人是与破产案件有利害关系,依法具有破产申请资格的民事主体。

根据我国《企业破产法》的规定,能提出破产申请的主体是债权人、债务人和准债务人(对企业负有清算责任的人)。

1. 债权人申请

只要企业不能清偿到期债务,债权人即可向人民法院申请破产。提出破产申请的债权人所享有的债权必须具备下列条件:① 必须是具有财产给付内容的请求权;② 必须是法律上可强制执行的请求权;③ 必须是已到期的请求权。

2. 债务人申请

债务人可以申请自己破产。债务人申请破产时应当提交以下法律要求的法律文件和证据材料:除提交申请书外,还应当提交财产状况说明、债务清册、债权清册、有关财务会计报告、职工安置预案以及职工工资的支付和社会保险的缴纳情况。

3. 准债务人申请

我国新《企业破产法》增加对债务人企业负有清算责任的人的破产申请的规定,《企业破产法》规定:"清算组在清理公司财产、编制资产负债表和财产清单时,发现公司财产不足清偿债务的,应当依法向人民法院申请宣告破产。"即公司清算组在法定情况下,作为准债务人,享有破产申请权,并负有提出破产申请的义务。

(三)破产案件的受理

破产申请的受理,是指人民法院在收到申请人的破产申请后,认为申请符合法定条件而予以受理、并由此开始破产程序的一种司法行为。破产申请的受理,标志着破产程序的正式启动。

对破产申请的审查包括形式审查和实质审查两方面。形式审查主要是审查申请人提交的文件资料是否符合要求;实质审查主要是审查破产原因的存在与否。

(四)债权申报

1. 债权申报的概念

债权申报是债权人在破产案件受理后,债权人依照法定程序主张并证明其债权,以便参加破产程序的法律行为。

2. 债权申报的程序规则

（1）申报期限。债权人应当在人民法院确定的债权申报期限内向管理人申报债权。债权申报期限自人民法院发布受理破产申请公告之日起计算，最短不得少于 30 日，最长不得超过 3 个月。

（2）申报范围。破产案件受理前成立的对债务人的债权，均为应申报债权。当然债务人所欠职工的工资和医疗、伤残补助、抚恤费用、所欠的应当划入职工个人账户的基本养老保险、基本医疗保险费用，以及法律、行政法规规定应当支付给职工的补偿金，不必申报，由管理人调查后列出清单并予以公示。职工对清单记载有异议的，可以要求管理人更正；管理人不予更正的，职工可以向人民法院提起诉讼。

（3）申报方式。申报债权可以自行申报也可以委托他人代理申报。破产案件受理后，债权人向人民法院提起新的诉讼的，应予以驳回，其起诉不具有申报债权的效力。

（4）登记造册。管理人收到债权申报材料后，应当登记造册，对申报的债权进行审查，并编制债权表。债权表和债权申报材料由管理人保存，供利害关系人查阅。

债权人未依照《破产法》规定申报债权的，不得依照《破产法》规定的程序行使权利。在人民法院确定的债权申报期内，债权人未申报债权的，可以在破产财产最后分配前补充申报。

三、债权人会议

（一）债权人会议的组成与召集

债权人会议由申报债权的债权人组成、集体行使权利、讨论决定合关破产法定事项的临时性机构。债权人会议是债权人行使破产参与权的场所，其所作出的各项决议要由管理人等机构来执行。债权人会议不是民事权利主体，不能以其自己的名义对外进行民事活动。

依法申报债权的债权人为债权人会议的成员，有权参加债权人会议，享有表决权。

债务人的有关人员必须列席债权人会议，并有义务回答债权人的询问。债务人的有关人员不得委托代理人代为列席，无正当理由拒绝列席的，人民法院可依法对其拘传强制列席。

（二）债权人会议的职权与决议

根据《破产法》规定，债权人会议的职权有：① 核查债权；② 申请人民法院更换管理人，审查管理人的费用和报酬；③ 监督管理人；④ 选任和更换债权人委员会成员；⑤ 决定继续或者停止债务人的营业；⑥ 通过重整计划；⑦ 通过和解协议；⑧ 通过债务人财产的管理方案；⑨ 通过破产财产的变价方案；⑩ 通过破产财产的分配方案；⑪ 人民法院认为应当由债权人会议行使的其他职权。债权人会议应当对所议事项的决议做成会议记录。

债权人会议的职权是以表决通过决议的方式行使的。会议如果作出一般决议，必须同时具备两个条件：第一个条件是必须得有多少出席债权人会议的债权人通过；第二个条件就是债权人所代表的债权额必须占无财产担保债权总额的 1/2 以上,决议才有效。如果两个条件不能同时具备,那么通过的决议是无效的。

特别决议事项,即重整计划与和解协议的通过,须由出席会议的有表决权的债权人过半数通过,并且所代表的债权额,必须占无财产担保债权总额的 2/3 以上。

四、重整与和解

(一) 重整的概念及特征

重整是指对可能或已经发生破产原因但又有挽救希望的法人企业,通过对各方利害关系人的利益协调,借助法律强制进行营业重组与债务清理,以避免破产的法律制度。

重整程序实质上是破产预防程序,有别于破产清算程序。

(二) 重整申请和重整期间

1. 申请主体

(1) 债务人或者债权人均可以直接向人民法院申请对债务人进行重整。

(2) 债权人申请对债务人进行破产清算的,在人民法院受理破产申请后,宣告债务人破产前,债务人或者出资额占债务人注册资本 1/10 以上的出资人,可以向人民法院申请重整。

2. 重整的批准

人民法院经审查认为重整申请符合《企业破产法》规定的,对重整予以批准并予以公告。

3. 重整期间及其效力

(1) 重整期间。自人民法院裁定债务人重整之日起至重整程序终止,为重整期间。

(2) 财产和营业事务的管理。在重整期间,经债务人申请,人民法院批准,债务人可以在管理人的监督下自行管理财产和营业事务。如果由管理人负责管理财产和营业事务的,可以聘任债务人的经营管理人员负责营业事务。

(3) 对担保物权的限制。在重整期间,对债务人的特定财产享有的担保权暂停行使。但是,担保物有损坏或者价位明显减少的可能,足以危害担保权人权利的,担保权人可以向人民法院请求恢复行使担保权。在重整期间,债务人或者管理人为继续营业而借款的,可以为该借款设定担保。

(4) 对收益分配及股权转让的限制。在重整期间,债务人的出资人不得请求投资收益分配。在重整期间,债务人的董事、监事、高级管理人员不得向第三人转让其所持有债务人的股权。但是,经人民法院同意的除外。

4. 重整程序终止的情形

在重整期间,有下列情形之一的,终止重整程序,并宣告债务人破产:

(1) 债务人的经营状况和财产状况继续恶化,缺乏挽救的可能性。

(2) 债务人有欺诈、恶意减少债务财产或者其他显著不利于债权人的行为。

（3）由于债务人的行为致使管理人无法执行职务。

债务人或者管理人未按期提出重整计划草案的，人民法院应当裁定终止重整程序，并宣告债务人破产。

（三）和解的概念

和解是指为了避免破产清算，由债务人提出和解申请及和解协议草案并经人民法院许可的一种解决债权人、债务人之间的债权债务问题的制度。

（四）和解的启动

1. 和解申请的提出

（1）申请人。和解申请只能由债务人向人民法院提出，其他任何利害关系人均不得提出和解申请，人民法院不得依职权开始和解程序。这是各国破产法一致的规则。和解能否开始，债务人所提出的和解方案以及清偿办法的担保起着决定性作用。

（2）申请提出的时间。《企业破产法》第 95 条规定：债务人可以依照本法规定，直接向人民法院申请和解；也可以在人民法院受理破产申请后，宣告债务人破产前，向人民法院申请和解。债务人申请和解，应当提出和解协议草案。

（3）申请的条件。债务人向人民法院提出和解申请时，应同时向人民法院提出和解协议草案。在和解协议草案中应提供和解条件。和解条件包括：债务人的财产状况、债务人清偿债务的方法和期限、担保和解协议执行的措施等。

2. 人民法院对和解申请的审查

人民法院对这种和解申请的审查重点是债务人是否具有和解原因。《企业破产法》对和解原因作了概述。指企业法人不能清偿到期债务，并且资产不足以清偿全部债务或者明显缺乏清偿能力的。人民法院经审查认为和解申请符合法律规定的，应当裁定和解，予以公告，并召集债权人会议讨论和解协议草案。对债务人的特定财产享有担保权的权利人，自人民法院裁定和解之日起可以行使权利。

3. 债权人会议对和解协议草案的议决

在关于和解协议草案的通过方面，新、旧《破产法》的债权人会议的决议方式上是一致的，均为双重要求，即人数要求出席会议的有表决权的债权人过半数通过，同时还要求其所代表的债权额须占无财产担保债权总额的 2/3 以上。

4. 法院对于债权人会议通过的和解协议的认可或否定

债权人会议通过的和解协议并不当然具有法律约束力，还必须经过人民法院的认可。人民法院对债权人会议通过的和解协议进行审查，经查明无不予认可的法定事由时，应认可和解协议。否则不予认可。

（五）和解程序的终止

和解程序的终止分两种情形：

一种是积极的终结，即债权人会议通过了和解协议，人民法院裁定认可了和解协议、或者人民法院受理破产申请后，债务人与全体债权人就债权、债务的处理达成协议，人民法院裁定认可了和解协议,和解协议得到良好执行,和解成功。

另一种是消极的终止,即和解失败。和解失败分为三种情形:一是和解协议未获债权人会议通过或者没有获得人民法院裁定认可;二是因债务人欺诈或者其他违法行为而成立的和解协议无效,债务人被宣告破产;三是债务人不能执行或者不执行和解协议,人民法院经和解债权人请求,裁定终止和解协议的执行,并宣告债务人破产。

五、破产宣告

(一) 破产宣告的概念

破产宣告,是指受理破产案件的法院,依法作出裁定,宣告债务人破产的行为。根据《企业破产法》的规定,在以下三种情况下,人民法院应当裁定宣告债务人企业破产:① 债务人具备破产原因且债权人、债务人未提出重整申请、债务人未提出和解申请的;② 重整、和解被完全否定的;③ 在重整、和解的整顿期间出现法定情况,终止相应程序的。但在债权人提出破产申请的案件中,具备以下情形之一的,不予宣告破产:① 第三人为债务人提供足额担保或者为债务人清偿全部到期债务的;② 债务人已清偿全部到期债务的。

(二) 破产宣告的效力

破产宣告后,债务人成为破产人,债务人财产成为破产财产。人民法院受理破产申请时对债务人享有的债权成为破产债权,同时破产案件也进入了破产清算程序。在破产案件受理后、破产宣告以前,债务人可以通过和解、重整或者诸如取得担保等方式避免破产清算,但一旦破产宣告后,则破产案件不可逆转地进入清算程序,破产人最终的结局是消亡。

(三) 破产费用的概念及范围

破产费用,指人民法院在受理破产案件时收取的案件受理费,以及在破产程序进行中为全体债权人利益和程序进行之必需而支付的各项费用的总称。

具体包括下列费用:① 破产案件的诉讼费用;② 管理、变价和分配债务人财产的费用;③ 管理人执行职务的费用、报酬和聘用工作人员的费用。

(四) 破产财产的分配

破产财产的分配,是指管理人将变价后的破产财产,依照符合法定顺序并经债权人会议通过的分配方案,对全体破产债权人进行公平清偿的程序。破产清算以金钱分配为原则、实物分配为例外。

破产财产在优先清偿破产费用和共益债务后,依照下列顺序清偿:

(1) 破产人所欠职工的工资和医疗、伤残补助、抚恤费用,所欠的应当划入职工个人账户的基本养老保险、基本医疗保险费用,以及法律、行政法规规定应当支付职工的补偿金。

(2) 破产人欠缴的除前项规定以外的社会保险费用和破产人所欠税款。

(3) 普通破产债权。破产财产不足以清偿同一顺序的清偿要求的,按照比例分配。

六、破产程序的终结

破产人无财产可供分配或破产财产分配完结后,由管理人提交人民法院终结破产程序。人民法院应在接到申请后 15 日内作出规定,终结破产程序,并予以公告。破产程序终结后,管理人应在 10 日内,持人民法院终结破产程序的裁定,向破产人的原登记机关办理注销登记。

破产程序终结后,债权人通过破产分配未能得到清偿的债权不再予以清偿,破产企业未偿清余债的责任依法免除,但破产程序终结后,又发现破产财产的情况除外。破产程序终结后发现或追回的破产企业的财产,债权人在法定的期限内(破产程序终结之日起两年内)请求人民法院按照破产财产分配方案进行追加分配,但财产数量不足以支付分配费用的,不再进行追加分配,由人民法院将其上交国库。

思 考 与 练 习

一、有问有答

1. 企业具有什么特征? 怎样对企业进行分类?

2. 申请设立企业应具备哪些条件?

3. 我国有关法律对企业名称登记管理有什么规定?

4. 个人独资企业的特征和设立的条件是什么?

5. 合伙企业具有什么特征?

6. 合伙企业的财产属于什么性质? 合伙企业和合伙人怎样清偿债务?

7. 公司的基本特征是什么? 公司为什么是营利性的经济组织?

8. 股份有限公司和有限责任公司各自具有哪些基本特征?

9. 债权人申请破产和债务人申请破产,应分别向人民法院提交哪些材料?

10. 人民法院受理破产案件后,有哪些情形之一的,应当裁定宣告债务人破产?

11. 破产财产由哪些财产构成? 不作为破产财产分配的财产是指哪些财产?

12. 破产财产是怎样进行分配的?

二、案例分析

1. 2006 年 4 月,甲有限责任公司召开股东会年会,审理公司重大事项,在审理更改公司名称事项时,股东李某提出:"按照《企业法人登记管理条例》规定,设立有限责任公司,公司的名称必须先经过企业法人登记管理机关的核准。但有限责任公司成立后,股东会是公司的最高权力机构,是公司的最高决策机关。因此,股东会可以直接作出决议,改变公司的名称。"

思考:李某的观点是否正确?

2. 大连市 A 公司、B 公司与大庆市 C 公司准备成立一家有限责任公司,从事酒店的经营。其设立方案的要点为:该公司的注册资本为 4000 万元人民币,其中 A 公司以土地使用权(以出让方式取得)作价出资 1000 万元;B 公司以工业产权作价出资 900 万元,另出资人民币 300 万元;C 公司以人民币出资 1800 万元。三家公司的首次出资额为 1000 万元,其中货币出资为 400 万元人民币,其余部分由股东自公司成立之日起 2 年内缴足。

思考:

(1) 该公司的股东人数是否符合《公司法》的要求?

(2) 该公司股东的首次出资金额和出资期限是否符合法律规定?

(3) A 公司以土地使用权出资是否可行?

(4) B 公司以工业产权作价 900 万元出资是否符合《公司法》的规定?

能力训练

小张大学毕业后想和同学小李、自己的亲戚小王一起开个家庭旅馆。三人的出资分别为 10 万元、5 万元、3 万元。请根据相关的法律法规,帮助小张准备这家小旅馆开办需要的法律文件,并写出该旅馆的开办程序。

第三章 酒店经营中涉及的合同法律制度

![学习目标图标]

学习目标

【能力目标】

能够通过独立检索法律法规,对饭店在经营过程中发生的纠纷进行初步的判断,运用合同法解决饭店消费纠纷。

【知识目标】

1. 合同的概念,合同法的基本原则。
2. 合同订立的过程。
3. 合同的效力。
4. 合同履行的相关规定。
5. 合同的附随义务。
6. 合同的变更和转让。
7. 合同权利义务的终止。

案例导入

案例 3-1

2005年7月,南京某大学的学生丁某到河南某大学进行学术活动。到达后遂在大学的宾馆客房休息。一觉醒来,丁看到自己的背包被扔在卫生间的地上,在打电话通知服务台时,她又发现自己的笔记本电脑不见了。丁吓得花容失色,丢失了1200元现金事小,电脑里保存着她一年来进行四次试验的数据和五篇论文。宾馆认为,根据《合同法》第60条规定:"当事人应当按照约定全面履行自己的义务。"宾馆已提供住房,履行了所要求的义务。财产损失应由盗窃分子承担,宾馆无须承担责任。丁某认为,自己入住宾馆时并没有与宾馆签订合同,不存在合同关系,所以不适用《合同法》的有关规定,应按《消费者权益保护法》的有关规定处理。

问题:1. 丁某入住宾馆的时候并没与宾馆签订合同,丁某与宾馆之间有合同关系存在吗?

2. 请列举此事件可能涉及的法律、法规。

理论知识

第一节　合同法概述

一、合同的概念

（一）合同的概念

合同,是平等主体的自然人、法人、其他组织之间设立、变更、终止民事权利义务关系的协议。

自然人包括中国人、外国人和无国籍人;法人是指依法成立、能够独立享有民事权利和承担民事义务的组织,包括公司、企业事业单位、机关、团体等;其他组织是指不具备法人资格的合伙组织以及分支机构等。

民事权利义务关系,主要是指财产关系。

婚姻、收养、监护等身份关系,适用其他法律的规定。

（二）合同的分类

合同可以按照不同的标准进行分类。根据法律是否赋予特定名称并没有规范,合同可分为有名合同与无名合同;按照除双方意思表示一致外,是否需要交付标的物才能成立为标准,分为诺成合同与实践合同;按照法律、法规是否特别要求具备特定形式和手续为标准,分为要式合同和不要式合同;按照双方是否互负义务,分为双务合同和单务合同;按照当事人权利的获得是否支付代价为标准,分有偿合同和无偿合同等等。

《合同法》按照其业务性质和权利义务内容的不同,将合同分为买卖合同;供应电、水、气、热力合同;赠与合同;借贷合同;租赁合同;融资租赁合同;承揽合同;在建工程合同;运输合同;技术合同;保管合同;仓储合同;委托合同;行纪合同;居间合同等共 15 类。

二、合同法的基本原则

《合同法》的基本原则是合同当事人在合同活动中应当遵守的基本原则,也是人民法院、仲裁机构在审理、仲裁合同纠纷时应当遵循的原则。

（一）平等原则

合同当事人的法律地位平等,一方不得将自己的意志强加给另一方。平等原则体现了合同当事人的法律地位平等。

（二）自愿原则

当事人依法享有自愿订立合同的权利,任何单位和个人不得非法干预。自愿原则体现了民事活动的基本特征,是民事法律关系区别于行政法律关系、刑事法律关系的特有原则。自愿原则体现了合同当事人有权在法律允许的范围内按照自己的意愿订立合同。自愿原则要求任何单位和个人不得非法干预合同当事人订立合同。

(三) 公平原则

根据《合同法》第5条规定,当事人应当遵循公平原则确定各方的权利和义务。公平原则体现了社会公德、商业道德和合同当事人的行为准则;要求合同当事人各方的权利和义务公平合理,利益和风险均等平衡。

(四) 诚实信用原则

根据《合同法》第6条规定,当事人行使权力、履行义务应当遵循诚实信用原则。诚实信用原则体现了合同当事人订立合同、履行合同的行为准则,要求合同当事人在行使权力、履行义务时,要诚实、讲信用、相互协作,不得有欺诈或者其他违背诚实信用原则的行为。

案例 3-2

2008 年 8 月初,王先生计划前往某著名旅游城市出差,遂通过电话向某饭店预订客房。在向该旅游饭店前台咨询房间价格时,顺便问了该饭店的星级。服务员告诉王先生,他们的饭店是四星级。8 月 6 日中午,王先生到达该饭店后立即办理入住手续。当天晚上,王先生在客房内一份资料上看到,该饭店正在参加四星级饭店的评定。王先生认为饭店有意隐瞒真相,存在欺诈行为,要求饭店做出合理的解释。饭店负责人向王先生赔礼道歉,并按照王先生的要求,给予房费六折的优惠,王先生不再追究旅游饭店的责任。

问题: 该饭店的做法有否违反法律规定,还仅是道德问题?

(五) 遵守法律,不得损害社会公共利益原则

根据《合同法》第7条规定,当事人订立、履行合同,应当遵守法律、行政法规,遵守社会公德,不得扰乱社会经济秩序,损害社会公共利益。合同的订立和履行,属于合同当事人之间的民事权利义务关系,主要涉及合同当事人的合法权益。但是,有时可能涉及社会公德、社会经济秩序和社会公共利益。为了维护社会公共利益和社会公德,维持社会经济秩序,当事人订立、履行合同,必须遵守法律,不得损害社会公共利益。

案例 3-3

(1) 2004 年 4 月 2 日,昆明某餐厅在国内首次推出"女体盛宴",沐浴干净的美女身体上放置各色美味的寿司、生鱼片等日本料理,供食客享用,引起舆论哗然。

(2) 东方网 2004 年 11 月 6 日消息:某市一家饭店将过去民间传说为具有"神奇大补功效"的胎盘引上餐桌,公然销售"胎盘宴",一时全国哗然。

(3) 2003 年 1 月 25 日,湖南长沙一家餐馆推出全国第一桌"人乳宴",邀请长沙多家媒体记者品尝。

(4) 法国伊夫圣洛朗香水公司通过商标代理机构,对其生产的化妆品和香水类商品注册了"OPIUM"(鸦片)商标,注册号为第 162156。

(5) 据报道,杭城新近开出一家大型娱乐场所,"总统包厢"每间 6800 元,服务员一律采用跪式服务,如此奢侈的消费竟然生意奇好。大大小小 100 多个包厢,天天爆满,夜夜笙歌,一晚消费经常超过万元。所谓"一夜潇洒挥万金",这大概就是了。

知识链接 3-1

酒店的经营活动不能与法律上的"公序良俗"原则相背离

公序良俗指民事主体的行为应当遵守公共秩序,符合善良风俗,不得违反国家的公共秩序和社会的一般道德。如今,公序良俗原则被视为与诚信原则等同的私法领域的两大原则:私法上权利的行使、义务的履行,须在此范围内,始视为正当。诚信原则是在法律自由之基调上,从法律内部对当事人间的权益加以调整修补,而公序良俗则是在同样的基调上自外部对之加以限制。

公序良俗原则在诸多民事立法较好的国家都有明文规定。

民法之所以需要规定公序良俗原则,是因为立法当时不可能预见一切损害国家利益、社会公益和道德秩序的行为而做出详尽的禁止性规定,故设立公序良俗原则,以弥补禁止性规定之不足。公序良俗原则包含了法官自由裁量的因素,具有极大的灵活性,因而能处理现代市场经济中发生的各种新问题,在确保国家一般利益、社会道德秩序,以及协调各种利益冲突、保护弱者、维护社会正义等方面发挥极为重要的功能。当遇有损害国家利益、社会公益和社会道德秩序的行为,而又缺乏相应的禁止性法律规定时,法院可直接依据公序良俗原则认定该行为无效。

遵守法律上的"公序良俗"原则是一个明智商家商业创意的"底线"。餐饮经营活动及商业广告应该在富有艺术感、追求创意的同时,也要顾及公序良俗。总的来说应做到以下几点:

1. 不违法。《民法通则》第 7 条规定,民事活动应当尊重社会公德,不得损害社会公共利益。《公司法》规定,公司从事经营活动,必须遵守法律,遵守职业道德,加强社会主义精神文明建设。《反不正当竞争法》规定,经营者在市场交易中,应遵守公认的商业道德。《消费者权益保护法》则明确规定:消费者在购买、使用商品和接受服务时,享有其人格尊严、民族习惯得到尊重的权利。"女体盛宴"这样的消费行为不仅违背了基本的商业伦理道德,也是对商业伦理和公序良俗的严重践踏,而且明显违反了众多基本的民商事法律,对消费者构成了人格侮辱。

2. 不能违背道德。道德的客观含义指特定的社会关系对社会成员的客观要求,包括道德关系、道德理想、道德标准、道德原则和道德规范等。道德原则或规范调节人们之间和个人与社会之间的相互关系,影响着社会生活的秩序,并通过社会舆论、传统习惯及个人的内心信念对人们的道德行为进行价值判断。也就是说,你的经济活动一定要通过社会舆论、传统习惯的检验。中华文明源远流长,无论是审美文化还是饮食文化,都有其公认的道德准则和无法撼动的文化底蕴。毋庸置疑,"女体盛宴"与中华民族的传统美德不沾边,也不属于国外的先进文明成果。即使在日本,也不会被日本人民视为先进文化。商家将这种文化垃圾作为时尚引进中国,满足的只是一部分人的猎奇心理。科学的消费观应该是合理、文明、健康、绿色的。商家炒作,首先应遵守社会公德底线,应遵守大多数人公认的伦理道德准则。

3. 与人文环境相和谐。尊重人和人权,是一个文明社会的起码要求。而尊重人权,首先就是尊重人,其次是人人平等。"人体盛宴"进入中国餐饮业,不但不会推动酒店业发展反而使其倒退。无论社会发展成怎样,无论是外来文化还是本地文化,都一定要适合这个国家的人文环境,这样才能站住脚。酒店营造的是高雅、舒适的氛围,靠的是服务产品及设施吸引客人,并不是利用人的窥视心理来达到商业目的。

4. 正确看待机会成本。从事一项活动的机会成本,是指你为了从事这件事而放弃的其他事情的价值。企业决策也有机会成本,不一定所有的机会成本都表现在损益表上。例如,当"女体盛宴"之类作为经济活动推向市场的时候,刚开始可能会有很多人光顾,表面上看营业额在上升,但同时你失去的是酒店的名誉。管理者在推出某项活动之前一定要考虑社会反应,是正面还是负面的。

5. 符合企业文化。每一个要持续发展的酒店肯定会有自己的企业文化,员工公认的道德价值观比公司本身更重要。比方说,"我们宁愿不要我们的公司,也不愿牺牲我们的清廉。"这是史密斯的原话,史密斯还特别强调了领导放权、员工参与、责任心、开拓精神、团队精神以及领导综合指导的做法是企业文化的重要内容。"人体盛宴"这种经济活动反映出来的道德价值观绝对不是员工公认的道德价值观,更别说员工参与了。想出这个活动的策划者及认同活动的管理者是不可能成为酒店的核心人物的。酒店会失去他的员工,人才的流失抑制酒店的发展,从此酒店运行将进入恶性循环。

"女体盛宴"、"人乳宴"等都给我们敲响了警钟。酒店的经营活动可以搞特色但必须遵守法律,并自觉承担起社会责任。

第二节　合同的订立

案例 3-4

2008 年 6 月,甲公司决定在国庆期间举办公司成立五周年庆祝会,在广泛邀请客户来参加庆祝会的同时,该公司向当地一家三星级饭店发出订房传真,要求按照公司协议预订 10 月 1 日至 4 日期间的 48 间客房。饭店当天给甲公司传真回复,明确告知,由于客房被预订完毕,无法满足全部要求,每天只能安排 30 间。饭店传真发出后,一直未收到该公司的书面或者口头确认。但据该公司工作人员回忆,8 月份,曾经以电话方式和饭店确认,要求饭店为其保留 10 月 1 日至 4 日的 48 间客房,并得到了饭店的肯定答复。10 月 1 日,公司的客户如期到来,饭店以该公司此前未确认客房为由,只提供了 20 间客房。经过公司的反复交涉,饭店表明没有再提供客房的可能。甲公司在迫不得已的情况下,只得临时再为其他客人订房。由于正值黄金周,各家饭店爆满,一直到晚上 10 时,部分客户依旧不能入住,大部分客户表示了强烈的不满。为了稳定客户情绪,甲公司最后与一家五星级饭店取得了联系,临时让客户入住了这家五星级饭店,这样比原计划多支出了 8000 多元。在协调未果的情况下,甲公司于 2009 年 1 月 29 日向当地人民法院提起诉讼,要求饭店公开赔礼道歉并赔偿经济损失 2 万元。

问题: 1. 该案例中合同订立采用了哪种方式? 甲公司和酒店的合同成立么?

2. 在整个事件发生过程中,哪一步是要约邀请,哪一步是要约,哪一步是承诺?

一、合同订立的概念与形式

（一）合同订立的概念

合同的订立，是指两个或两个以上的当事人，依法对合同的主要条款经过协商一致，达成协议的法律行为。合同当事人可以是自然人，也可以是法人或者其他组织，但都应当具有与订立合同相应的民事权利能力和民事行为能力。当事人也可以依法委托代理人订立合同。

（二）合同订立的形式

根据《合同法》第10条规定，当事人订立合同，有书面形式、口头形式和其他形式。

法律、行政法规规定采用书面形式的，应当采用书面形式。当事人约定采用书面形式的，应当采用书面形式。

书面形式，是指合同书、信件和数据电文（包括电报、电传、传真、电子数据交换和电子邮件）等可以有形地表现所载内容的形式。书面形式明确肯定，有据可查，有利于防止争议和解决纠纷。实践中，书面形式是当事人采用最为普遍的一种合同订立形式。

口头形式，是指当事人双方就合同内容面对面协商或者以通讯设备交谈达成协议的形式。口头形式直接、简便、迅速，但发生争议时难以取证，不易分清责任。

二、合同的条款

合同的条款，是指合同中双方当事人协商一致，规定双方当事人权利义务的具体条文。

根据《合同法》第12条规定，合同的内容由当事人约定，一般包括以下条款：① 当事人的名称或者姓名和住所；② 标的；③ 数量；④ 质量；⑤ 价款或者报酬；⑥ 履行期限、地点和方式；⑦ 违约责任；⑧ 解决争议的方法。

当事人可以参照各类合同的示范文本订立合同。实践中各类合同的示范文本，可以提示当事人在订立合同时更好地更明确各自的权利义务。

三、合同订立的方式

根据《合同法》第13条规定，当事人订立合同，采取要约、承诺方式。

要约与承诺制度的规定，使合同成立了一个较为具体的标准，可以更好地分清各方当事人的责任，正确而恰当的确定合同的成立，有利于保障当事人的权益，鼓励交易，减少纠纷。

（一）要约

1. 要约的概念

从一般意义上说，要约是一种订约行为，发出要约的人称为要约人，接受要约的人称为

受要约人或相对人。我国《合同法》第 14 条规定,要约是希望和他人订立合同的意思表示,该意思表示应当符合下列规定:

(1) 内容具体确定。即客人向旅游饭店陈述的需要必须具体明确,如客人应当说明所需要几间客房、住宿时间;或者需要预订几桌餐饮服务、餐饮标准为多少、是否含酒水等内容。没有这些明确的量化指标,客人的要求就不属于要约范围。

(2) 表明经要约人承诺,要约人即受该意思表示约束。该条规定揭示了要约的性质及其构成要件。按照此项要求,在签订旅游饭店服务合同期间,如果客人向旅游饭店发出要约后,只要作为受要约的饭店接受了客人提出的要约要求,作为要约人的客人,他向旅游饭店提出的要求对他自己有约束力,不得对自己提出的要求再作实质性的变更。比如说,客人在预订客房时提出,愿意为预订的单间客房每间支付 400 元,当旅游饭店接受了他的请求后,他就不能再要求旅游饭店就房价与他进行再协商,将房价降低到每间 350 元。

要约是希望和他人订立合同的意思表示。首先,要约是一种意思表示。要约既不是事实行为,也不是法律行为,只是一种意思表示。其次,要约是希望和他人订立合同的意思表示。要约的目的,是希望与相对人订立合同;若无此目的,即不构成要约。

2. 要约邀请

要约邀请也称要约引诱,是指希望他人向自己发出要约的意思表示。依此定义,要约邀请具有以下特点:

(1) 要约邀请是一种意思表示,故应具备意思表示的一般成立要件。

(2) 要约邀请的目的在于诱使他人向自己发出要约,而非与他人订立合同,故只是订立合同的预备行为,而非订约行为。

(3) 要约邀请只是引诱他人发出要约,既不能因相对人的承诺而成立合同,也不能因自己作出某种承诺而约束要约人,行为人撤回其要约邀请,只要没有给善意相对人造成信赖利益的损失,不承担法律责任。

(二) 承诺

1. 承诺的概念和要件

《合同法》第 21 条规定,承诺是受要约人同意要约的意思表示。根据合同法的规定,承诺须具备以下要件:

(1) 承诺必须由受要约人作出;

(2) 承诺必须在合理期限内向要约人发出;

(3) 承诺的内容必须与要约的内容相一致。

2. 承诺的效力

承诺的效力即承诺所产生的法律效果。承诺的效力表现为承诺生效时合同成立。具体而言,在诺成合同,承诺生效合同即告成立;在实践合同,若交付标的物先于承诺生效,承诺同样使合同成立,若交付标的物后于承诺生效,则合同自交付标的物时成立。因此,承诺生效的时间在合同法上具有重要意义。

四、合同的成立

（一）合同成立时间

1. 一般规定

《合同法》第25条规定,承诺生效时合同成立。据此,合同于承诺生效时成立。至于承诺于何时生效,则有前文所述两种立法主张,兹不赘述。

2. 合同书形式的合同成立时间

《合同法》第32条规定,当事人采用合同书形式订立合同的,自双方当事人签字或者盖章时合同成立。当事人采用合同书形式订立合同,但并未签字盖章,意味着当事人的意思表示未能最后达成一致,因而一般不能认为合同成立。双方当事人签字或者盖章不在同一时间的,最后签字或者盖章时合同成立。

3. 确认书形式的合同成立时间

《合同法》第33条规定,当事人采用信件、数据电文形式订立合同的,可以在合同成立之前要求签订确认书。签订确认书时合同成立。在此情况下,确认书具有最终承诺的意义。

4. 合同的实际成立

《合同法》第36条规定,法律、行政法规规定或者当事人约定采用书面形式订立合同,当事人未采用书面形式但一方已经履行主要义务,对方接受的,该合同成立。此时可从实际履行合同义务的行为中推定当事人已经形成了合意和合同关系,当事人一方不得以未采取书面形式或未签字盖章为由,否认合同关系的实际存在。

（二）合同的成立地点

1. 一般规定

《合同法》第34条规定,承诺生效的地点为合同成立的地点。采用数据电文形式订立合同的,收件人的主营业地为合同成立的地点;没有主营业地的,其经常居住地为合同成立的地点。当事人另有约定的,按照其约定。

2. 书面合同的成立地点

《合同法》第35条规定,当事人采用合同书形式订立合同的,双方当事人签字或者盖章的地点为合同成立的地点。

（三）合同的成立事实

（1）《合同法》第36条规定,法律、行政法规规定或者当事人约定采用书面形式订立合同,当事人未采用书面形式但一方已经履行主要义务,对方接受的,该合同成立。

（2）《合同法》第37条规定,采用合同书形式订立合同,在签字或者盖章之前,当事人一方已经履行主要义务,对方接受的,该合同成立。

五、缔约过失责任

根据《合同法》第 42 条规定,当事人在订立合同过程中有下列情形之一,给对方造成损失的,应当承担损害赔偿责任:

(1) 假借订立合同,恶意进行磋商;

(2) 故意欺瞒与订立合同有关的重要事实或者提供虚假情况;

(3) 有其他违背诚实信用原则的行为。

当事人在订立合同过程中知悉的商业秘密,无论合同是否成立,不得泄露或者不正当地使用。泄露或者不正当地使用该商业机密给对方造成损失的,应当承担损害赔偿责任。

负有缔约过失责任的当事人,损害赔偿以受损害的当事人的损失为限,包括直接利益的减少和间接利益的损害。

六、格式条款合同

(一) 格式条款的概念

《合同法》第 39 条第 2 款规定,格式条款是当事人为了重复使用而预先拟定,并在订立合同时未与对方协商的条款。这一规定描述了格式条款的以下特征:

1. 由一方当事人预先拟定

格式条款是由一方当事人事先拟定的,在拟定之时并未征求对方当事人的意见。对此,应作扩大解释,即不限于一方当事人自己事先拟定,也包括一方采用第三人拟定的格式条款。但是,法律规定的合同条款,无论是当然适用的强制性条款,还是具有补充当事人意思作用的任意性条款,都不属于格式条款的范围。

2. 重复使用

重复使用包括适用对象的广泛性和适用时间的持久性。一般而言,格式条款的拟定是为了重复使用。但有学者认为,重复使用并不是格式条款的本质特征,而仅仅是为了说明"预先拟定"的目的,因为有的格式条款只使用一次,而普通合同条款也可以反复使用多次。

3. 在订立合同时未与对方协商

此点强调了格式条款的附从性或定型化特征,即格式条款的特点在于订约时不容对方协商(要么接受,要么拒绝),容许协商而不与对方协商或放弃协商的权利,该条款并非格式条款。

(二) 格式条款的订立规则

《合同法》第 39 条第 1 款规定,采用格式条款订立合同的,提供格式条款的一方应当遵循公平原则确定当事人之间的权利和义务,并采取合理的方式提请对方注意免除或者限制其责任的条款,按照对方的要求,对该条款予以说明。该条规定了提供方的一般义务,并规定了提供方免责格式条款的"提请注意义务"和"说明义务"。

格式条款订入合同必须经过一定的程序,并不能自动纳入合同。格式条款订入合同的程序实际上就是《合同法》第39条第1款所规定的提供条款的一方应当采取合理的方法提请对方注意,即有义务以明示或者其他合理、适当的方式提醒相对人注意其欲以格式条款订立合同的事实。此种提醒,应达到合理的程度,具体可从文件的外形、提起注意的方法、清晰明白的程度、提起注意的时间等方面综合判断。

(三) 格式条款的解释

《合同法》第41条规定,对格式条款的理解发生争议的,应当按照通常理解予以解释。对格式条款有两种以上解释的,应当作出不利于提供格式条款一方的解释。格式条款和非格式条款不一致的,应当采用非格式条款。

本条规定了格式条款的解释规则,包含三个层次内容:① 通常理解规则。对格式条款的解释应以一般人的、惯常的理解为准,而不应仅以条款制作人的理解为依据,对某些特殊术语,也应作出通常的、通俗的、一般意义的解释,亦即依据订约者通常具有的理解能力予以解释。② 不利解释规则。不利解释规则古已有之,现代各国民法均予以采纳,即应作不利于格式条款提供者的解释。③ 非格式条款效力优先规则。非格式条款即个别商议条款,其效力应优先于格式条款,这样既尊重了当事人的意思,也有利于保护广大消费者。

七、赠与合同

(一) 赠与合同的概念和特征

赠与合同,指一方当事人将自己的财产无偿给予他方,他方受领该财产的合同。赠与合同具有下列特征:

1. 赠与合同是无偿合同

在赠与合同中,赠与人依约无偿转移其赠与物的所有权于受赠人,受赠人取得赠与物的所有权而不必向赠与人为相应的对待给付。但因赠与人的过失给受赠人造成损失的,受赠人有权请求赔偿。如赠与人故意不告知其赠与财产之瑕疵或保证无瑕疵的,对受赠人因物之瑕疵所受的损害应负赔偿责任。

2. 赠与合同是单务合同

赠与人只承担将赠与物无偿地交付给受赠人的义务,而受赠人只享受接受赠与物的权利。即使受赠人依约定负有一定义务,该义务与给予赠与物之间不存在对待给付关系,因而不构成双务合同。

3. 赠与合同是诺成合同

赠与合同是实践合同还是诺成合同,各国立法规定不一。我国《合同法》规定赠与合同为诺成合同,自当事人意思表示一致时起成立。

（二）赠与合同的效力

1. 赠与人的义务

（1）交付赠与物的义务。赠与人应按约定将赠与物之所有权交付给受赠人，在赠与物为不动产时，还应协助办理有关登记手续。赠与物的所有权转移时间，可准用买卖合同的规定。根据我国《合同法》规定，在具有救灾、扶贫等社会公益、道德义务性质的赠与合同或者经过公证的赠与合同，赠与人不交付赠与财产的，受赠人可以要求交付。

赠与人因故意或重大过失致使赠与财产毁损灭失的，应负损害赔偿责任。

（2）瑕疵担保责任。附义务的赠与，赠与的财产有瑕疵的，赠与人在负义务的限度内承担与出卖人相同的瑕疵担保责任。赠与人故意不告知瑕疵或保证无瑕疵，造成受赠人损失的，应当承担损害赔偿责任。

2. 受赠人权利义务

受赠人有无偿取得赠与物的权利，但赠与合同约定负担义务的，受赠人须按约定履行义务。对于具有救灾、扶贫等社会公益、道德义务性质的赠与合同，以及经过公证的赠与合同，赠与人不交付赠与物的，受赠人可以请求交付。

在赠与属于附义务赠与时，受赠人应在赠与物的价值限度内履行所附义务，受赠人不履行其义务时，赠与人有权请求受赠人履行其义务或撤销其赠与。

第三节　合同的效力

合同的效力即合同的法律效力，是指已经成立的合同在当事人之间产生的一定的法律约束力。有效合同对当事人具有法律约束力，国家法律予以保护，无效合同不具有法律约束力。

一、合同生效

根据《合同法》第 44 条规定，依法成立的合同，自成立时生效。

法律、行政法规规定应当办理批准、登记等手续生效的，依照其规定。

合同生效后，对当事人具有法律约束力。当事人应当按照合同约定，享受权利，承担义务。任何单位和个人都不得侵犯当事人的合同权利，不得非法阻挠当事人履行合同义务。

当事人随合同的效力可以约定附条件，即附条件合同。附生效条件的合同，自条件成就时生效；附解除条件的合同，自条件成立时失效。

当事人为自己利益不正当地阻止条件成就的，视为条件以成就；不正当地促成条件成就的，视为条件不成就。

所附条件是指合同当事人自己约定的，未来可能发生的，用来限定合同效力的附属意思表示，是合同的附属内容，所附条件必须是合法的事实。

当事人对合同的效力可以约定期限,即附期限合同。附期限的合同,自期限届至时生效;附终止期限的合同,自期限届满时生效。

二、无效合同

无效合同,是指不具有法律约束力和不发生履行效力的合同。无效合同自始没有法律约束力,国家不予承认和保护。

根据《合同法》第 52 条规定,有下列情形之一的,合同无效:

(1) 一方以欺诈、胁迫的手段订立合同,损害国家利益;

(2) 恶意串通,损害国家、集体利益或者第三者利益;

(3) 以合法形式掩盖非法目的;

(4) 损害社会公共利益;

(5) 违反法律、行政法规的强制性规定。

三、可撤销合同

可撤销合同,是指因合同当事人订立合同时意思表达不真实,经有撤销权的当事人行使撤销权,使已经生效的意思表示归于无效的合同。

可撤销合同具有以下特点:可撤销合同在违背撤销前,是有效合同;可撤销合同一般是意思表达不真实的合同;可撤销合同的撤销,须有有撤销权的当事人通过行使撤销权来实现;可撤销合同的变更或者撤销,须有人民法院或者仲裁机关作出。

四、效力待定合同

所谓效力待定合同,是指合同虽然已经成立,但因其不完全符合有关生效要件的规定,因此其效力能否发生,尚未确定,一般须经有权人表示承认才能生效。

(1) 限制行为能力人依法不能独立订立的合同,必须经过其法定代理人的追认才有效;

(2) 行为人没有代理权、超越代理权或者代理权终止后以被代理人名义订立的合同,必须经过被代理人的追认才能对被代理人产生法律拘束力,否则,后果由行为人承担;

(3) 是无处分权人处分他人财产权利而订立的合同,经权利人追认才有效。

第四节　合同的履行

案例 3-5

2008 年 10 月 2 日晚,某著名城市 12345 热线接到 10 位上海客人的求助电话,客人在电话中声称，由于当地一家三星级旅游饭店违约，导致他们不能按时入住饭店。客人和饭店交涉已长达三个多小时。当地旅游部门接到市长热线后，立即驱车前往客人所在饭店。旅游管理部门赶到旅游饭店后得知，这些上海客人是参加了上海某旅行社组织的旅游团，已经将全额旅游团款交给了旅行社，但由于旅行社尚未向饭店结清上次房费，饭店要求旅行社一次性结清上次房费和本次房费。而旅行社声称会按照约定结清本次房费，上次房费等旅游团队回到上海再支付。由于旅游饭店与旅行社难以达成协议，旅游饭店拒绝客人入住。在听取旅游饭店和社团以及客人的陈述后，旅游管理部门认为，旅行社应当按照合同的约定向饭店支付费用，旅行社没有及时支付上次房费行为不妥，应当按照约定及时支付。由于旅行社已经支付了本次房费，饭店没有理由拒绝客人入住。况且客人已经履行了合同义务，向上海的组团旅行社缴纳了足额房费。在旅游管理部门的督促下，饭店同意让客人入住，同时旅行社导游代表旅行社法人向饭店做出了书面的还款承诺，纠纷得到了化解。

（资料来源：黄恢月《旅游饭店纠纷实务解析》，中国旅游出版社 2007 年版）

一、合同履行的概念

合同的履行，是指合同生效后，双方当事人按照合同规定的各项条款，完成各自承担的义务和实现各自享受的权利，使双方当事人订立合同的目的得以实现的行为。

根据《合同法》第 60 条规定，当事人应当按照约定全面履行自己的义务。当事人应当遵循诚实信用的原则，根据合同的性质、目的和交易习惯履行通知、协助、保密等义务。

二、合同履行的规则

案例 3-6

2003 年 9 月 6 日晚，刚过而立之年的曹某在某五星级饭店大摆喜宴，宴席曹某喝了不少酒。晚上 10 时许，宴席散后，他与朋友在二楼走廊边走边聊（经查，该走廊楼梯扶手高度为 85 厘米，而国家标准不得低于 110 厘米）时突然重心失控摔下一楼。送医院后，曹某长时间里呈植物人状态。4 个多月后，曹某终于出院，但被诊断为"重度开放性颅脑损伤"，智力仅有"临界智商"（临界智商处于正常与非正常之间，在 70～90 之间），法医鉴定为七级伤残。曹某多次与饭店协商赔偿事宜未果，遂以饭店服务产品（按《民用建筑设计通则》规定，临空处防护栏杆的高度不得低于 105 厘米）不安全为由将其告上法院，要求饭店赔偿各种经济损失共计 53.8 万元，其中包括 10 万元精神损害赔偿。

（资料来源：黄恢月《旅游饭店纠纷实务解析》，中国旅游出版社 2007 年版）

（一）当事人就有关合同约定不明确的履行规则

合同生效后，当事人就质量、价款或者报酬、履行地点等内容没有约定或者约定不明确的，可以协议补充；不能达成补充协议的，按照合同有关条款或者交易习惯确定。依照上述

规定仍不能确定的,适用下列规定:

(1)质量要求不明确的,按照国家标准、行业标准履行;没有国家标准、行业标准的,按照通常标准或者符合合同目的的特定标准履行。

(2)价款或者报酬不明确的,按照订立合同时履行地的市场价格履行;依法应当执行政府定价或者政府指导价,按照规定履行。

(3)履行地点不明确,给付货币的,在接受货币一方所在地履行;交付不动产的,在不动产所在地履行;其他标的,在履行义务一方所在地履行。

(4)履行期限不明确的,债务人可以随时履行,债权人也可以随时要求履行,但应当给对方必要的准备时间。

(5)履行方式不明确的,按照有利于实现合同目的的方式履行。

(6)履行费用不明确的,由履行义务一方负担。

(二)执行政府定价或者政府指导价的合同履行规则

执行政府定价或者政府指导价的,在合同约定的交付期限内政府价格调整时,按照交付时的价格计价。逾期交付标的物的,遇上价格上涨时,按照原价格执行;价格下降时,按照新价格执行。逾期提取标的物或者逾期付款的,遇上价格上涨时,按照新价格执行;价格下降时,按照原价格执行。

(三)涉及第三人的合同履行规则

(1)向第三人履行的合同。向第三人履行的合同,又称利他合同,是指债权人将自己所享有的债权转移至第三人,由债务人向该第三人履行债务的合同。

当事人约定由债务向第三人履行债务的,债务人未向第三人履行债务或者履行债务不符合约定,应当向债权人承担违约责任。

(2)由第三人履行的合同。由第三人履行的合同,又称第三人负担的合同,是指债务人将自己的债务转移至第三人,由第三人向债权人履行债务的合同。

当事人约定由第三人向债权人履行债务的,第三人不履行或者履行债务不符合约定,债务人应向债权人承担违约责任。

三、履行抗辩权

案例 3-7

某组团旅行社与旅游目的地的饭店就旅游团的住宿时间、价格达成协议,并且约定服务款项由旅行社全部直接现付给饭店,但合同中没有明确付款时间。旅游团到达目的地后,饭店要求全陪立即支付全额房款,全陪坚持说要等旅游团队行程结束时才支付,饭店坚持支付,否则就拒绝提供客房,纠纷因此而起。在全陪和旅游饭店交涉过程中,旅游饭店和旅行社均没有照顾客人,客人向旅游饭店提出先入住,但饭店置之不理。饭店的理由是,由于饭店和旅行社签订了客房服务合同,饭店只向旅行社提供客房服务,饭店与客人之间没有直接签订合同,客人无权过问饭店何时提供客房,而应直接向旅行社提出交涉。

问题: 饭店的理由从法律上站得住吗?

(资料来源:黄恢月《旅游饭店纠纷实务解析》,中国旅游出版社 2007 年版)

履行抗辩权,是指在双方合同中,一方当事人在另一方不履行责任或者履行不符合约定时,依法对抗对方要求或者拒绝对方权利主张的权利。《合同法》规定了同时履行抗辩权、后履行抗辩权和不安(先履行)抗辩权三种。

(一)同时履行抗辩权

根据《合同法》第 66 条规定,当事人互负债务,没有先后履行顺序的,应当同时履行。一方在对方履行之前有拒绝其履行要求。一方在对方履行债务不符合约定时,有权拒绝其相应的履行要求。

(二)后履行抗辩权

根据《合同法》第 67 条规定,当事人互负债务,有先后履行顺序,先履行一方未履行的,后履行一方有权拒绝其履行要求。先履行一方履行债务不符合约定的,后履行一方有权拒绝其相应的履行要求。

(三)不安抗辩权

根据《合同法》第 68 条规定,应当先履行债务的当事人,有确切证据证明对方有下列情形之一的,可以中止履行:① 经营状况严重恶化;② 转移财产、抽逃资金,以逃避债务;③ 丧失商业信誉;④ 有丧失或者可能丧失履行债务能力的其他情形。

当事人没有确切证据中止履行的,应当承担违约责任。

当事人中止履行,应当及时通知对方。对方提供适当担保时,应当恢复履行。中止履行后,对方在合理期限内未恢复履行能力并且提供适当担保的,中止履行的一方可以解除合同。

第五节　合同的附随义务

案例 3-8

王某开车到一家有名的餐馆就餐,将车停放在该餐馆的停车场。该停车场是一个封闭停车场,大门口有"××餐馆专用停车场"的标志,停车场门口有传达室,场内有专门的保安人员,还设有监视器。当王某就餐完毕后,发现车辆丢失,随后协同停车场的保安人员一同到公安机关报案。据保安人员陈述,其引导该车进入该停车场,但是车辆如何离开没有看见。该案件迟迟没有被侦破,王某将该餐馆起诉到当地法院,以该餐馆没有尽到相应的附随义务为由要求其承担赔偿责任。

王某主张,首先,王某和××餐馆之间存在消费合同,该餐馆拥有独立的封闭式的停车场供消费者使用,王某也是在其停车场的保安人员的引导下将车停放在其专用停车场中;其次,王某在到该餐馆消费时,王某有支付餐费的义务并且已经支付,餐馆负有提供饮食的义务,同时根据诚实信用的原则,该餐馆还负有履行协助保管车辆的义务;该餐馆没有全面履行义务,致使王某

— 57 —

车辆丢失,应当承担由此造成的损失。

餐馆认为,首先,车辆由犯罪分子所偷窃,当然应该由犯罪分子来赔偿;其次,王某没有支付保管费,餐馆方也没有出具保管凭证,双方没有形成保管的合意,保管合同不成立,不承担王某车辆丢失的责任。

问题: 1. 餐馆除提供餐饮产品外,是否还有其他义务?

2. 找出王先生主张的法律依据。

3. 餐馆的主张合法吗? 说出法律依据。

一、合同履行中的附随义务的概念

合同履行中的附随义务一般是指在法律无明文规定,当事人之间亦无明确约定的情况下,为了确保合同目的的实现并维护对方当事人的利益,遵循诚实信用原则,依据合同的性质、目的和交易习惯所承担的作为或不作为的义务。我国《合同法》第 60 条第 2 款"当事人应当遵循诚实信用原则,根据合同的性质、目的和交易习惯履行通知、协助、保密等义务",便是对合同履行中的附随义务作出的明文规定。最高人民法院曾于 2003 年出台了《关于审理人身损害赔偿案件适用法律若干问题的解释》。根据《解释》第 6 条第 1 款,安全保障义务是指从事住宿、餐饮、娱乐等经营活动或者其他社会活动的自然人、法人其他组织应尽的在合理范围内的使他人免受人身、财产损害的义务。细言之,安全保障义务是指经营者在经营场所对消费者、潜在消费者或者其他进入服务场所的人的人身、财产安全依法承担的免遭侵害的义务。旅店、车站、商店、餐馆、茶馆、邮电部门的经营场所,体育馆、动物园、公园以及银行、证券公司的营业厅等向公众提供服务的场所,都属于经营场所。对经营场所所负有安全保障义务的主体,包括经营场所的所有人、管理者、承包经营者等对该场所负有安全保障义务或者具有事实上控制力的公民、法人或其他社会组织。

合同是当事人之间设立、变更、终止债权债务关系的协议。合同反映的是当事人的合意,是当事人自主选择的结果。依据传统合同法理论,合同自由原则具有至高无上的地位,当事人的一切权利义务来源于合同当事人约定,当事人履行义务的范围也仅限于合同约定的内容。然而,随着社会经济的发展和交易的日益复杂化,如果严格固守当事人仅须履行合同确定义务,则可能造成合同一方当事人的利益损害和妨碍合同目的的圆满实现。而合同履行中的附随义务,以诚实信用原则为依据,扩大了当事人的合同义务,要求合同当事人除应履行合同约定的义务以外,还应承担依据合同的性质、目的和交易习惯发生各种附随义务,以保证合同目的的顺利实现和维护当事人的合法利益。现在,世界大多数国家的《合同法》对合同履行中的附随义务都有明确的规定。

合同履行中的附随义务形成的理论基础源于民法中的诚实信用原则。诚实信用原则起源于罗马法中的诚信契约和诚信诉讼。在罗马法中,诚信契约是严正契约的对称。严正契约的债务人只需严格依照契约的规定履行义务,凡契约未规定的事项,债务人无须履行。与此相反,诚信契约的债务人不仅要承担契约规定的义务,而且要承担诚实、善意的补充义务。如契约未规定的事项照通常人的看法应由债务人履行,债务人应当履行。严正契约发生纠纷,法官无自由裁量权,只能严格依照契约条款对案件进行裁决;而诚信契约发生纠纷,法官不受契约字面含义的束缚,可根据公平原则对当事人的约定进行干预,按照通常人的判断标准增加或减少当事人所承担的义务,以消除某些约定的不公正性。可见,诚实信用原则的内容并不自始确定,而是随着特定的案件而具体化其目的在于平衡当事人利益,维护法律实质上的公平正义。诚实信用原则现已被各国民法奉为"帝王条款"。合同履行中的附随义务要求义务人除应履行合同约定义务外,还需根据合同的性质、目的和交易习惯履行通知、协助、保密等附随义务,正是诚实信用原则在合同法领域的一种具体表现形式。

二、附随义务的种类

我国《合同法》第 60 条规定,当事人应当按照约定全面履行自己的义务。当事人应当遵循诚实信用原则,根据合同的性质、目的和交易习惯履行通知、协助、保密等义务。从这一条可以看出,附随义务至少具有三个方面的内容:即通知义务、协助义务与保密义务。以下将分别阐述这三种义务以及其他附随义务。

(一) 通知义务

通知义务一般又称之为告知义务。它是指债务人负有对有关债权人利益的事项的通告使其知晓的义务。合同的履行及合同目的的实现,需要当事人相互配合,其中需要双方互通信息的情形是非常多的。如果依据诚信原则,当事人应当主动地通知对方,此时便可认为有通知义务存在。《合同法》中关于通知义务有很多明确的规定,例如出租人出卖租赁房屋的,应当在出卖之前的合理期限内通知承租人;承揽人对定做人提供的材料,应当及时检验,发现不符合约定时,应当及时通知定做人更换、补齐或者采取其他补救措施;保管人应当按照约定对入库仓储物进行验收,保管人验收时发现入库仓储物与约定不符合的,应当及时通知存货人,等等。

综合起来说,通知义务包括:① 说明义务,如出卖人在交付标的物时,应如实向买受人说明有关标的物的使用、维修及保养方法等;② 忠实报告义务,如代理人应及时向被代理人报告被代理事务的情况;③ 瑕疵告知义务,如赠与有瑕疵物品时,应将标的物的瑕疵如实告知受赠人。此外,还有迟到告知义务、提存地点及其方式的通知等。

(二) 协助义务

协助义务又称为协作义务。它是指合同当事人应互为对方行使合同权利,履行合同义务提供照顾和便利,促使合同目的圆满实现。它要求当事人在缔约过程中承担协力义务。在履约中,当事人应当顾及另一方及其标的物的状况,最大限度地运用其能力和一切可以运用的手段实现对方的正当愿望,以利于合同的适当履行。合同关系终止后,当事人应当协助对方处理与合同相关的事务。例如某顾客携妻儿到餐馆就餐,因争抢座位与其他顾客发生冲突,直至殴打。餐馆的服务人员看到后迅速将其小孩带到安全地方并拨打110报警,同时极力劝解双方。该顾客被打伤后以餐馆没有尽到保护用餐人员安全的附随义务为由,向法院起诉该餐馆,要求该餐馆承担相应的责任。经过审理后,法院认定该餐馆已经尽到应有的义务,不承担任何责任,人身伤害赔偿应由致害人负责。

(三)保密义务

保密义务是指当事人一方对于知晓对方的商业秘密或要求保密的信息、事项不得对第三人泄露。《合同法》第43条对此作了规定,当事人在订立合同的过程中知悉的商业秘密,无论合同是否成立,不得泄露或者不正当地使用。泄露或者不正当地使用该商业秘密给对方造成损失的,应当承担损害赔偿责任。例如酒店员工在雇佣合同终止后,应当对酒店的商业秘密等情况负有保密义务。承包酒店工程人应当按照酒店的要求保守秘密,未经酒店许可,不得留存涉及商业秘密的技术资料。保密义务在技术合同中的地位显得尤为重要。保密义务是一种消极义务,只要义务人消极的不作为,而不要求义务人积极的作为。因此保密义务的履行通常不会给义务人带来额外的负担。

(四)其他附随义务

1. 注意义务

注意义务是对债务人在履行债务时的一般要求,即债务人应尽到如同管理自己事务的注意。债务人的注意程度因其地位、职业、判断能力及债务的性质而有所不同。一般而言,当事人应作一个善良管理人并像管理自己事务那样做到尽职尽责,以尽保护对方合法权益的义务。

2. 保护义务

保护义务是指在由于合同接触(准备交涉、履行、受领等)而有发生侵害对方生命、身体、财产的可能性的场合,对于诸此法益不予侵害的义务。附随义务中的保护义务,论其性质,实相当于侵权行为法上的社会安全义务,与给付义务的关系较远。应该看到,保护义务与给付义务确实有着相当的独立性。例如:某人到酒店就餐时,因酒店地面湿滑不慎滑倒摔伤,为此某人不得不入院治疗,伤愈后,某人向工商局投诉,要求酒店赔偿。工商部门调解认为,酒店里虽然设了防滑标志,但防滑措施不当,某人自己没有看清,双方均有责任。保护义务在合同缔结阶段就可能既已发生,其违反可能构成缔约上的过失,而在合同存续和履行阶段,保护义务依然存在,且与合同缔结阶段的保护义务可以认定为具有连续性。其所要保护的法益,不是给付利益,而是相对人的维持利益或者固有利益。我国《合同法》第301条规定,承运人在运输过程中,应当尽力救助患有急病、分娩、遇险的旅客。并且在审判实务中,也肯定了保护义务作为一种附随义务的存在。

第六节　合同的变更和转让

案例 3-9

　　游客钱某通过旅行社预订了 A 饭店的标准间。但当钱某按照约定时间到达 A 饭店时,饭店总服务台却告诉他标准间已满,只剩下一间小套房,钱某需交纳 200 元差价方可入住。钱某不同意 A 饭店的安排,服务总台遂通过电话与附近的 B 饭店取得联系,并且写好一张便条让钱某"打的"前往。钱某到达 B 饭店后得知,B 饭店的标准客房较 A 饭店的质量要差一些,而且还要补交 80 元的差价。由于当时天色已晚,为了安全,钱某只得付钱入住。旅游结束后,钱某向当地旅游质监部门投诉,要求 A 饭店赔偿经济损失,同时也要求 B 饭店返还 80 元房费差价。

　　本案涉及的是饭店住宿合同以及该合同在履行、变更和转让过程中产生的法律问题。

　　问题:1. 钱某与 A 饭店之间是否成立合同关系?

　　2. A 饭店应当如何承担超额预订的责任?

一、合同的变更

　　根据《合同法》第 8 条规定,依法成立的合同,对当事人具有法律约束力,当事人应当按照约定履行自己的义务,不得擅自变更或者解除合同。

　　然而,在合同的履行过程中,由于客观情况的变化,需要对双方的权利义务关系进行调整和规定时,合同当事人可以依法变更合同。

　　合同的变更,是指合同成立后,当事人双方根据客观情况的变化,经协商一致,依照法律规定的条件和程序,对原合同进行修改或者补充。

　　合同的变更是在合同的主题不改变的前提下,对合同内容或者标的的变更。当事人在变更合同时,应当本着协商一致的原则进行。合同变更后,变更后的内容取代了原合同的内容,当事人应当按照变更后的内容履行合同。当事人对合同变更的内容约定不明确的,推定为未变更。

二、合同的转让

　　合同的转让,是指合同当事人一方将其合同的权利和义务全部或者部分转让给第三人的行为。

　　(一)合同权利转让

　　合同权利转让,是指不改变合同权利的内容,由债权人将合同权利的全部或者部分转让给第三人。转让权利的人成为让与人,受让权利的人成为受让人。

　　合同权利全部转让的,原合同关系消灭,受让人取代原债权人的地位,成为新的债权人。合同权利部分转让的,受让人作为第三人加入到合同关系中,与原债权人共同享有债权。

有以下情形之一的,债权人不得转让合同权利:① 根据合同性质不得转让;② 根据当事人约定不得转让;③ 依照法律规定不得转让。

债权人转让权利的,应当通知债务人。未经通知,该转让对债务人不发生效力。

债权人转让权利的通知不得撤销,但经受让人同意的除外。

（二）合同义务转移

合同义务转移,是指经债权人同意,债务人将合同的义务全部或者部分转移给第三人。

债务人将合同的义务全部或者部分转移给第三人的,应当经债权人同意;否则债务人转移合同义务的行为对债权人不发生效力,债权人有权拒绝第三人向其履行,同时有权要求债务人履行义务并承担延迟履行合同的法律责任。

债务人全部转移合同义务时,新的债务人完全取代了旧的债务人的地位,承担了全面履行合同义务的责任,享有债务人所应享有的抗辩权。同时,与所转移的主债务有关的从债务,也应当由新债务人承担,但该从债务专属于原债务人自身的除外。债务人部分转移合同义务时,新的债务人加入到合同关系中,与原债务人一起向债权人履行义务。

（三）合同权利义务的一并转让

合同权利义务的一并转让,是指当事人一方经对方同意,将自己在合同中的权利和义务一并转让给第三人。

合同权利义务的一并转让,除经对方同意外,还应当遵守《合同法》有关转让权利和义务的其他规定。

对于当事人订立合同后合并或者分立的,《合同法》第90条规定,当事人订立合同后合并的,有合并后的法人或者其他组织行使合同权利,履行合同义务。当事人订立合同后分立的,由债权人和债务人另有约定的以外,由分立的法人或者其他组织对合同的权利和义务享有连带债权,承担连带债务。

第七节　合同权利义务的终止

一、合同权利义务终止的概念

合同权利义务终止,是指依法生效的合同,因具备法定情形和当事人约定的情形,合同债权、债务归于消灭,债权人不再享有合同权利,债务人也不必再履行合同义务。

二、合同权利义务终止的具体情形

（一）债务已经按照约定履行

债务已经按照约定履行,是指债务人按照约定的标的、质量、数量、价款或者报酬、履行期限、地点和方式全面履行。

以下情况属于按照合同内容约定履行：

（1）当事人约定的第三人按照约定履行；

（2）债权人故意以他种给付方式代替合同原定给付；

（3）当事人之外的第三人接受履行。

（二）合同解除

合同解除，是指合同有效成立后，当具备法律规定的合同解除条件时，因当事人一方或者双方意思表示而使合同关系归于消灭的行为。

合同解除，有约定解除合同和法定解除合同两种情况。

1. 约定解除

根据《合同法》第 93 条规定，当事人协商一致，可以解除合同。当事人可以约定一方解除合同的条件。解除合同的条件成就时，解除权人可以解除合同。

2. 法定解除

根据《合同法》第 94 条规定，有下列情形之一的，当事人可以解除合同：

（1）因不可抗力致使不能实现合同目的；

（2）在履行期限届满之前，当事人一方明确表示或者以自己的行为表明不履行主要债务；

（3）当事人一方迟延履行主要债务，经催告后在合理期限内仍未履行；

（4）当事人一方迟延履行债务或者有其他违约行为致使不能实现合同目的；

（5）法律规定的其他情形。

当事人一方主张解除合同的，约定通知另一方。合同自通知到达对方时解除。对方有异议的，可以请求人民法院或者仲裁机构确认解除合同的效力。

法律、行政法规规定解除合同应当办理批准、登记等手续的，依照其规定。

合同解除后，尚未履行的，终止履行；已经履行的，根据履行情况和合同性质，当事人可以要求恢复原状、采取其他补救措施，并有权要求赔偿损失。

合同权利义务终止，不影响合同中结算和清理条款的效力。

（三）债务相互抵销

《合同法》第 99 条规定，当事人互负到期债务，该债务的标的物种类、品质相同的，任何一方可以将自己的债务与对方的债务抵销，但依照法律规定或者按照合同性质不得抵销的除外。

当事人主张抵销的，应当通知对方。通知自到达对方时生效。抵销不得附条件或者附期限。

当事人互负债务，标的物种类、品质不相同的，双方协商一致，也可以抵销。

（四）债务人依法将标的物提存

提存，是指由于债权人的原因，债务人无法向其交付合同标的物而将该标的物交给提存机关，从而消灭合同的制度。

《合同法》第101条规定,有下列情形之一,难以履行债务的,债务人可以将标的物提存:

(1)债权人无正当理由拒绝受领;

(2)债权人下落不明;

(3)债权人死亡未确定继承人或者丧失民事行为能力未确定监护人;

(4)法律规定的其他情形。

标的物不适于提存或者提存费用过高的,债务人依法可以拍卖或者变卖标的物,提存所得的价款。

(五)债权人依法免除债务

根据《合同法》第105条规定,债权人免除债务人部分或者全部债务的,合同的权利义务部分或者全部终止。

(六)债权债务同归于一人

根据《合同法》第106条规定,债权和债务同归于一人的,合同的权利和义务终止,但涉及第三人利益的除外。

(七)法律规定或者当事人约定终止的其他形式

除了前述合同的权利、义务终止的情形,出现了法律规定的终止的其他情形的,合同的权利、义务也可以终止。比如《民法通则》规定:委托合同中,委托人或受托人死亡或破产,委托合同终止。

当事人也可以约定合同权利、义务终止的情形,比如,当事人订立附期限的合同,期限届至时,合同权利义务终止。

知识链接 3-2

违约责任

违约责任是违反合同的民事责任的简称,是指合同当事人一方不履行合同义务或履行合同义务不符合合同约定所应承担的民事责任。

一般来说,违约责任的追究,要在合同履行期限届满时才能进行,因为只有在履行期限届满时,才能明确债务人是否履行合同或者履行义务是否符合约定,但在合同生效后,履行期限届满前,当事人一方明确表示或者以自己的行为表明不履行合同义务的,对方可以在履行期限届满之前要求其承担违约责任。

1. 承担违约责任的主要形式。根据《合同法》第107条规定,当事人一方不履行合同义务或者履行合同义务不符合约定的,应当承担继续履行、采取补救措施或者赔偿损失等违约责任。

(1)继续履行。继续履行,既是为了实现合同目的,又是一种违约责任。

当事人一方未支付价款或者报酬的,对方可以要求其支付价款或者报酬。

当事人一方不履行非金钱债务或者履行非金钱债务不符合约定的,对方可以要求履行,但有下列情形之一的除外:① 法律上或者事实上不能履行;② 债的标的不适于强制履行或者履行费用过高;③ 债权人在合理期限内未要求履行。

(2)采取补救措施。质量不符合约定的,应当按照当事人的约定承担违约责任。受损害方根据标的的性质以及损失的大小,可以合理选择要求对方承担修理、更换、重做、退货、减少价款或者报酬等补救措施。

(3)赔偿损失。当事人一方不履行合同义务或者履行合同义务不符合约定的,在履行义务或者采取补救措施后,对方还有其他损失的,应当赔偿损失。损失赔偿额应当相当于违约所造成的损失,包括履行合同后可以获得的利益,但不得超过违反合同一方订立合同时预见到或者应当预见到的因违反合同可能造成的损失。

当事人一方违约后,对方应当采取适当措施,防止损失的扩大;没有采取适当措施致使损失扩大的,不得就扩大的损失要求赔偿。当事人因防止损失扩大而支出的费用,由违约方承担。

(4)支付违约金。当事人可以约定一方违约时应当根据违约情况向对方支付一定数额的违约金,也可以约定因违约产生的损失赔偿额的计算方法。约定的违约金低于造成损失的,当事人可以请求人民法院或者仲裁机构予以增加;约定的违约金高于造成损失的,当事人可以请求人民法院或者仲裁机构予以减少。

当事人就延迟履行约定违约金的,违约方支付违约金后,还应当履行债务。

(5)定金。当事人可以依照《担保法》约定一方向对方给付定金作为债权的担保。债务人履行债务后,定金应当抵作价款或者收回。给付定金的一方不履行约定的债务的,无权要求返还定金;接受定金的一方不履行约定债务的,应当双倍返还定金。

当事人既约定违约金,又约定定金的,一方违约时,对方可以选择使用违约金或者定金条款。

知识链接 3-3

精神损害赔偿

目前,在我国司法实践中,有关精神损害赔偿案件的数量呈逐年上升之势。但我国现行法律中并未出现"精神损害"或"精神损害赔偿"之类的词语。

精神损害赔偿是指权利主体因精神利益受到不法侵害,遭受精神痛苦而要求侵害者进行赔偿的一种民事责任。这种赔偿的权利主体既可以是自然人,也可以是法人和其他组织。这种精神利益的损害通常是由具体的精神利益的中介受损害表现出来的。

1. 确定精神损害赔偿数额的影响因素。我国《精神损害赔偿解释》采用的是一种"主次因素兼用"观点,即评定精神损害赔偿数额,主要考虑六种因素,其他作为从属、次要情节予以考虑。所谓主要因素,是指法律和司法解释所作出的影响赔偿数额确定的具体因素。如《精神损害赔偿解释》提出确定赔偿责任的几个因素:① 侵权人的过错程度,法律另有规定的除外;② 侵害的手段、场合、行为方式等具体情节;③ 侵权行为所造成的后果;④ 侵权人的获利情况;⑤ 侵权人承担责任的经济能力;⑥ 受诉法院所在地平均生活水平。这便是司法解释所确定的"六因素说"。

所谓次要因素即是根据立法精神和案件的实际,从司法实践和理论界专家总结出来的,由人民法院酌情灵活掌握的具体因素。这些因素有:① 侵权人的认错态度和受害人的谅解情况;② 受害人是否存在过错及程度;③ 受害人的自然状况和身体素质;④ 受害人的家庭状况和经济能力;⑤ 侵权人的经济状况等。

2. 隐私权的定义。隐私权作为公民人身权的内容之一,对其侵犯的不法行为人应当承担侵犯人身权的民事责任。侵犯公民隐私权,对其精神上造成严重后果的,要赔偿精神损害抚慰金。

隐私是指公民个人生活中不愿为他人公开或知悉的秘密,包括个人私生活、个人日记、照相簿、储蓄、财产状况、生活及通讯秘密等。而关于什么是隐私权,现在尚无统一的解释。民法学家彭万林认为,隐私权是指公民不愿公开或让他人知悉个人秘密的权利。民法学家张新宝认为,隐私权是指公民享有的私人生活安宁与私人信息依法受到保护,不被他人非法侵扰、知悉、搜集、利用和公开等的一种人格权。民法学家王利明认为,隐私权是自然人享有的对其个人的、与公共利益无关的个人信息、私人活动和私有领域进行支配的一种人格权。

3. 有关精神赔偿的法律规定。《民法通则》第120条规定:"公民的姓名权、肖像权、名誉权、荣誉权受到侵害的,有权要求停止侵害,恢复名誉,消除影响,赔礼道歉,并可以要求赔偿损失。"该条所说的"赔偿损失"就是精神损害赔偿。可见,在我国现行法律法规的内容中,只有侵害公民的姓名权、肖像权、名誉权以及荣誉权时,才有可能适用精神损害赔偿。由于我国的名誉权保护涵盖了隐私的法律保护,如果侵害了他人的个人隐私,则受害人也可以要求精神损害赔偿。

1979年2月2日,最高人民法院《关于贯彻执行民事政策法律的意见》规定:"赔偿问题,一般应由当事人所在单位或有关部门处理。"也就是说,赔偿要靠计划经济体制下无独立利益的单位,依劳动救济、困难补助等政策处理,或由交通、医疗部门依地方规定处理,其次才靠法院。

1986年4月12号通过、1987年1月1日实施的《民法通则》在总结实践经验的基础上,较为全面地规定对造成人身损害的赔偿。该法第119条规定:"侵害公民身体造成伤害的,应当赔偿医疗费、因误工减少的收入、残废者生活补助费等费用;造成死亡的,并应当支付丧葬费、死者生前抚养的人必要的生活费等费用。"第120条第1款规定:"公民的姓名权、肖像权、名誉权、荣誉权受到侵害的,有权要求停止侵害,恢复名誉,消除影响,赔礼道歉,并可以要求赔偿损失。"《民法通则》首次明确规定"残废者生活补助费"、"死者生前抚养的人必要的生活费"及精神损害赔偿。最高人民法院在《关于贯彻执行〈中华人民共和国民法通则〉若干问题的意见(试行)》第150条规定:"公民的姓名权、肖像权、名誉权、荣誉权和法人的名称权、名誉权、荣誉权受到侵害,公民或法人要求赔偿损失的,人民法院可以根据侵权人的过错程度、侵权行为的具体细节、后果和影响确定其赔偿责任。"

1993年8月7日最高人民法院《关于审理名誉权案件若干问题的解答》进一步明确提出:"公民并提出精神损害赔偿要求的,人民法院可根据侵权人的过错程度、侵权行为的具体情节、给受害人造成精神损害的后果等情况酌定。"

2001年3月10日施行的最高人民法院《关于确定民事侵权精神损害赔偿责任若干问题的解释》第1条第2款:"违反社会公共利益、社会公德侵害他人隐私或者其他人格利益,受害人以侵权为由向人民法院起诉请求赔偿精神损害的,人民法院应当依法予以受理。"

2001年3月10日施行的最高人民法院《关于确定民事侵权精神损害赔偿责任若干问题的解释》第8条有明文规定:"因侵权致人精神损害,但未造成严重后果,受害人请求赔偿精神损害的,一般不予支持,人民法院可以根据情形判令侵权人停止侵害、恢复名誉、消除影响、赔礼道歉。因侵权人致人精神损害,造成严重后果的,人民法院除判令侵权人承担停止侵害、恢复名誉、消除影响、赔礼道歉等民事责任外,可以根据受害人一方的请求判令其赔偿相应的精神损害抚慰金。"

思考与练习

一、有问有答

1. 什么是合同？《合同法》的基本原则有哪些？

2. 什么是要约、要约邀请、承诺？

3. 有哪几种情况合同可以撤销？有哪几种情况合同效力待定？

4. 请举例说明合同的履行抗辩权。

5. 请举例说明合同的附随义务。

6. 请举例说明合同权利义务终止的几种具体情形。

7. 有人认为法律义务就是法律责任，你认为对吗？

8. 请举例说明承担合同违约责任的几种形式？

9. 请举例说明什么是格式条款合同。

10. 请举例说明什么是赠与合同。

二、案例分析

1. 李先生与王女士于 2006 年 10 月 15 日结婚。2007 年 10 月 15 日，两人为庆祝他们的结婚纪念日，李先生便买了价值 3000 元人民币的一件衣服送给妻子，王女士也送了一件价值非凡的礼物给李先生，两人还去合影留念。两星期后，王女士到上海出差，期间住在上海某五星级酒店。当天上海的一位陈小姐看中了王女士身上的那件结婚纪念的衣服，说愿意花 4000 元价格向王女士购买，王女士经考虑后同意。双方约定，由王女士将衣物在酒店洗涤后交付，同时陈小姐交付价款。第二天，酒店洗衣房送来洗好的衣服，王女士发现衣服的两个袖子前半部分明显褪色，穿上像带个袖套（套袖）似的，便要求酒店赔偿。王女士要求：① 赔偿购衣价款 3000 元；② 赔偿预期收益 1000 元，即陈小姐愿意花 4000 元向她购买衣服的差价；③ 衣服被毁损，让王女士心灵上承受了一定的痛苦，要求精神赔偿 10000 元。饭店称：按照饭店规定，至多赔偿洗衣费用的 10 倍。

问题：（1）饭店是该按照饭店规定赔偿洗衣费用的 10 倍 200 元，还是该按衣服价值 3000 元进行赔偿，依据是什么？

（2）饭店是否应该赔偿 1000 元预期收益？

（3）有人认为，应按衣服折旧后的价格来赔偿，衣服买来只要穿过就可以说是旧的衣物，不可能按照原价来赔偿。关于衣服折旧的相关规定是怎样的？

（4）王女士可以向酒店要求精神赔偿吗？

2. 某旅行团入住某饭店，该旅行团导游依惯例做了全团人员物品的统一寄存。但该团某旅客在饭店领取寄存物品时，发现其寄存的一贵重物品丢失，随即向饭店索赔。饭店称：该物品寄存时未作特别声明，饭店就该项主张有旅行团导游统一寄存物品凭据为证，饭店为无偿保管，自己没有重大过失，本不应承担任何赔偿责任，顶多按照一般物品予以赔偿。该旅客又转向导游索赔。导游则认为：按照惯例，导游代游客寄存贵重物品于前台，其所有人通常都会单独向导游声明。若无游客的特别声明，导游在代全团游客寄存物品时，不会而且也不可能在统一寄存时向饭店作特别声明，因而自己善意且无过失，不应当承担赔偿责任。该游客认为：统一寄存物品凭据上虽没有声明其中有贵重物品，但该凭据上只有导游签名而没有其本人签章，导游在寄存时并未向其说明应声明寄存物中的贵重物品，故该凭据对自己没有约束力，不应由自己承担该物品丢失所造成的损失。

问题：(1) 饭店、客人、导游观点的依据是什么？

(2) 寄存凭据上是导游的签名而非游客的签章，该代理行为有效吗？

(3) 由于货币、有价证券或者其他贵重物品价值重大，保管人须尽高度谨慎的注意义务。因此《合同法》第 375 条规定，寄存人应当事先声明。无论采取何种方式声明，只有足以使保管人知晓，才应当被认定为有效的声明。如在保管人事先未知晓寄存人之声明的情形下保管物毁损、灭失，保管人是否还需要赔偿？如果需要赔偿，按什么标准来赔偿？另一部分损失由谁承担？

(4) 导游在统一代为寄存时并未向游客说明，应声明寄存物中的贵重物品。从这个细节可以看出，未在寄存凭据上声明贵重物品的原因有二：一方面是由于游客自身不够谨慎；另一方面导游在代理行为中未告知游客该声明义务。导游是否该就此而承担相应责任？

能力训练

实际调查部分酒店，审查酒店格式合同的条款，并分析格式合同条款存在的问题。

第四章　消费者权益保护法律制度

□ 学习目标

【能力目标】

　　能对旅游饭店在经营活动过程中产生的纠纷进行初步的分析判断,并能够运用《消费者权益保护法》解决饭店消费者争议。

【知识目标】

　　1. 了解消费者广义和狭义的概念,着重了解消费者权益保护法的原则。

　　2. 理解并掌握消费者的权利和经营者义务的相关内容。

　　3. 了解国家对消费者合法权益的保护和消费者组织。

　　4. 掌握消费者权益争议解决途径的内容。

案例导入

案例 4-1

　　2006 年 10 月 1 日,大学教师小罗与同事小曼在杭州某四星级酒店举办婚礼,要求酒店提供"双喜"牌礼花。当他们在万众瞩目下走向红地毯时,小罗的四个好兄弟小方等人正疯狂地准备朝他们燃放礼花增加喜庆气氛,可是小方等人无论怎么操作,礼花就是放不出来,顿时引来大家的一阵哄堂大笑! 小罗和小曼只好很不愉快的匆匆走向婚礼台! 事后经查,此礼花为酒店从"英美大卖场"购买的伪劣产品。小罗认为,按照《消费者权益保护法》第 49 条规定,要求酒店赔偿双倍礼花价款,并主张酒店向自己支付 1000 元的精神损失费。酒店认为,按照《合同法》,只需在婚宴的总价款中免去礼花的费用(礼花的实际采购价格)作出赔偿,无需赔偿精神损失费。酒店找到"英美大卖场",要求按照《消费者权益保护法》第 49 条规定赔偿双倍礼花价款,并主张向自己支付 5000 元的名誉损失费。

　　问题: 1. 该案例有可能适用我国的哪些法律法规,请举例说明。

　　2. 小罗在酒店消费是否适用于《消费者权益保护法》?

　　3. 如果诉讼,小罗主张的精神赔偿要求能得到法官的支持吗?

　　4. 如果诉讼,酒店对"英美大卖场"的主张能否得到法官的支持?

第一节　消费者权益保护法概述

一、消费者权益保护法概念

消费者权益保护法是调整在保护公民消费权益过程中所产生的社会关系的法律规范的总称。

消费者有广义和狭义两种理解，狭义的消费者是指专为生活消费需要购买、使用商品或者接受服务的公民。广义的消费者包括为满足生产和生活消费或者物质、文化消费而有偿取得商品和服务的单位和个人。我国消费者权益保护法采用的是狭义的消费者概念。消费者权益是指消费者在有偿获得商品或接受服务时所应享有的正当权利，包括安全、卫生、经济、使用等利益。

一般情况下，我们所说的消费者权益保护法是指 1993 年 10 月 31 日颁布、1994 年 1月 1 日起施行的《消费者权益保护法》。该法的颁布实施，是我国第一次以立法的形式全面确认消费者的权利。此举对保护消费者的权益、规范经营者的行为、维护社会经济秩序、促进社会主义市场经济健康发展具有十分重要的意义。

二、消费者权益保护法的原则

（一）自愿、平等、公平、诚实信用的原则

这一原则是民法通则所规定的基本原则在消费领域的具体反映。按照这一原则，经营者与消费者进行交易，应当出于当事人自己的意愿，不可强买强卖，硬性搭配。当事人地位平等，不可以大欺小，恃强凌弱；相互之间公平交易，按照价值规律等价交换，不得哄抬物价或者压级压价；应当相互尊重和理解，信守双方达成的交易协议，不得以欺诈、胁迫手段提供商品和服务。

（二）国家保护消费者的合法权益不受侵害的原则

在消费者与经营者之间的交易关系中，双方的法律地位是平等的，但由于消费者的孤立性、分散性，消费者对产品技术及消费知识的缺乏等，使消费者在交易中处于弱势地位，较易受到经营者不法行为的侵害。鉴于此，国家采取措施对消费者实行特别保护，保障消费者依法行使权利，维护消费者的合法权益。

（三）保护消费者的合法权益是全社会的共同责任的原则

国家应当采取措施，为消费者依法行使权利提供帮助，保障消费者合法权益的实现。国家行政管理机关要加强对经营者的监督，要求其向消费者提供符合法律法规要求或合同约定的商品与服务，及时制止和处置违法经营者。此外，国家鼓励、支持一切组织和个人对损害消费者合法权益的行为进行监督。大众传媒应当做好维护消费者合法权益的宣传，对损

害消费者合法权益的行为进行舆论监督。

第二节 消费者权益保护法的基本内容

案例 4-2

一天晚上王先生在一家饭店吃饭,有人来寻仇,找错了对象,王先生被莫名其妙砍了十多刀。住进医院后,饭店老板不肯付钱,而王先生是打工的,也没什么钱,后来医院把药也停了,这事该怎么解决呢?

点评:从事住宿、餐饮、娱乐等经营活动的单位,应当在合理限度范围内尽到安全保障义务。本案的王先生作为消费者在接受服务时享有人身、财产安全不受损害的权利。由于第三人侵权导致损害结果的发生,应当由实施侵权行为的第三人承担赔偿责任。如果饭店方有过错的,应当在其能够防止或者制止损害的范围内承担相应的补充赔偿责任。饭店承担责任后,可以向第三人追偿。

一、消费者的权利和经营者的义务

(一) 消费者的权利

消费者的权利,是指在消费活动中,消费者依法享有的各项权利的总和。《消费者权益保护法》为消费者设立了相互独立又相互关联的九项权利。

(1)安全权。消费者在购买、使用商品和接受服务时享有人身、财产安全不受损害的权利。

(2)知情权。消费者享有知悉其购买、使用的商品或者接受的服务的真实情况的权利。

案例 4-3

贾女士日前来到尧佳路一家饭店打算预订 5 桌酒席,每桌的价格是 400 元。为了挽留客户,饭店服务员告诉贾女士,如果确定酒席后,他们还可以送她一张优惠卡,酒菜价格可以打 5 折。对于商家如此优厚的承诺,贾女士立即爽快地交了定金。按照预订的时间,贾女士请来了亲朋好友聚餐。饭后结账时,收银员要贾女士交 1800 元钱。"明明优惠卡可以打 5 折,怎么还要交 1800元,不是 1000 元钱吗?"贾女士拿出饭店送的优惠卡说。对于贾女士的质疑,收银员解释说一张优惠卡只能对一桌酒菜打折,而不是每一桌都打折,所以应收 1800 元。贾女士说饭店事先没有解释清楚,她理解优惠卡对一桌酒菜打折就是对她所订的每一桌酒菜打折。到底是"一桌"还是"每一桌"?贾女士来到栖霞工商分局尧化工商所求助。工商人员经过调查后指出,根据《消费者权益保护法》第 8 条规定:"消费者享有知悉其购买、使用的商品或者接受的服务的真实情况的权利。"第 19 条规定:"经营者应当向消费者提供有关商品或者服务的真实信息,不得做引人误解的虚假宣传。"该饭馆在实行一张卡对一桌酒席打对折优惠促销活动期间,没有尽到向消费者解释真实情况的义务,这样打擦边球、模棱两可的做法很容易使消费者造成"优惠卡能对每一桌酒席打折"的误解。根据《消费者权益保护法》第 39 条的规定:"消费者因经营者利用虚假广告提供商品或者服务,其合法权益受到损害的,可以向经营者要求赔偿。"在上述纠纷中,饭店没有向消费者告知服务的确切信息,致使消费者造成误解。经过调解和宣传,店方认识到了自己的错误,并免收贾女士800元。

(3)选择权。消费者享有自主选择商品或者服务的权利,包括:① 有权自主选择提供商品或者服务的经营者;② 有权自主选择商品品种或者服务方式;③ 有权自主决定是否购买任何一种商品或是否接受任何一项服务;④ 有权对商品或服务进行比较、鉴别和挑选。经营者不得以任何方式干涉消费者行使自主选择权。

(4)公平交易权。公平交易是指经营者与消费者之间的交易应在平等的基础上达到公正的结果。公平交易权体现在两个方面:① 交易条件公平,即消费者在购买商品或接受服务时,有权获得质量保障、价格合理、计量正确等公平交易条件;② 不得强制交易,消费者有权按照真实意愿从事交易活动,对经营者的强制交易行为有权拒绝。

(5)求偿权。获取赔偿权也称作消费者的求偿权,依照《消费者权益保护法》第11条的规定,消费者因购买、使用商品或者接受服务受到人身、财产损害的,享有依法获得赔偿的权利。享有求偿权的主体包括:① 商品的购买者、使用者;② 服务的接受者;③ 第三人,指消费者之外的因某种原因在事故发生现场而受到损害的人。求偿的内容包括:① 人身损害的赔偿,无论是生命健康还是精神方面的损害均可要求赔偿;② 财产损害的赔偿,依照《消费者权益保护法》及《合同法》等相关法律的规定,包括直接损失及可得利益的损失。

案例 4-4

2005年2月17日上午,一位记者消费者向消委会投诉,反映在一家干洗店洗衣,衣服被洗坏,干洗店愿意赔偿,但赔偿额度最高不超过洗衣费的10倍。消费者衣服是1200元买的,只能赔偿200元,认为自己明显吃亏,协商数次没有结果。

点评:《消费者权益保护法》第11条规定,消费者因购买、使用商品或者接受服务受到人身、财产损害的,享有依法获得赔偿的权利。在洗衣交易过程中,经营者与消费者是平等的主体,消费者付洗衣费用,经营者有责任提供合格的洗衣服务,如有丢失和损坏,应本着按质赔偿的原则与消费者协商解决。该洗衣店单方面规定赔偿限额,仅仅是从维护自身利益出发,对消费者不公平、不合理。《消费者权益保护法》第24条规定,经营者不得以格式合同、通知、声明、店堂告示等方式作出对消费者不公平、不合理的规定,如属不公平、不合理规定的,其内容无效。所以,洗衣店应按被洗坏衣服的实际价值予以赔偿。

(6)结社权。消费者享有依法成立维护自身合法权益的社会团体的权利。目前,中国消费者协会及地方各级消费者协会已经成立。实践证明,消费者组织的工作对推动我国消费者运动的健康发展,沟通政府与消费者的联系,解决经营者与消费者的矛盾,更加充分地保护消费者的权益,起到了积极的作用。

(7)获得相关知识权。消费者享有获得有关消费和消费者权益保护方面的知识的权利。消费知识主要指有关商品和服务的知识;消费者权益保护知识主要指有关消费者权益保护方面及权益受到损害时如何有效解决方面的法律知识。

（8）受尊重权。消费者在购买、使用商品和接受服务时，享有其人格尊严、民族风俗习惯得到尊重的权利。人格权是消费者人身权的主要组成部分。尊重他人的人格尊严和不同民族的风俗习惯，是一个国家和社会文明进步的重要标志，也是法律对人权保障的基本要求。我国是一个多民族国家，尊重各个民族尤其是少数民族的风俗习惯，关系到全国的安定团结，关系到各民族的长久和睦。消费者权益保护法将人格尊严和民族风俗习惯专条加以规定，是对消费者精神权利的有力保障，也是党和国家民族政策在法律上的体现。

（9）监督批评权。消费者享有对商品和服务以及保护消费者权益工作进行监督的权利。监督权是上述各项权利的必然延伸，对消费者权利的切实实现至关重要。这种监督权的表现：一是有权对经营者的商品和服务进行监督，在权利受到侵害时有权提出检举或控告；二是有权对国家机关及工作人员监督，对其在保护消费者权益工作中的违法失职行为进行检举、控告；三是表现为对消费者权益工作的批评、建议。

（二）经营者的义务

在消费法律关系中，消费者的权利就是经营者的义务。为了有效地保护消费者的权益，约束经营者的经营行为，《消费者权益保护法》不仅专章规定了消费者的权利，还专章规定了经营者的义务。

（1）履行法定义务及约定的义务。经营者向消费者提供商品和服务，应依照法律、法规的规定履行义务。双方有约定的，应按照约定履行义务，但双方的约定不得违法。

案例 4-5

投诉人：谭先生

被投诉者：苏州某大酒店

投诉事由：谭先生于 2008 年初在苏州某大酒店办理了消费卡，价格为 5000 元。酒店称，凭此消费卡在该酒店住宿、就餐等可享受 8 折优惠，且无时间限制。6 月 1 日，谭先生带客人到该酒店住宿，当他用该酒店消费卡结账时，酒店员工称，该卡不但享受不到 8 折优惠，且此卡已经作废，理由是酒店经理换人了。

请为谭先生寻找投诉的法律依据。

（2）接受监督的义务。经营者应当听取消费者对其提供的商品或服务的意见，接受消费者的监督。这不仅可以提高商品的服务和质量，减轻消费者所遭受的损害，还可以减少纠纷和及时地解决纠纷。

（3）保证商品和服务安全的义务。经营者应当保证其提供的商品或服务符合保障人身、财产安全的要求。经营者对可能危及人身、财产安全的商品和服务，应作出真实说明和明确的警示，标明正确使用及防止危害发生的方法。经营者发现其提供的商品或者服务存在严重缺陷，即使正确使用或接受服务仍然可能对人身、财产造成危害的，应立即向政府有关部门报告和告知消费者，并采取相应的防范措施。

案例 4-6

2008 年某晚，一旅行社客车在某饭店大门外准备下客，饭店迎宾保安引导其停在内停车场，但司机坚持在大门外车道上停车。该车道是从公路进入饭店的唯一通道,也只有进出饭店的车辆才需要使用该车道。当时该处光线灰暗,一乘客下车时,脚踩在地上一个小坑中而受伤。乘客要求旅行社赔偿,旅行社则称应由宾馆负责。

点评: 从合同法角度讲,旅行社要负责旅客下车之前所有时间段的安全,故案例中乘客的受伤属于旅行社责任范围。同时,一般认为宾馆对旅客的服务是从旅客进入"饭店范围"起,并且对于尚未与饭店成立合同关系的旅客(消费者),饭店也应当提供消费者权益保护法所规定的服务条件并承担相应的责任。消费者权益保护法规定:"经营者应当保证其提供的商品或者服务符合保障人身、财产安全的要求。对可能危及人身、财产安全的商品和服务,应当向消费者作出真实的说明和明确的警示,并说明和标明正确使用商品或者接受服务的方法。"按照该规定,如果车道属于"饭店范围",则因车道上有小坑且饭店方面未作警示导致旅客受伤时宾馆也应负责。这样,饭店对该旅客的受伤究竟应否担责,就取决于对旅客下车的位置是否属于"饭店范围"的认定。通常,法院或者其他纠纷处理机构会结合该车道与饭店之间的密切联系(实际上是饭店的专用车道),从侧重保护消费者出发,认定其属于"饭店范围",从而认定饭店负有责任。因此,该旅客既可以合同关系为依据要求旅行社承担责任(这时消费者权益保护法的有关规定即成为合同内容的补充),也可以侵权关系为依据要求饭店担责(即直接依据消费者权益保护法),都能得到法院及其他纠纷处理机构的支持。至于旅客本人,如果对其自己受伤有明显过错,则可以减轻旅行社或者宾馆的责任,但从本案来看,应当讲,旅客自身无过错。

(4) 提供真实信息的义务。经营者应当向消费者提供有关商品和服务的真实信息,不得做引人误解的虚假宣传。真实的信息是消费者自主选择商品或服务的前提和基础,经营者不得以虚假宣传误导甚至欺骗消费者。对消费者关于质量、使用方法等问题的询问,经营者应作出明确的、完备的、符合实际的答复。此外,商店提供商品应明码标价,即明确单位数量的价格,以便消费者选择,同时防止经营者在单位数量或重量价格上随意更改。租赁他人柜台或场地的经营者,应当标明其真实名称和标记。

(5) 出具凭证或单据的义务。经营者提供商品或者服务,应按照国家规定或商业惯例向消费者出具购货凭证或者服务单据;消费者索要购货凭证或者单据的,经营者必须出具。

(6) 保证质量的义务。经营者有义务保证商品和服务的质量。该义务体现在两个方面:第一,经营者应当保证在正常使用商品或者接受服务的情况下其提供的商品或者服务应当具有的质量、性能、用途和有效期限;但消费者在购买该商品或者接受服务前已经知道其存在瑕疵的除外。第二,经营者以广告、产品说明、实物样品或者其他方式表明商品或者服务的质量状况的,应当保证提供的商品或者服务的实际质量与表明的质量状况相符。

(7) 承担"三包"义务。经营者提供商品或者服务,按照国家规定或者与消费者的约定,承担包修、包换、包退或者其他责任的,应当按照国家规定或者约定履行,不得故意拖延或者无理拒绝。

(8) 不得从事不公平、不合理的交易的义务。经营者不得以格式合同、通知、声明、店堂告示等方式作出对消费者不公平、不合理的规定,或者减轻、免除其损害消费者合法权益应当承担的民事责任。格式合同是经营者单方拟定的,消费者或者只能接受,而无改变其内容的机会；或者只能拒绝，但却无法实现或难以实现消费需求，当该经营者处于独家垄断时更是如此。经营者作出的通知、声明、店堂告示等亦属于单方意思表示，侧重于保护经营者的利益。因此，在上述情况下，经营者的格式合同、通知、声明、店堂告示等含有对消费者不公平、不合理规定的，或者减轻、免除其损害消费者合法权益应当承担的民事责任的，其内容无效。

（9）不得侵犯消费者人身权的义务。消费者的人格尊严和人身自由理应依法获得保障。经营者不得对消费者进行侮辱、诽谤，不得搜查消费者的身体及其携带的物品，不得侵犯消费者的人身自由。

可以看出，对经营者的这些要求和义务的规定是与消费者的知情权、安全权、选择权、公平交易权、知识权、受尊重权相呼应的。这些规定一方面是为了使消费者的各项权利得到保障，另一方面也是良好市场秩序的必然要求。

二、国家对消费者权益的保护

消费者合法权益是国家应尽的职责，国家对消费者合法权益的保护主要体现在以下几个方面：

（一）立法保护

这是保护消费者合法权益的依据，为了使指定的有关政策和法律便于执行，切实有效，国家指定有关消费者权益的法律、法规和政策，应当听取消费者的意见和要求。

（二）行政保护

各级人民政府应当加强领导，组织、协调、督促有关部门做好保护消费者合法权益的工作。各级人民政府应当加强监督，预防危害消费者人身、财产安全行为的发生，及时制止损害消费者人身、财产安全的行为。各级人民政府工商行政管理部门和其他有关行政部门应当按照法律、法规的规定，在各自的职责范围内，采取措施，保护消费者的合法权益。有关行政部门应当听取消费者及其社会团体对经营者交易行为、商品和服务质量问题的意见，及时调查处理。

（三）司法保护

有关国家机关应当按照法律、法规的规定，惩处经营者提供商品和服务过程中侵害消费者合法权益的违法犯罪行为。人民法院应当采取措施，方便消费者起诉。对符合《中华人民共和国民事诉讼法》起诉条件的消费者权益争议，必须受理，及时审理。

三、消费者组织

（一）消费者组织的概念和任务

消费者协会和其他消费者组织是依法成立的对商品和服务进行社会监督的保护消费者

合法权益的社会团体。消费者可以组织消费者协会等社会团体,参与社会监督,维护自身合法权益。

消费者组织的基本任务是对市场商品和服务进行监督,指导公众消费,帮助或代表消费者调查,处理消费争议,维护广大消费者的权益。消费者组织不得从事商品经营和营利性服务,不得以牟利为目的向社会推荐商品和服务。

(二)消费者协会的职能

消费者协会履行下列职能:

(1)向消费者提供消费信息和咨询服务;

(2)参与有关行政部门对商品和服务的监督、检查;

(3)就有关消费者合法权益的问题,向有关行政部门反应、查询,提出建议;

(4)受理消费者的投诉,并对投诉事项进行调查、调解;

(5)投诉事项涉及商品和服务质量问题的,可以提请鉴定部门鉴定,鉴定部门应当告知鉴定结论;

(6)就损害消费者合法权益的行为,支持受损害的消费者提起诉讼;

(7)对损害消费者合法权益的行为,通过大众传媒予以揭露、批评。

消费者协会必须依法履行其职能,各级人民政府对消费者协会履行职能应当予以支持。

第三节　消费者权益争议的解决

一、消费者权益争议解决的途径

消费者和经营者发生消费者权益争议的,可以通过下列途径解决:

(一)与经营者协商和解

当消费者和经营者因商品或服务发生争议时,协商和解应作为首选方式,特别是因误解产生的争议,通过解释、谦让及其他补救措施,便可化解矛盾,平息争议。协商和解必须在自愿平等的基础上进行,重大纠纷,双方立场对立严重,要求相距甚远的,可寻求其他解决方式。

(二)请求消费者协会调解

消费者协会是依法成立的对商品和服务进行社会监督的保护消费者合法权益的社会团体。消费者权益保护法明确消费者协会具有七项职能,其中之一是对消费者的投诉事项进行调查、调解。消费者协会作为保护消费者权益的社会团体,调解经营者和消费者之间的争议,应依照法律、行政法规及公认的商业道德从事,并由双方自愿接受和执行。

(三)向有关行政部门申诉

政府有关行政部门依法具有规范经营者的经营行为,维护消费者合法权益和市场经济秩序的职能。消费者权益争议涉及的领域很广,当权益受到侵害时,消费者可根据具体情况,向不同的行政职能部门,如物价部门、工商行政管理部门、技术质量监督部门等提出申诉,求得行政救济。

(四)提请仲裁

由仲裁机构解决争端,在国际国内商贸活动中被广泛采用。消费者权益争议亦可通过仲裁途径予以解决。不过,仲裁必须具备的前提条件是双方订有书面仲裁协议(或书面仲裁条款)。在一般的消费活动中,大多数情况下没有必要也没有条件签订仲裁协议。因此,在消费领域,很少有以仲裁方式解决争议的。

(五)向人民法院提起诉讼

消费者权益保护法及相关法律都规定,消费者权益受到损害时,可直接向人民法院起诉,也可因不服行政处罚决定而向人民法院起诉。司法审判具有权威性、强制性,是解决各种争议的最后手段。消费者为求公正解决争议,可依法行使诉权。

二、解决争议的几项特定规则

(1)销售者的先行赔付义务。消费者在购买、使用商品时,其合法权益受到损害的,可以向销售者要求赔偿。销售者赔偿后,属于生产者的责任或者属于向销售者提供商品的其他销售者的责任的,销售者有权向生产者或者其他销售者追偿。

(2)生产者与销售者的连带责任。消费者或者其他受害人因商品缺陷造成人身、财产损害的,可以向销售者要求赔偿,也可以向生产者要求赔偿。属于生产者责任的,销售者赔偿后,有权向生产者追偿;属于销售者责任的,生产者赔偿后,有权向销售者追偿。此时,销售者与生产者被看做一个整体,对消费者承担连带责任。

(3)消费者在接受服务时,其合法权益受到损害时,可以向服务者要求赔偿。

(4)变更后的企业仍应承担赔偿责任。企业的变更是市场经济活动中常见的现象。为防止经营者利用企业变更之机逃避对消费者应承担的损害赔偿责任,《消费者权益保护法》规定,消费者在购买、使用商品或者接受服务时,其合法权益受到损害,因原企业分立、合并的,可以向变更后承受其权利义务的企业要求赔偿。

(5)营业执照持有人与租借人的赔偿责任。出租、出借营业执照或租用、借用他人营业执照是违反工商行政管理法规的行为。《消费者权益保护法》规定,使用他人营业执照的违法经营者提供商品或者服务,损害消费者合法权益的,消费者可向其要求赔偿,也可以向营业执照的持有人要求赔偿。

(6)展销会举办者、柜台出租者的特殊责任。通过展销会、出租柜台销售商品或者提供服务,不同于一般的店铺营销方式。为了在展销会结束后或出租柜台期满后,使消费者能够获得赔偿,《消费者权益保护法》规定,消费者在展销会、租赁柜台购买商品或者接受服务,其合法权益受到损害的,可以向销售者或服务者要求赔偿。展销会结束或者柜台租赁期满后,也可以向展销会的举办者、柜台的出租者要求赔偿。展销会的举办者、柜台的出租者赔偿后,有权向销售者或者服务者追偿。

(7) 虚假广告的广告主与广告经营者的责任。广告对消费行为的影响是尽人皆知的。为规范广告行为,《广告法》、《消费者权益保护法》均对虚假广告作了禁止性规定。《消费者权益保护法》规定,当消费者因虚假广告而购买、使用商品或者接受服务时,若合法权益受到损害,可以向利用虚假广告提供商品或服务的经营者要求赔偿。广告的经营者发布虚假广告的,消费者可以请求行政主管部门予以惩处。广告的经营者不能提供经营者的真实名称、地址的,应当承担赔偿责任。

思考与练习

一、有问有答

1. 消费者的概念? 什么是消费者权益?

2. 消费者权益保护法的原则? 消费者的权利和经营者的义务是什么?

3. 国家对消费者合法权益的保护主要体现有哪些? 消费者组织的基本任务及职能是什么?

4. 消费者和经营者发生消费者权益争议的解决途径有哪些? 解决争议的特定规则有哪些?

二、案例分析

1. 三位女士去吃饭,走进一家饭店坐下,拿起菜单随意翻看。服务员快手快脚地端茶倒水。等到每人喝了一口水,又都研究了一遍菜单,发现不是理想中的菜式,于是起身欲走。服务员说:"请付 30 元,茶水 10 元一杯。"客人面面相觑,没听说过连这个茶水也是要钱的啊。店家的回答很明确:"如果留下来吃饭,自然茶水就不要钱;否则,天下没有白喝的水!"

一看店家恶声恶语,为了息事宁人,客人掏出 30 元,以最快的速度溜出店家。

问题:(1) 该饭店的行为侵害了消费者的什么权利?

(2) 该饭店的行为违反了经营者的什么义务?

2. 2 月 5 日中午,单先生和两个朋友在文化路某酒店的大厅进餐,当时大厅里顾客不多,单先生背后的几个餐桌是空位,他把西服搭在了椅子的靠背上,手机就放在西服的外兜里。下午 2 时左右,单先生起身结账时,发现西服外兜里的手机不见了,他找到酒店服务员领班说明情况后,服务员在单先生用餐的餐桌附近仔细寻找了一遍,也没有发现手机。这时,一个服务员回忆说,曾经有两个人坐在单先生背后的餐桌旁翻了翻菜谱,但没有点菜就走了,服务员觉得这两个人形迹很可疑,酒店经理立即向派出所报了案。单先生认为,他是在该酒店用餐时丢失了手机,酒店既没有张贴防盗牌提醒顾客注意防盗,也没有给自己的衣服套安全袋,酒店应该作出相应赔偿。

问题:(1) 单先生的什么权利遭到侵犯?

(2) 对该案应当如何处理?

3. 一位客人请 10 多位亲朋好友在一家饭店吃饭,开席前上了 3 箱啤酒,最后实际消费 32 瓶。他掐指一算,按当地空酒瓶回收价 0.3 元/瓶计算,32 瓶可以卖 9.6 元,于是结账的时候就提出要么将空瓶带走,要么折抵 9 元的菜金,收银员一口拒绝,说"从来没有先例"。客人认为自己掏钱买的啤酒,当然有权处理喝完的空瓶,再说,饭店的啤酒高于市场价,顾客"挽回"一些支出并不过分。饭店负责人认为,顾客在酒店喝啤酒,按酒店行业不成文的规定,酒瓶归酒店处置,"不只是我们一家,家家都是如此"。

问题:(1) 空酒瓶的处置权应归谁所有?

(2) 该案可以适用哪些法律解决双方的纠纷?

能力训练

实地调查所在城市的部分饭店、餐馆,向部分消费者进行询问,了解他们在酒店消费过程中,哪些权益受到了侵犯? 并整理成 1000 字左右的报告。

第五章　酒店劳动法律制度

□ 学习目标

【能力目标】

能够运用法律规定分析具体劳动合同实例,阐述劳动安全卫生与女职工、未成年工特殊劳动保护的主要规定以及社会保险的种类和内容,设计劳动争议案例的解决方案。

【知识目标】

1. 理解劳动关系,劳动合同,劳动合同的形式和内容,劳动合同的订立、变更与终止、解除,劳动合同的法律效力等法律概念;理解并掌握工作时间和休息休假,劳动安全卫生与女职工、未成年工特殊劳动保护,社会保险,劳动争议处理等相关规定。

2. 本章重点是劳动合同、社会保险。

3. 本章难点在于劳动合同的解除及经济补偿、工伤认定、解决劳动争议的程序。

案例导入

案例 5-1

2007 年 10 月 5 日闻某到珠海某酒店务工,2008 年 3 月 4 日,向单位提出辞职。离职时,该酒店准备与其结清离职当月的工资,但闻某认为,酒店没有与他签订书面劳动合同,根据《劳动合同法》规定,单位不与职工签订劳动合同应支付双倍工资,于是要求该酒店除结清本月工资外,再支付三个月工资的赔偿金。酒店拒绝了闻某要求。闻某不愿领取酒店支付的离职工资,并向珠海市劳动保障监察机构投诉,反映该酒店不与其签订劳动合同的违法行为,要求酒店按照《劳动合同法》的有关规定,向其支付相当于三个月工资的赔偿金。

问题:1. 闻某可以单方解除合同吗? 为什么?

2. 闻某能够获得三个月工资的赔偿金吗? 为什么?

理论知识

第一节 我国劳动法概述

一、劳动法的概念

劳动法分为广义概念上的劳动法和狭义概念上的劳动法。狭义上理解的劳动法是指由国家最高立法机关颁布的关于调整劳动关系以及与劳动关系有密切联系的其他社会关系的全国性的、综合性的法律,即第 8 届全国人民代表大会常务委员会第 8 次会议于 1994 年 7 月 5 日通过,自 1995 年 1 月 1 日起实施的《中华人民共和国劳动法》(以下简称《劳动法》)。广义上的劳动法是指调整劳动关系以及与劳动关系有密切联系的法律规范的总和。本书所说的劳动法是广义的劳动法。

二、劳动法的调整对象

劳动法是以劳动关系为主要的调整对象,同时也调整与劳动关系有密切关系的其他社会关系。

(一)劳动关系

劳动法上的劳动关系是指劳动力所有者与劳动力使用者之间在实现劳动过程中发生的关系。在我国,作为劳动关系一方当事人的"劳动者",是为用人单位提供劳动力,并获取劳动报酬的自然人,如"职工"、"工人"、"雇员"。用人单位是生产资料的所有者或经营管理者,在我国包括企业、个体经济组织和一定范围内的国家机关、事业单位、社会团体。

(二)与劳动关系有密切联系的其他社会关系

除了劳动关系,劳动法还调整本身不是劳动关系,但与劳动关系有密切联系的某些其他社会关系。如劳动行政关系、劳动服务关系、劳动团体关系、劳动争议处理关系等。这些关系中一方当事人一般有一方是劳动者或者用人单位,另一方则是劳动关系当事人之外与劳动关系运行密切相关的主体,如劳动人事行政部门、工会、用人单位团体、职业培训机构、职业介绍机构、劳动争议处理机构、社会保险经办机构等。

三、劳动法的基本原则

劳动法的基本原则是指国家劳动立法的指导思想,是调整劳动关系以及与劳动关系有密切联系的社会关系时必须遵循的基本准则。根据我国《宪法》和《劳动法》的有关规定,劳动法的基本原则可以概括为：

  （1）维护劳动者合法权益与兼顾用人单位利益原则；

  （2）按劳分配与公平救助相结合原则；

  （3）促进公平竞争与保护弱者权益相结合原则；

  （4）贯彻男女平等、民族平等原则。

四、劳动法律体系

  劳动法律体系主要由宪法、法律、法规、部门规章、地方性法规、地方政府规章和司法解释组成，包括：《宪法》中有关劳动法律问题的规定、《劳动法》、《劳动合同法》、《就业促进法》、《工会法》、《安全生产法》、《职业病防治法》、《劳动争议调解仲裁法》、《女职工劳动保护规定》、《失业保险条例》、《工伤保险条例》、《违反和解除劳动合同的经济补偿办法》、《企业劳动争议处理条例》、《集体劳动合同规定》、《企业最低工资规定》、《关于审理劳动争议案件有关问题的司法解释》等。本章以介绍《劳动法》和《劳动合同法》为主。

第二节　劳动合同

一、劳动合同的概念、特征和种类

（一）劳动合同的概念

  我国《劳动法》第 16 条第 1 款规定，劳动合同是劳动者与用人单位确立劳动关系、明确双方权利和义务的协议。劳动合同是确立劳动关系的法律依据。

  《劳动合同法》内容包括：总则、劳动合同的订立、劳动合同的履行和变更、劳动合同的解除和终止、特别规定（集体合同、劳务派遣、非全日制用工）、监督检查、法律责任和附则 8 章 98 条。劳动合同法律制度是劳动法的重要组成部分。

（二）劳动合同的特征

  劳动合同具有以下特征：① 劳动合同的主体由特定的用人单位和劳动者组成；② 劳动合同的双方当事人具有从属关系；③ 劳动合同一般都有试用期的规定；④ 劳动合同的目的在于劳动过程的实现，而不是劳动成果的给付。

（三）劳动合同的种类

1. 以合同期限的不同分类

  劳动合同可分为有固定期限的劳动合同、无固定期限的劳动合同和以完成一定工作为期限的劳动合同。有固定期限的劳动合同是指双方当事人在合同中约定一个明确的合同有效期限，期限届满可以续订，否则就终止双方权利义务的合同种类；无固定期限的劳动合同，也称不定期合同，是指双方在合同中没有约定明确的合同有效期限，劳动关系可以在劳动者的法定劳动年龄和用人单位存续期限内持续存在,只有法定或约定的条件出现时,双方的权利义务才终止的劳动合同种类;以完成一定工作为期限的劳动合同,是指双方当事人把完成一定的工资或劳动任务作为劳动关系的存续期限,约定任务完成后合同即终止的合同种类。

2. 以就业方式的不同分类

劳动合同可分为全日制劳动合同、非全日制劳动合同。全日制劳动合同是指依据国家法定的劳动时间的规定,从事全时劳动的合同;非全日制劳动合同是指用人单位与劳动者约定的以小时作为工作时间单位确立劳动关系的协议。

二、劳动合同的形式和内容

(一) 劳动合同的形式

1. 书面形式

《劳动合同法》明确规定,用人单位自用工之日起即与劳动者建立劳动关系。用人单位应当建立职工名册备查。建立劳动关系,应当订立书面劳动合同。可见书面形式是劳动合同法定形式。

2. 口头形式

非全日制用工的劳动合同既可以是书面形式,也可以是口头协议。

3. 未订立书面劳动合同情形的法律后果

已建立劳动关系,未同时订立书面劳动合同的,应当自用工之日起一个月内订立书面劳动合同。用人单位与劳动者在用工前订立劳动合同的,劳动关系自用工之日起建立。用人单位自用工之日起超过一个月不满1年未与劳动者订立书面劳动合同的,应当向劳动者每月支付2倍的工资。用人单位自用工之日起满1年不与劳动者订立书面劳动合同的,视为用人单位与劳动者已订立无固定期限劳动合同。用人单位违反本法规定不与劳动者订立无固定期限劳动合同的,应当自订立无固定期限劳动合同之日起向劳动者每月支付2倍的工资。

(二) 劳动合同的内容

劳动合同的内容,即劳动合同条款,是指劳动合同中双方当事人的权利和义务的具体规定。包括法定条款和约定条款。

1. 法定条款

法定条款是依照法律规定劳动合同应当具备的条款,是劳动合同一般情况下都应当具备的、对于明确双方当事人的权利和义务至关重要的基本条款。我国《劳动合同法》第17条规定劳动合同应当具备以下条款:

(1) 用人单位的名称、住所和法定代表人或者主要负责人。

(2) 劳动者的姓名、住址和居民身份证或者其他有效身份证件号码。

（3）劳动合同期限。劳动合同期限，指合同的有效期间，即约束双方当事人劳动权利义务的期限。劳动合同的期限分为有固定期限、无固定期限和以完成一定的工作为期限三种，由双方当事人协商选择具体采用哪一种合同期限。

（4）工作内容和工作地点。工作内容，是指劳动者在工作岗位上为完成一定工作任务和满足工作要求向用人单位提供的劳动。这是劳动者履行劳动合同的主要义务，须在合同中加以明确规定。工作地点是劳动合同的履行地，即劳动者从事劳动合同中所规定的工作内容的地点。

（5）工作时间和休息休假。工作时间是指劳动者用来完成其所担负的工作任务的时间。工作时间包括工作时间的长短、工作时间方式的确定。劳动合同约定的工作时间，应当遵守劳动法及相关法律法规的规定。休息休假是指劳动者按规定不必进行工作而可以自行支配的时间。休息休假的权利是每个国家的劳动者都应享有的权利。用人单位与劳动者在约定休息休假事项时应当遵守劳动法及相关法律法规的规定。

（6）劳动报酬。按约定向劳动者支付报酬，是用人单位的一项基本义务。劳动报酬是指劳动者参加社会劳动，按约定标准，从用人方取得的劳动收入。劳动者的劳动报酬主要以货币的形式实现，其中工资是劳动报酬的基本形式，奖金与津贴也是劳动报酬的重要组成部分。在劳动合同中要求明确规定工资标准或工资的计算办法，工资的支付方式，奖金、津贴的获得条件及标准。在确定工资条款时要特别注意，工资的约定标准不得低于当地最低工资标准，也不得低于本单位集体合同中规定的最低工资标准。

（7）社会保险。社会保险一般包括医疗保险、养老保险、失业保险、工伤保险和生育保险。社会保险由国家强制实施，因此成为劳动合同不可缺少的内容。

（8）劳动保护、劳动条件和职业危害防护。工作时间是指劳动者用来完成其所担负的工作任务的时间。工作时间包括工作时间的长短、工作时间方式的确定。劳动合同约定的工作时间，应当遵守劳动法及相关法律法规的规定。休息休假是指劳动者按规定不必进行工作而可以自行支配的时间。休息休假的权利是每个国家的劳动者都应享有的权利。用人单位与劳动者在约定休息休假事项时应当遵守劳动法及相关法律法规的规定。

（9）法律、法规规定应当纳入劳动合同的其他事项。

2. 约定条款

约定条款，是指双方当事人在劳动合同中协商确定的条款。除了上述法定条款外，双方当事人可以根据实际需要在协商一致的基础上，约定其他补充条款。约定条款的内容只要不违反法律、法规的规定，同法定条款一样，对当事人具有法律约束力。

（1）试用期条款。试用期是对新录用的职工进行试用的期限。约定试用期的目的在于考察劳动者是否符合录用条件，用人单位所介绍的劳动条件是否符合实际情况，从而使劳动者和用人单位在试用期限内对彼此的情况作进一步的了解，并根据实际情况和法律规定作出是否履行或解除劳动合同的决定。《劳动合同法》对试用期进行具体的规定，试用期包含在合同期限内。劳动合同仅约定试用期的，试用期不成立，该期限为劳动合同期限。劳动合同期限 3 个月以上不满 1 年的,试用期不得超过 1 个月;劳动合同期限 1 年以上不满 3 年的,试用期不得超过 2 个月;3 年以上固定期限和无固定期限的劳动合同,试用期不得超过 6 个月。同一用人单位与同一劳动者只能约定 1 次试用期。以完成一定工作任务为期限的劳动合同或者劳动合同期限不满 3 个月的,不得约定试期。

(2) 服务期条款。服务期条款是指双方当事人约定,由用人单位提供其专项培训待遇的劳动者,必须为用人单位服务满约定的期限,期限内不得单方解除劳动合同的条款。

《劳动合同法》规定,用人单位为劳动者提供专项培训费用,对其进行专业技术培训的,可以与该劳动者订立协议,约定服务期。劳动者违反服务期约定的,应当按照约定向用人单位支付违约金。违约金的数额不得超过用人单位提供的培训费用。用人单位要求劳动者支付的违约金不得超过服务期尚未履行部分所应分摊的培训费用。

(3) 保密事项条款。劳动过程涉及商业秘密的,当事人可以对有关保密事项在劳动合同中加以明确规定,使之成为劳动合同的一项条款。《劳动合同法》规定,用人单位与劳动者可以在劳动合同中约定保守用人单位的商业秘密和与知识产权相关的保密事项。为了保护用人单位的权益,用人单位可以在合同中就保守商业秘密的具体内容、方式、时间等,与劳动者进行约定,以防止自己的商业秘密被侵占或泄露。劳动者因违反约定保密事项给用人单位造成损失的,要负赔偿责任。

(4) 竞业限制条款。竞业限制条款是限制劳动者在合同关系消灭后的一定期间内参与或者从事与原用人单位同业竞争的活动,以保守原用人单位的商业秘密的合同条款。竞业限制条款一般包括竞业限制的具体范围、竞业限制的期限、补偿费的数额及支付方法、违约责任等内容。

(5) 违约金和赔偿金条款。《劳动合同法》规定,双方当事人可以对劳动者就服务期、竞业限制、保守秘密三个方面做出约定,如果劳动者违约,需承担违约责任。劳动合同法同时规定,劳动合同法依法被确定无效,给对方造成损失的,有过错一方应当承担赔偿责任。

(6) 补充保险。

(7) 福利待遇。

案例 5-2

国内某知名啤酒生产企业对要求员工保守商业秘密,维持在啤酒生产工艺上的领先地位十分重视。该企业与掌握某系列啤酒配方的本企业高级技师签订了保守商业秘密条款。条款约定,高级技师应严格把啤酒配方作为商业秘密进行保护,不得私自对外披露,否则,除赔偿企业经济损失外,还应承担 10 万元违约金。不料,企业中一位姓李的高级技师在外地一家啤酒厂的重金诱惑下,担任其高级顾问,将本企业某品牌的啤酒配方等全套生产工艺泄露给他们,使这家外地啤酒厂大量进行生产,占领市场。截至被查获时,该啤酒厂已经非法获利 320 万元。

问题:1. 劳动者违反保守商业秘密条款应如何处理?

2. 假设李某任职期间并没有泄露商业秘密,但流露出离职到另一家啤酒企业的意向,该企业该如何维护自己的权益?

三、劳动合同的订立、变更、终止和无效

（一）劳动合同的订立

双方当事人应当遵守法律、法规,本着平等自愿和诚实信用的原则进行平等协商。

劳动合同由用人单位和劳动者协商一致,并经用人单位和劳动者在劳动合同文本上签字或盖章生效。劳动合同由用人单位和劳动者各执一份。虽未签订书面劳动合同,但已建立劳动关系的,法律通过课以用人单位承担不利法律后果的方式,保护劳动者的合法权益。

（二）劳动合同的变更

劳动合同的变更,是指在劳动合同履行过程中,双方当事人对已经生效的劳动合同条款进行修改、补充或废止的行为。

在劳动合同履行过程中,由于用人单位的原因、劳动者的原因或者法律规定的变化致使原合同全部条款或部分条款无法履行,双方当事人协商一致,可以变更劳动合同约定的内容。变更劳动合同,应当采用书面形式。变更后的劳动合同文本由用人单位和劳动者各执一份。

用人单位变更名称、法定代表人、主要负责人或者投资人等事项,不影响劳动合同的履行。用人单位发生合并或者分立等情况,原劳动合同继续有效,劳动合同由承继其权利和义务的用人单位继续履行。

案例 5-3

某五星级酒店与朱某签订劳动合同,约定朱某任酒店副总经理一职。2007 年酒店进行内部结构重大调整,朱某被调至行政管理部后勤主管岗位,月工资下调 5000 元。朱某认为酒店无权对其调岗调资,经过仲裁诉至法院,要求公司继续履行原劳动合同,恢复其工作岗位和相应工资待遇。公司在诉讼过程中提出公司有权根据公司发展需要调整员工工作岗位和工资待遇。

问题:酒店调整朱某工资岗位和工资待遇是否合法？为什么？

（三）劳动合同的终止

《劳动合同法》劳动合同终止的一些情形:① 劳动合同期满的;② 劳动者开始依法享受基本养老保险待遇的;③ 劳动者死亡,或者被人民法院宣告死亡或者宣告失踪的;④ 用人单位被依法宣告破产的;⑤ 用人单位被吊销营业执照、责令关闭、撤销或者用人单位决定提前解散的;⑥ 法律、行政法规规定的其他情形。

劳动合同期满,劳动者有下列情形之一的,劳动合同应当顺延至相应的情形消失时终止:① 从事接触职业病危害作业的劳动者未进行离岗前职业健康检查,或者疑似职业病病人在诊断或者医学观察期间的;② 在本单位患职业病或者因工负伤并被确认丧失或者部分丧失劳动能力的;③ 患病或者非因工负伤,在规定的医疗期内的;④ 女职工在孕期、产期、哺乳期的;⑤ 在本单位连续工作满 15 年,且距法定退休年龄不足 5 年的;⑥ 法律、行政法规规

定的其他情形。丧失或者部分丧失劳动能力劳动者的劳动合同的终止,按照国家有关工伤保险的规定执行。

根据《劳动合同法》的规定,劳动合同终止是因劳动合同期满的,除用人单位维持或者提高劳动合同约定条件续订劳动合同,劳动者不同意续订的情形外,用人单位应当向劳动者支付经济补偿。

(四) 劳动合同的无效

无效劳动合同,是指当事人违反法律、法规或者违背平等、自愿原则签订的对当事人全部或部分不具法律效力的劳动合同。

《劳动合同法》规定有下列情形之一的,合同全部或部分无效:① 以欺诈、胁迫的手段或者乘人之危,使对方在违背真实意思的情况下订立或者变更劳动合同的;② 用人单位免除自己的法定责任、排除劳动者权利的;③ 违反法律、行政法规强制性规定的。

劳动合同部分无效,不影响其他部分效力的,其他部分仍然有效。劳动合同被确认无效,劳动者已付出劳动的,用人单位应当向劳动者支付劳动报酬。劳动报酬的数额,参照本单位相同或者相近岗位劳动者的劳动报酬确定。

四、劳动合同的解除

劳动合同的解除,是指劳动合同签订以后,没有履行完毕之前,由于一定事由的出现,提前终止劳动合同的法律行为。

(一) 双方协商解除劳动合同

双方当事人任何一方提出解除劳动合同的请求,另一方同意即可解除劳动合同。如果是由劳动者提出解除劳动合同并因合同的解除给用人单位造成经济损失的,应当承担赔偿责任。如果是由用人单位提出解除劳动合同的,必须依法向劳动者支付经济补偿金。

(二) 用人单位单方解除劳动合同

1. 用人单位根据劳动者的过错解除劳动合同

《劳动合同法》规定,劳动者有下列情形之一的,用人单位可以解除劳动合同:① 在试用期间被证明不符合录用条件的;② 严重违反用人单位的规章制度的;③ 严重失职,营私舞弊,给用人单位造成重大损害的;④ 劳动者同时与其他用人单位建立劳动关系,对完成本单位的工作任务造成严重影响,或者经用人单位提出,拒不改正的;⑤ 因本法第26条第1款第一项规定的情形致使劳动合同无效的;⑥ 被依法追究刑事责任的。

用人单位在劳动者有上述情况之一时,有权解除劳动合同,而无需征得对方的同意,也不必履行特别的程序,不需支付经济补偿。

案例 5-4

小张是某饭店的财务工作人员,她利用休息时间到另一家企业做兼职会计。财务负责人马某认为这显然是对酒店忠诚度不够的行为,多次要求小张辞去兼职工作,但小张认为自己有权支配属于自己的休息时间,且兼职活动并未影响本单位的工作,拒绝辞去兼职工作。后被酒店解除劳动合同。小张不服,将争议提交劳动争议仲裁委员会。

问题: 酒店是否有权单方解除劳动合同?

2. 用人单位预告通知解除劳动合同

劳动者本身不存在过错,但是由于客观情况发生了变化或劳动者患病、非因工致残,用人单位经采取相应措施后,有权按照法定的程序解除劳动合同,但是解除劳动合同时需要支付经济补偿金。

《劳动合同法》规定,有下列情形之一的,用人单位提前30日以书面形式通知劳动者本人或者额外支付劳动者一个月工资后,可以解除劳动合同:

(1) 劳动者患病或者非因工负伤,在规定的医疗期满后不能从事原工作,也不能从事由用人单位另行安排的工作的。

(2) 劳动者不能胜任工作,经过培训或者调整工作岗位,仍不能胜任工作的。

案例 5-5

老张是一家涉外饭店的一级厨师,专门负责接待外籍人士就餐。但是近期以来,老张工作马虎大意,多次遭到客人投诉。虽经部门经理数次谈话、警告,老张的工作还是没有起色,投诉量居高不下。饭店以不能胜任工作为由向老张开出了立即解除劳动合同的书面通知。老张对此不服,要求饭店收回解除劳动合同的通知书,饭店不予收回。老张提起劳动仲裁。

问题: 饭店单方解除劳动合同是否合法?

(3) 劳动合同订立时所依据的客观情况发生重大变化,致使劳动合同无法履行,经用人单位与劳动者协商,未能就变更劳动合同内容达成协议的。

案例 5-6

牛先生与某民营企业签订了为期3年的劳动合同,工作岗位为总经理助理,月薪5000元。牛先生在单位工作相当出色。但是,2年后企业领导却告诉他:由于受市场环境影响,公司从原来的扩张战略改为收缩战略,用不了那么多人,总经理助理的岗位被取消了。随后,公司发给牛先生一张劳动合同解除、终止通知书,声称:因双方签订的劳动合同所依据的客观情况发生变化,导致原合同无法履行,公司正式通知解除合同。牛先生认为解除劳动合同的理由不充分,原合同应该继续履行,至少不能解除劳动合同,公司拒绝了牛先生的要求,双方发生争议,牛先生向劳动争议仲裁机构进行申诉。

问题: 企业单方解除劳动合同是否合法?为什么?

3. 用人单位因经济性裁员解除劳动合同

《劳动合同法》第41条规定,有下列情形之一,需要裁减人员20人以上或者裁减不足20人但占企业职工总数10%以上的,用人单位提前30日向工会或者全体职工说明情况,听取工会或者职工的意见后,裁减人员方案经向劳动行政部门报告,可以裁减人员:① 依照企业破产法规定进行重整的;② 生产经营发生严重困难的;③ 企业转产、重大技术革新或者经营方式调整,经变更劳动合同后,仍需裁减人员的;④ 其他因劳动合同订立时所依据的客观经济情况发生重大变化,致使劳动合同无法履行的。裁减人员时,应当优先留用下列人员:① 与本单位订立较长期限的固定期限劳动合同的;② 与本单位订立无固定期限劳动合同的;③ 家庭无其他就业人员,有需要扶养的老人或者未成年人的。用人单位依照本条第一款规定裁减人员,在 6 个月内重新招用人员的,应当通知被裁减的人员,并在同等条件下优先招用被裁减的人员。

4. 对用人单位解除劳动合同的限制

《劳动合同法》第 42 条规定,劳动者有下列情形之一的,用人单位不得依照本法第 40 条、第 41 条的规定解除劳动合同:① 从事接触职业病危害作业的劳动者未进行离岗前职业健康检查,或者疑似职业病病人在诊断或者医学观察期间的;② 在本单位患职业病或者因工负伤并被确认丧失或者部分丧失劳动能力的;③ 患病或者非因工负伤,在规定的医疗期内的;④ 女职工在孕期、产期、哺乳期的;⑤ 在本单位连续工作满 15 年,且距法定退休年龄不足 5 年的;⑥ 法律、行政法规规定的其他情形。

用人单位应当在解除劳动合同时出具解除劳动合同的证明,并在 15 日内为劳动者办理档案和社会保险关系转移手续。用人单位对已经解除的劳动合同的文本,至少保存 2 年备查。

(三) 劳动者单方解除劳动合同

1. 提前通知解除劳动合同

《劳动合同法》第 37 条规定,劳动者提前 30 日以书面形式通知用人单位,可以解除劳动合同。劳动者在试用期内提前 3 日通知用人单位,可以解除劳动合同。只要劳动者遵循预告期的规定,不需要对方接受即可产生解除劳动合同的效力,无须任何理由,这就保证劳动者可以在任何时候结束他与企业之间的从属性劳动关系。但是,如果劳动者辞职时没有遵守预告期,则应当赔偿企业的损失,数额通常应等于雇员在预告期内领取的工资。

2. 随时通知解除劳动合同

《劳动合同法》第 38 条第 1 款规定,用人单位有下列情形之一的,劳动者可以解除劳动合同:① 未按照劳动合同约定提供劳动保护或者劳动条件的;② 未及时足额支付劳动报酬的;③ 未依法为劳动者缴纳社会保险费的;④ 用人单位的规章制度违反法律、法规的规定,损害劳动者权益的;⑤ 因本法第 26 条第 1 款规定的情形致使劳动合同无效的;⑥ 法律、行政法规规定劳动者可以解除劳动合同的其他情形。

3. 无需通知立即解除劳动合同

《劳动合同法》第 38 条第 2 款规定,用人单位以暴力、威胁或者非法限制人身自由的手段强迫劳动者劳动的,或者用人单位违章指挥、强令冒险作业危及劳动者人身安全的,劳动者可以立即解除劳动合同,不需事先告知用人单位。

第三节 工作时间、休息休假和工资制度

一、工作时间

工作时间,是指依国家法律规定劳动者在一昼夜或一周内用于完成本职工作的时间。它是人们进行劳动的时间,是衡量每个劳动者的劳动贡献和付给报酬的计算单位。法律规定的一昼夜之内工作时数的总和构成标准工作日制度,一周之内工作时数的总和构成标准工作周制度。

根据《劳动法》和有关法规的规定,我国现行的工时制度,工作日分为标准工作日、缩短工作日、延长工作日、不定时工作日和计件工作日。

(一)标准工作日

标准工作日指一般情况下法律规定的用人单位普遍实行的工时制度。《劳动法》第36条规定,国家实行劳动者每日工作时间不超过8小时,平均每周工作时间不超过44小时的工时制度。

(二)缩短工作日

缩短工作日是指少于标准工作日的工作时间。缩短工作日主要是适用于特殊条件下从事劳动和有特殊情况的职工的工作时间,如夜班工作、哺乳时间和从事矿山井下作业、高空作业、严重有毒有害作业、特别繁重或过度紧张的体力劳动等特殊岗位的情形。

(三)延长工作日

延长工作日是指超过标准工作日的工作时间。这种工作时间主要适用于那些生产受自然条件和技术条件限制的具有突击性、季节性等特点的行业,如交通、铁路、邮电、渔业、制盐、制糖、农场、勘探等。这些行业忙时可以延长工作时间,闲时可以缩短工作时间,延长工作时间的,应给予补休,无法补休的,应给予经济补偿。

(四)不定时工作日

不定时工作日是指因岗位职责、工作性质的限制,劳动者的工作时间不受固定时数限制的工时制度。与前面以工作时间确定工作量的方法不同,不定时工作日直接确定劳动者的工作量。适用范围主要包括企业中高级管理人员、外勤人员、推销人员、部分值班人员和其他因工作无法按标准工作时间衡量的劳动者;企业的长途运输人员,出租汽车司机和铁路、港口、仓库部分装卸人员以及因工作性质特殊,需要机动作业的职工等等。这些部门的职工可以采用集中工作、集中休息、轮休调休、弹性工作时间等适当方式安排工作和休息。根据有关劳动部规定,实行不定时工作制必须经过当地劳动行政部门审批。

案例 5-7

王某是某市一家星级酒店经理,2005年1月与酒店签订劳动合同,约定底薪30万元,根据完成经营指标的情况,按照营业额一定比例获得年终奖金,实行不定时工作制。2年下来,王某觉

得没有节假日、休息日工作很辛苦，并且经营指标连年提高，付出和收入不成比例，于 2008 年 12 月提出辞职，并要求酒店支付 3 年多来加班工资。酒店认为，双方约定实行不定时工作制，不存在加班工资问题，拒绝了王某的要求。

问题：王某是否应获得加班工资？为什么？

（五）计件工作日

计件工作日是指劳动者以完成一定劳动额为计酬标准的工作时间制度。计件工作日实际上是一种特殊类型的不定时工作日。《劳动法》第 37 条规定，对实行计件工作的劳动者，用人单位应当根据本法第 36 条规定的工时制度合理确定其劳动定额和计件报酬标准。

二、休息休假

休息时间，是指劳动者根据法律规定，在用人单位任职期间，不必从事生产和工作而自行支配的时间。休息休假的种类，随着社会经济条件的发展而有所变化，并因行业、产业的不同而不同。我国现行的休息时间的种类和内容如下：

（一）一个工作日内的休息时间

一个工作日内的休息时间，是指职工在工作日内的岗位上工作时，应有中间休息及用膳的时间。午休及用膳时间目前由于工作时间性质的不同而有不同的规定，一般休息一到两个小时，最少不能少于半小时。

（二）两个工作日之间的休息时间

两个工作日之间的休息时间，是指职工在一个工作日结束后至下一个工作日开始前的休息时间。这种休息时间是保障职工恢复体力智力的重要阶段。一般情况下，如无特殊原因应保障职工连续使用这种休息时间，不得随便间断。同时，也不得安排劳动者连续工作两班，再安排休息。否则，将侵犯劳动者的休息权，也会严重损害劳动者的身体健康。

（三）休息日

休息日，也称公休假日，是职工工作满一个工作周以后的休息时间，一般情况下安排在每个星期六、日。为了减少交通的拥挤及能源供应的紧张，也可轮流安排在其他时间，但必须是在满一个工作周以后休息。

（四）法定节日

法定节日是由国家法律统一规定的用以开展纪念、庆祝活动的休息时间。

根据国务院于 2007 年 12 月 14 日发布并实施的《全国年节及纪念日放假办法》的规定，我国全体公民法定节假日为：① 元旦 1 天（1 月 1 日）；② 春节 3 天（农历除夕、正月初一、初二）；③ 清明节 1 天（农历清明当日）；④ 劳动节 1 天（5 月 1 日）；⑤ 端午节 1 天（农历端午当日）；⑥ 中秋节 1 天（农历中秋当日）；⑦ 国庆节 3 天（10 月 1 日、2 日、3 日）。

部分公民放假的节日及纪念日：① 妇女节（3 月 8 日），妇女放假半天；② 青年节（5 月 4 日），14 周岁以上的青年放假半天；③ 儿童节（6 月 1 日），不满 14 周岁的少年儿童放假 1 天；

④ 中国人民解放军建军纪念日(8月1日),现役军人放假半天。

全体公民放假的假日,如果适逢星期六、星期日,应当在工作日补假。部分公民放假的假日,如果适逢星期六、星期日,则不补假。

(五)探亲假

探亲假是指与父母或配偶分住两地的劳动者,在一定期限内所享受的一定期限的带薪假期。

(六)年休假

年休假是指根据劳动者工作年限和劳动的繁重程度每年给予的一定期限的带薪连续休假。《劳动法》第45条对年休假作了原则性规定,国家实行带薪年休假制度,劳动者连续工作一年以上的,享受带薪年休假。具体办法由国务院规定。

三、工资制度

工资是指基于劳动关系,用人单位根据劳动者提供的劳动数量和质量,按劳动合同规定支付一定的货币报酬。

(一)工资构成

我国现行的工资形式主要有计时工资、计件工资、奖金、津贴和补贴、加班加点工资、特殊情况下支付的工资。

1. 计时工资

计时工资是指按照职工技术熟练程度、劳动繁重程度和工作时间长短支付工资的一种形式。计时工资额是根据职工的工资标准和实际工作时间的长短来计算的。计时工资可以分为月工资制、日工资制和小时工资制3种。

2. 计件工资

计件工资是指按照合格产品的数量预先规定的计件单位来计算的工资。其特点是:它不直接用劳动时间来计算报酬,而是用一定时间内的劳动成果——产品量或作业量来计算。因此,它用间接劳动时间来计量,是计时工资的转化形式。

3. 奖金

奖金是指支付给劳动者的超额劳动报酬和增收节支的劳动报酬。基本工资是定额内劳动的报酬,不能反映劳动者的劳动差别。奖金则是超额劳动的报酬,能够较灵活反映劳动者的实际劳动差别。

4. 津贴与补贴

(1)津贴。津贴是工资以外的补助费。它主要用于对待特殊劳动条件下超常劳动的补偿,发放的依据是劳动条件和劳动环境。主要包括:矿山井下津贴、高温津贴、野外施工津贴等;林区津贴、山区津贴、驻岛津贴、艰苦气象站津贴,以及为鼓励职工到艰苦地方去工作而设立的津贴等;保健津贴、医疗卫生津贴;生活费补贴、价格补贴等;科研津贴、优秀运动员补贴和体育津贴等等。

（2）补贴。补贴是指为了保证劳动者的工资水平不受物价等因素的影响，支付给劳动者的工资性补贴。它是劳动者工资的一种辅助形式，是工资的一个组成部分。如：肉类等价格补贴、副食补贴、住房补贴等等。

5. 加班加点工资

加班加点工资是指用人单位根据生产、工作需要，安排劳动者在法定节假日和公休假日内，或在标准工作日以外继续生产劳动所支付的工资。《劳动法》第 41 条规定，用人单位由于生产经营需要，经与工会和劳动者协商后可以延长工作时间，一般每日不得超过 1 小时；因特殊原因需要延长工作时间的，在保障劳动者身体健康的条件下延长工作时间每日不得超过 3 小时，但是每月不得超过 36 小时。在与工会和劳动者协商后，且不超过法定时间限制，企业是可以安排劳动者加班加点的。安排劳动者加班加点的，应当足额支付加班加点工资。其中，安排劳动者延长工作时间的，支付不低于工资 150% 的工资报酬；休息日安排劳动者工作又不能安排补休的，支付不低于工资 200% 的工资报酬；法定休假日安排劳动者工作的，支付不低于工资 300% 的工资报酬。值得注意的是，我国新增了清明、端午和中秋三个法定节假日，全年的法定节假日增加到 11 天。

案例 5-8

王先生是某饭店的大堂副理，由于人手不够，饭店生意又异常火爆，饭店要求王先生每天加班，并支付不菲的加班工资。王先生同意了。可是，时间久了不但身体吃不消，而且几乎失去自由支配的时间，王先生请求饭店增派人手，停止加班。饭店认为双方达成了加班协议，并支付优厚的加班工资，王先生的要求是无理取闹。而王先生坚持不肯加班。饭店遂以不服工作安排违纪为由解除了劳动合同。

问题： 饭店坚持让王先生加班加点的做法是否合法？

6. 特殊情况下支付的工资

特殊情况下的工资是指依法或按协议在非正常情况下支付给职工的工资。包括劳动者因病、工伤、产假、婚假、丧假、探亲假、年休假、法定假日、参加社会活动等原因，企业支付给劳动者的工资待遇。

（二）最低工资

最低工资，是指劳动者在法定工作时间内，提供了正常劳动前提下，用人单位应当支付的保障劳动者个人及其家庭成员基本生活需要的最低劳动报酬。

根据国家有关规定，下列各项不得作为最低工资组成部分：① 加班加点工资；② 中班、夜班、高温、低温、井下、有毒有害等特殊工作环境、条件下津贴；③ 国家法律、法规、政策规定的劳动保险、福利待遇等。企业对职工进行培训的费用，按国家有关规定而发放给职工的防护用品及企业自身的各项用品，职工所得的计划生育补贴、特别困难补助，因住房改革发给职工的住房补贴均不属于最低工资的组成部分。用人单位的伙食、住房等支付给劳动者的非货币性收入不包括在最低工资内。职工所得的非经常性奖金，如竞赛奖、体育奖、合理化建议奖等也不得纳入企业最低工资的范畴。

最低工资标准是指单位劳动时间的最低工资数额。《劳动法》第48条规定,国家实行最低工资保障制度。最低工资的具体标准由省、自治区、直辖市人民政府规定,报国务院备案。用人单位支付劳动者的工资不得低于当地最低工资标准。表明我国不实行全国统一最低工资标准,由各地根据其具体情况来确定最低工资标准。

(三)工资支付规定

工资应当以货币形式支付,不得以实物及有价证券代替货币支付。用人单位应当按月向劳动者支付工资,每月至少于劳动者与用人单位约定的固定日期,向劳动者支付一次工资。

知识链接 5-1

杭州市最低工资标准

浙江省政府以通知的形式下发最低工资调整标准,供辖区各市根据所辖县(市、区)经济社会发展水平、居民生活水平和用人单位承受能力等实际情况选择。杭州市自2008年9月1日起,市区(不含萧山区、余杭区)最低月工资标准调整为960元;非全日制工作的最低小时工资标准调整为8.0元。这是杭州市自1994年建立最低工资制以来,第11次调整最低工资标准。最低工资标准一经确定公布,用人单位必须按照不低于最低工资的标准,以货币形式向劳动者支付工资。

第四节　劳动安全卫生与女职工、未成年工特殊劳动保护

一、劳动安全卫生

劳动安全卫生又称劳动保护,是指保护劳动者生命安全和身体健康的劳动保护法律制度。劳动法中的劳动安全卫生是基于劳动关系而产生的,与一般社会意义的安全、防病及卫生保健工作相区别。劳动安全卫生奉行用人单位(雇主)负责制原则,这也是世界各国普遍遵守的原则。《中华人民共和国安全生产法》、《中华人民共和国职业病防治法》及其他相关法律法规就劳动安全卫生做了具体的规定。

(一)劳动安全的主要内容

1. 生产经营单位的安全生产保障义务

(1)符合安全生产条件义务。生产经营单位应当具备法律、行政法规和国家标准或者行业标准规定的安全生产条件;不具备安全生产条件的,不得从事生产经营活动。

(2)单位负责人负有安全职责。建立、健全本单位安全生产责任制;组织制定本单位安全生产规章制度和操作规程;保证本单位安全生产投入的有效实施;督促、检查本单位的安全生产工作,及时消除生产安全事故隐患;组织制定并实施本单位的生产安全事故应急救援

预案;及时、如实报告生产安全事故。

(3) 资金保障义务。生产经营单位应当具备的安全生产条件所必需的资金投入,由生产经营单位的决策机构、主要负责人或者个人经营的投资人予以保证,并对由于安全生产所必需的资金投入不足导致的后果承担责任。

(4) 设置安全生产管理机构或者配备专职安全生产管理人员的义务。矿山、建筑施工单位和危险物品的生产、经营、储存单位,应当设置安全生产管理机构或者配备专职安全生产管理人员。

生产经营单位依照规定委托工程技术人员提供安全生产管理服务的,保证安全生产的责任仍由本单位负责。

(5) 生产经营单位的主要负责人和安全生产管理人员须具备安全知识的义务。生产经营单位的主要负责人和安全生产管理人员必须具备与本单位所从事的生产经营活动相应的安全生产知识和管理能力。

危险物品的生产、经营、储存单位以及矿山、建筑施工单位的主要负责人和安全生产管理人员,应当由有关主管部门对其安全生产知识和管理能力考核合格后方可任职。

(6) 从业人员培训义务。生产经营单位应当对从业人员进行安全生产教育和培训,保证从业人员具备必要的安全生产知识,熟悉有关的安全生产规章制度和安全操作规程,掌握本岗位的安全操作技能。未经安全生产教育和培训合格的从业人员,不得上岗作业。

生产经营单位采用新工艺、新技术、新材料或者使用新设备,必须了解、掌握其安全技术特性,采取有效的安全防护措施,并对从业人员进行专门的安全生产教育和培训。

经营单位的特种作业人员必须按照国家有关规定经专门的安全作业培训,取得特种作业操作资格证书,方可上岗作业。

(7) 建设项目同步配套安全设施的义务。生产经营单位新建、改建、扩建工程项目的安全设施,必须与主体工程同时设计、同时施工、同时投入生产和使用。安全设施投资应当纳入建设项目概算。

(8) 保障场所安全义务。生产、经营、储存、使用危险物品的车间、商店、仓库不得与员工宿舍在同一座建筑物内,并应当与员工宿舍保持安全距离。生产经营场所和员工宿舍应当设有符合紧急疏散要求、标志明显、保持畅通的出口。禁止封闭、堵塞生产经营场所或者员工宿舍的出口。

(9) 安全警示标志的设置义务。生产经营单位应当在有较大危险因素的生产经营场所和有关设施、设备上,设置明显的安全警示标志。

(10) 符合安全设备标准的义务。安全设备的设计、制造、安装、使用、检测、维修、改造和报废,应当符合国家标准或者行业标准。生产经营单位必须对安全设备进行经常性维护、保养,并定期检测,保证正常运转。维护、保养、检测应当做好记录,并由有关人员签字。

(11) 妥善使用特种设备的义务。生产经营单位使用的涉及生命安全、危险性较大的特种设备,以及危险物品的容器、运输工具,必须按照国家有关规定,由专业生产单位生产,并经取得专业资质的检测、检验机构检测、检验合格,取得安全使用证或者安全标志,方可投入使用。检测、检验机构对检测、检验结果负责。涉及生命安全、危险性较大的特种设备的目录由国务院负责特种设备安全监督管理的部门制订,报国务院批准后执行。

(12)遵守生产安全设备淘汰制度的义务。国家对严重危及生产安全的工艺、设备实行淘汰制度。生产经营单位不得使用国家明令淘汰、禁止使用的危及生产安全的工艺、设备。

(13)危险物品的监管义务。生产、经营、运输、储存、使用危险物品或者处置废弃危险物品的,由有关主管部门依照有关法律、法规的规定和国家标准或者行业标准审批并实施监督管理。

生产经营单位生产、经营、运输、储存、使用危险物品或者处置废弃危险物品,必须执行有关法律、法规和国家标准或者行业标准,建立专门的安全管理制度,采取可靠的安全措施,接受有关主管部门依法实施的监督管理。

(14)重大危险源的管理义务。生产经营单位对重大危险源应当登记建档,进行定期检测、评估、监控,并制订应急预案,告知从业人员和相关人员在紧急情况下应当采取的应急措施。

生产经营单位应当按照国家有关规定将本单位重大危险源及有关安全措施、应急措施报有关地方人民政府负责安全生产监督管理的部门和有关部门备案。

2. 劳动者的安全生产保障权利和义务

(1)劳动者的安全生产保障权利主要是:① 知情权,即有权了解其作业场所和工作岗位存在的危险因素、防范措施和事故应急措施;② 建议权,即有权对本单位的安全生产工作提出建议;③ 批评权、检举权、控告权,即有权对本单位安全生产管理工作中存在的问题提出批评、检举、控告;④ 拒绝权,即有权拒绝违章作业指挥和强令冒险作业;⑤ 紧急避险权,即发现直接危及人身安全的紧急情况时,有权停止作业或者在采取可能的应急措施后撤离作业场所;⑥ 依法向本单位提出要求赔偿的权利;⑦ 获得符合国家标准或者行业标准劳动防护用品的权利;⑧ 获得安全生产教育和培训的权利等。

(2)劳动者的安全生产义务主要是:① 劳动者在作业过程中,应当遵守本单位的安全生产规章制度和操作规程,服从管理,正确佩戴和使用劳动防护用品;② 应当接受安全生产教育和培训,掌握本职工作所需的安全生产知识,提高安全生产技能,增强事故预防和应急处理能力;③ 发现事故隐患或者其他不安全因素时,应当立即向现场安全生产管理人员或者本单位负责人报告。

3. 安全生产法律责任

(1)安全生产法律责任的形式。追究安全生产违法行为法律责任的形式有3种,即行政责任、民事责任和刑事责任。在现行有关安全生产的法律、行政法规中,《安全生产法》采用的法律责任形式最全,设定的处罚种类最多,实施处罚的力度(罚款幅度除外)最大。

① 行政责任。行政责任是指责任主体违反安全生产法律规定,由有关人民政府和安全生产监督管理部门、公安机关依法对其实施行政处罚的一种法律责任。共有责令改正、责令限期改正、责令停产停业整顿、责令停止建设、停止使用、责令停止违法行为、罚款、没收违法

所得、吊销证照、行政拘留、关闭等11种,这在我国有关安全生产的法律、行政法规设定行政处罚的种类中也是最齐全、运用最多的。

② 民事责任。民事责任是指责任主体违反安全生产法律规定造成民事损害,依照民事法律进行民事赔偿的一种法律责任。《安全生产法》是我国众多的安全生产法律、行政法规中唯一设定民事责任的法律。

③ 刑事责任。刑事责任是指责任主体违反安全生产法律规定构成犯罪,由司法机关依照刑事法律给予刑罚的一种法律责任。它是3种法律责任中最严厉的。《刑法》有关安全生产违法行为的罪名有:重大责任事故罪、重大劳动安全事故罪、危险物品肇事罪和提供虚假证明文件罪以及国家工作人员职务犯罪等。

(2) 安全生产违法行为的责任主体。责任主体主要包括4种:① 有关人民政府和负有安全生产监督管理职责的部门及其领导人、负责人;② 生产经营单位及其负责人、有关主管人员;③ 生产经营单位的从业人员;④ 安全生产中介服务机构和安全生产中介服务人员。

(3) 安全生产违法行为行政处罚的决定机关。《安全生产法》规定的行政执法主体有4种:① 县级以上人民政府负责安全生产监督管理职责的部门;② 县级以上人民政府;③ 公安机关;④ 法定的其他行政机关。

(二) 劳动卫生的主要内容

1. 前期预防义务

(1) 工作场所的职业卫生要求。除应当符合法律、行政法规规定的设立条件外,其工作场所还应符合以下要求:职业病危害因素的强度或者浓度符合国家职业卫生标准;有与职业病危害防护相适应的设施;生产布局合理,符合有害与无害作业分开的原则;有配套的更衣间、洗浴间、孕妇休息间等卫生设施;设备、工具、用具等设施符合保护劳动者生理、心理健康的要求;法律、行政法规和国务院卫生行政部门关于保护劳动者健康的其他要求。

(2) 职业病危害项目申报。

(3) 建设项目职业病危害预评价。

(4) 职业病危害防护设施"三同时"。

2. 劳动过程中的防护与管理义务

(1) 企业必须采用有效的职业病防护设施。企业应当优先采用有利于防治职业病和保护劳动者健康的新技术、新工艺、新材料,逐步替代职业病危害严重的技术、工艺、材料。并为劳动者提供个人使用的职业病防护用品。产生职业病危害的企业,应当在醒目位置设置公告栏,公布有关职业病防治的规章制度、操作规程、职业病危害事故应急救援措施和工作场所职业病危害因素检测结果。对产生严重职业病危害的作业岗位,应当在其醒目位置,设置警示标识和中文警示说明。警示说明应当载明产生职业病危害的种类、后果、预防以及应急救治措施等内容。对可能发生急性职业损伤的有毒、有害工作场所,用人单位应当设置报警装置,配置现场急救用品、冲洗设备、应急撤离通道和必要的泄险区。对放射工作场所和放射性同位素的运输、贮存,用人单位必须配置防护设备和报警装置,保证接触放射线的工作人员佩戴个人剂量计。对职业病防护设备、应急救援设施和个人使用的职业病防护用品，用人单位应当进行经常性的维护、检修，定期检测其性能和效果，确保其处于正常状态，不得擅自拆除或者停止使用。

（2）建立、健全职业卫生管理制度和操作规程；建立、健全职业卫生档案和劳动者健康监护档案；建立、健全工作场所职业病危害因素监测及评价制度；建立、健全职业病危害事故应急救援预案。

（3）设置或者指定职业卫生管理机构或者组织。

（4）制定职业病防治计划和实施方案。

3. 职业病诊断与职业病病人保障义务

职业病病人依法享受国家规定的职业病待遇。用人单位应当按照国家有关规定，安排职业病病人进行治疗、康复和定期检查。用人单位对不适宜继续从事原工作的职业病病人，应当调离岗位，并妥善安置。用人单位对从事接触职业病危害的作业的劳动者，应当给予岗位津贴。职业病病人的诊疗、康复费用，伤残以及丧失劳动能力的职业病病人的社会保障，按照国家有关工伤社会保险的规定执行。职业病病人除依法享有工伤社会保险外，依照有关民事法律，享有获得赔偿的权利的，有权向用人单位提出赔偿要求。职业病病人变动工作单位，其依法享有的待遇不变。用人单位发生分立、合并、解散、破产等情形的，应当对从事接触职业病危害作业的劳动者进行健康检查，并按照国家有关规定妥善安置职业病病人。

劳动者的劳动卫生保障权：

（1）获得职业卫生教育、培训的权利；

（2）获得职业健康检查、职业病诊疗、康复等职业病防治和服务的权利；

（3）了解工作场所产生或者可能产生的职业病危害因素、危害后果和应当采取的职业病防护措施的权利；

（4）要求用人单位提供符合防治职业病要求的职业病防护设施和个人职业病防护用品，改善工作条件的权利；

（5）对违反职业病防治法律、法规以及危及生命健康的行为提出批评、检举和控告的权利；

（6）拒绝违章指挥和强令进行导致职业病的作业的权利；

（7）参与用人单位职业卫生工作的民主管理，对职业病防治工作提出意见和建议的权利。

二、女职工和未成年工特殊保护

（一）女职工特殊保护的内容

职工的劳动方面的特殊保护，是指根据女职工身体结构、生理机能的特点、抚育子女的特殊需要以及性别歧视因素，在工作方面对妇女特殊权益的法律保障。

1988 年 7 月国务院发布的《女职工劳动保护规定》，是我国首次系统规定女职工劳动保护的专门法律。适用于中华人民共和国境内一切国家机关、人民团体、企业、事业单位的女职工。

1. 对女职工在劳动过程中的特殊保护

由于妇女的身体结构与生理机能与男子不同，有些作业环境会影响妇女安全和健康。《劳动法》第 59 条规定，禁止安排女职工从事矿山井下、国家规定的第 4 级体力劳动强度的劳动和其他禁忌从事的劳动。《女职工劳动保护规定》中规定，禁止安排女职工从事矿山、井下、国家规定的第 4 级体力劳动强度劳动和其他女职工禁忌从事的劳动。《女职工禁忌劳动范围的规定》规定女职工禁忌从事的劳动范围包括：矿山井下作业；森林业伐木、归楞及流放作业；《体力劳动强度分级》标准中第 4 级体力劳动强度的作业；建筑业脚手架的组装和拆除作业，以及电力、电信行业的高处高架线作业；连续负重（指每小时负重次数在 6 次以上）每次负重超过 20 千克，间断负重每次负重超过 25 千克的作业。

2. 对妇女生理机能变化过程中的保护

对妇女生理机能变化过程中的保护，一般是指女职工的经期、孕期、产期、哺乳期的保护。这种保护，不仅是对女职工本身，同时也是对下一代安全和健康的保护。

《女职工劳动保护规定》中规定，女职工在月经期间，不得安排从事高空、低温、冷水和国家规定的第 3 级体力劳动强度的劳动。《女职工禁忌劳动范围的规定》中规定了已婚待孕、已怀孕的女职工禁忌从事劳动范围是铅、汞、苯、镉等作业的场所属于《有毒作业分级》国家标准中的 3、4 级的作业。

产期保护是指女职工在生育期间的保护。《劳动法》第 62 条规定，女职工生育享受不少于 90 天的产假。女职工在产期之内，享受一定时期的生育假和生育待遇，生育期的保护，既包括正产，也包括小产（流产）。

哺乳期保护，是指对女职工哺乳其婴儿期间的保护。《劳动法》第 63 条规定，不得安排女职工在哺乳未满一周岁的婴儿期间从事国家规定的第 3 级体力劳动强度的劳动和哺乳期禁忌从事的其他劳动，不得安排其延长工作时间和夜班劳动。

3. 工作场所的"性骚扰"

"性骚扰"是指在工作中影响女性尊严、健康的带有性侵犯特征的行为或以性为基础的其他行为。它包括不受欢迎的肢体、语言和非语言行为。它更多的是指上司、老板对下属、雇员等弱势对象的性交换、性要挟和性攻击。性骚扰制造了一种侮辱性、威胁性的工作生活环境，使相关妇女的精神、身体受到极大损害。在过去的 30 多年里，美国、日本等发达国家普遍进行了性骚扰的立法和司法活动，而我国尚处于立法、司法的初级阶段。

《妇女权益保障法（2005 修正）》以及各地出台的实施妇女权益保障法办法做了原则性的规定，如第 40 条规定，禁止对妇女实施性骚扰。受害妇女有权向单位和有关机关投诉。

《浙江省实施〈中华人民共和国妇女权益保障法〉办法（2007）》第 33 条规定，禁止以肢体行为、语言、文字、图片、电子信息或者其他形式，对妇女实施性骚扰。受到性骚扰的妇女可以向公安机关、妇女联合会和所在单位投诉。有关部门和单位应当采取措施预防和制止对妇女的性骚扰。

案例 5-9

小路,23 岁,浙江某著名高校平面设计专业,于 2008 年 12 月 27 日下午 3：30 到解放路上杭州某商务大厦一家广告公司面试。在总经办,男面试官打开电脑给她看三级片,说是测试她心态够不够开放;之后又对她动手动脚,说是测试她面对工作压力能否调节。小卢愤然离去后向公安机关报案。警察经过初步侦查,认定违法人员是蓝某,遂进行传唤。蓝某因猥亵妇女被上城警方行政拘留。

问题：如何认定职场中的性骚扰行为?

（二）未成年工的特殊保护

未成年工的特殊保护是指根据未成年工的身体发育特点,以及接受教育的需要,对未成年工在劳动过程中特殊权益的保护。根据《劳动法》第 58 条和《未成年工特殊保护规定》第 2 条规定,未成年工是指年满 16 周岁未满 18 周岁的劳动者。

1. 未成年工禁忌从事工作的范围

在使用未成年工时用人单位不得安排其做一些有毒、高空、冷水、放射、高强度劳动作业等劳动,禁止安排未成年工从事矿山井下、林木采伐、国家规定的第 4 级体力劳动强度和其他禁忌从事的劳动;禁止安排他们加班加点。用人单位还应当对未成年工进行定期身体健康检查。对于医务部门证明其不能胜任原工作的,要减轻劳动量或安排其他劳动,保证和照顾他们的文化、技术学习和休息时间。

2. 未成年工健康检查制度

用人单位应对未成年工定期进行健康检查;按照未成年工健康检查表列出的项目检查;根据检查结果,对不能胜任原劳动岗位的,应根据医务部门的证明,予以减轻劳动量或安排其他岗位;未成年工的检查费用由用人单位承担。

3. 未成年工特殊保护登记制度

用人单位招收使用未成年工,除符合一般用工要求外,还须向所在地的县级以上劳动行政部门办理登记;劳动行政部门根据未成年工健康检查表、未成年工登记表,核发未成年工登记证;未成年工须持未成年工登记证上岗。未成年工上岗前用人单位应对其进行有关的职业安全卫生教育、培训;未成年工体检和登记,由用人单位统一办理和承担费用。

第五节 社会保险

一、社会保险概述

（一）社会保险和社会保险法

1. 社会保险

社会保险是指国家通过立法建立的,对劳动者在其生、老、病、死、伤、残、失业以及发生其他生活困难时,由国家通过强制立法建立的社会保障基金,帮助劳动者克服困难的一种物质帮助制度。

2. 社会保险法

社会保险法,是指调整社会保险关系的法律规范的总称。

(二) 社会保险法立法体系

我国社会保险法律制度体系由一系列法律、行政法规和部门规章构成的,如《国务院关于企业职工养老保险制度改革的决定》、《企业职工生育保险试行办法》、《劳动法》、《企业职工工伤保险试行办法》、《国务院关于建立统一的企业职工基本养老保险制度的决定》、《失业保险条例》、《工伤保险条例》、《企业年金试行办法》、《国务院关于完善企业职工基本养老保险制度的决定》等。通过这些社会保险立法,我国已经形成了养老、医疗、工伤、失业和生育五大社会保险的格局。统一的《社会保险法》立法经过 15 年的反复酝酿,现已经进入人大审议阶段,2009 年有望审议通过。

二、养老保险

养老保险,是指劳动者在因年老或病残而丧失劳动能力的情况下,退出劳动岗位,定期领取一定数额生活费用的一种社会保险制度。它为实现劳动者老有所养提供物质保障。

(一) 养老保险的享受条件

1. 退休年龄条件与退休工龄条件

(1) 退休年龄条件。我国关于退休年龄的规定,包括:① 一般退休年龄。男满 60 岁,女满 50 岁(工人)或 55 岁(职员)。② 提前退休年龄。国家公务员的提前退休年龄为,男 55 岁、女 50 岁;因从事井下、高空、高温、特别繁重体力劳动或其他有害身体健康工作的工人,男满 55 周岁,女满 45 周岁,连续工龄满 10 年;因病或非因工致残而完全丧失劳动能力的,由医院证明并经劳动鉴定委员会确认完全丧失劳动能力的,退休年龄为男满 50 周岁,女满 45 周岁。③ 延迟退休年龄。例如,高级专家经批准可延迟退休,但正职不超过 70 岁、副职不超过 65 岁。

(2) 退休工龄条件。① 职工退休一般需连续工龄满 10 年,但因工伤或职业病致残而完全丧失劳动能力的职工,退休可以不以连续工龄为限。② 国家公务员一般需连续工龄满 30 年,连续工龄满 30 年的提前退休不受年龄限制。

2. 退职条件

职工虽不符合退休条件但完全丧失劳动能力,也可以退出职务或工作岗位进行休养。在养老保险体系中,它作为退休的一种补充形式而存在。因工致残或因患有职业病而完全丧失劳动能力的,由医院证明并经劳动鉴定委员会确认完全丧失劳动能力的,尽管不具备退休条件,应当退休。

3. 离休条件

我国现行法规中规定的离休条件,包括年龄条件和身份条件两种。离休年龄与国家公务员退休年龄相同,同时具备新中国成立前参加革命工作的身份条件。

（二）养老保险的待遇

1. 退休待遇

退休待遇一般包括:退休金,从退休的第二个月起停发工资。每月按规定标准发给退休金,直至去世为止;医疗待遇和死亡待遇与在职职工相同;其他待遇,如异地安家补助费、异地安置车旅费、住房补贴;因物价上涨的生活补贴;冬季取暖补贴等,均按规定的标准执行。

2. 离休待遇

离休待遇,实行"基本政治待遇不变、生活待遇略为从优"的原则,其水平高于退休待遇。主要内容有:颁发离休干部荣誉证,提高干部级别;原工资照发,并每年按离休前标准工资增发一定月数的工资作为生活补贴费,还按规定标准每月加发补贴;享受公费医疗和司局级以上干部的保健医疗;按规定标准发给安置补助费和护理费;其他非生产性福利待遇与同级在职干部相同。

3. 退职待遇

退职待遇的水平低于退休待遇。其内容包括:按月发给相当于本人退职前基本工资一定比例的退职生活费,其数额不得低于国家规定的最低标准;医疗待遇和死亡待遇与在职职工相同。

（三）退休金的标准

退休金,即退休人员依法领取的生活费用。它是养老保险待遇的主要组成部分。为了保障退休人员的实际生活水平不致因物价上涨而绝对下降或者因工资水平提高而相对下降,社会保障待遇标准应该随着主要收入水平或生活费用的变化而重新调查调整。

（四）养老保险待遇的给付

养老保险待遇由保险人给付,其方式如下:

（1）养老金由社会保险经办机构从养老保险统筹基金和个人账户储存额中开支,一般按月发给,直至死亡;但对于连续工龄（或缴费工龄）较短者,可以在退休时一次性发给。被保险人死亡后,其个人账户中的余额,可由其供养亲属或其他法定继承人依法继承。

（2）医疗保险待遇所需费用的支付,按照医疗保险的有关规定执行。按照医疗保险制度改革的目标模式,应当按规定比率从医疗保险统筹基金和个人账户中支付,其余部分由个人负担,但个人负担部分应低于未退休者。

（3）其他养老保险待遇,一般由用人单位给付。

三、失业保险

失业保险,是指劳动者因失业而暂时失去劳动报酬期时,由国家和社会给予一定物质帮助,以保障其基本生活并促进其再就业的一种社会保险制度。

（一）享受失业保险待遇的条件

享受失业保险待遇的条件是：按照规定参加失业保险,所在单位和本人已按照规定履行缴费义务满 1 年的;非因本人意愿中断就业的;已办理失业登记,并有求职要求的。失业人员在领取失业保险金期间,按照规定同时享受其他失业保险待遇。

（二）失业保险待遇的内容、标准和支付

（1）依照法律规定,我国失业保险待遇的内容可分为两大类：① 以保障基本生活为目的的生活补助的项目,其中包括失业救济金;发生特殊生活困难者的困难补助金;患病者的医疗补助金;生育妇女的生育补助金;死亡者的丧葬补助金和一次性遗属抚恤金;等等。② 以促进再就业为目的的再就业服务项目,如转业训练、生产自救、职业介绍等。

（2）我国失业保险金的标准,按照低于当地最低工资标准,高于城市居民最低生活标准的水平发放。具体是：失业人员失业前所在单位和本人按照规定累计缴费时间满 1 年不足 5 年的,领取失业保险金的期限最长为 12 个月;累计缴费时间满 5 年不足 10 年的,领取失业保险金的期限最长为 18 个月;累计缴费时间 10 年以上的,领取失业保险金的期限最长为 24 个月。

失业人员在领取失业保险金期间死亡的,参照当地对在职职工的规定,对其家属一次性发给丧葬补助金和抚恤金。

四、工伤保险

工伤保险,是指依法对因工而致伤、疾病、残疾、死亡的劳动者或其供养的亲属给予物质帮助和经济补偿的一项社会保险制度。工伤保险实行无过错原则,即发生工伤事故,只要不是劳动者故意行为,无论受到伤害的劳动者是否有过失,都应该享受工伤保险待遇。

（一）工伤和职业病的认定

1. 工伤的范围

工伤,也称职业伤害,是指劳动者在生产、劳动过程中,因工作、执行职务行为或从事与生产劳动有关的活动,发生意外事故而受到的伤、残、亡或患职业病。

2004 年 1 月 1 日生效的行政法规《工伤保险条例》,规定了应当认定为工伤的几种情形：在工作时间和工作场所内,因工作原因受到事故伤害的;工作时间前后在工作场所内,从事与工作有关的预备性或者收尾性工作受到事故伤害的;在工作时间和工作场所内,因履行工作职责受到暴力等意外伤害的;患职业病的;因工外出期间,由于工作原因受到伤害或者发生事故下落不明的;在上下班途中,受到机动车事故伤害的;法律、行政法规规定应当认定为工伤的其他情形。规定了视同工伤的情形：在工作时间和工作岗位,突发疾病死亡或者在 48 小时之内经抢救无效死亡的;在抢险救灾等维护国家利益、公共利益活动中受到伤害的;

职工原在军队服役,因战、因公负伤致残,已取得革命伤残军人证,到用人单位后旧伤复发的。

不得认定为工伤或者视同工伤的几种情形:因犯罪或者违反治安管理伤亡的;醉酒导致伤亡的;自残或者自杀的。

案例 5-10

秦某在当地的一家私营企业工作,签订了两年劳动合同。2008 年 2 月 5 日下班后,秦某推着车子刚出厂门,就看到隔壁一家塑料厂的仓库内冒出浓烟,他意识到可能是仓库着了火,如果火势继续蔓延,将会危及本单位仓库材料的安全,他随即报警,并放下车子翻过围墙进行救火。最终,大火被扑灭,保障了本单位仓库的安全,但秦某却被烧伤。秦某要求按工伤处理,但厂方却认为秦某是帮塑料厂救的火,应由塑料厂赔偿。

问题:秦某受到伤害属于工伤吗?

2. 职业病的范围

职业病,是指劳动者在劳动过程中因接触职业危害因素所导致的疾病。职业病的产生是由于职业危险性和劳动安全卫生条件不符合标准所致,因此,用人单位应对职业病患者承担赔偿责任。所以,职业病也是工伤保险的保险事故。

职业病作为一种慢性伤害,在实践中比工伤更难认定。一般说来,各种职业都难免有一定有害因素,但具体存在何种有害因素以及有害因素的危害程度如何,均应以技术检测的结果为准,因而关于职业病的范围,各国均由有关法规直接规定或者授权政府特定部门具体确定。只有被列入法规或法定部门所规定职业病名单的疾病,才是法律上承认的职业病。我国现行的法定职业病范围,依《职业病范围和职业病患者处理办法的规定》、《职业病名单》、《职业病防治法》包括职业病中毒、尘肺、物理因素职业病、职业性传染病、职业性皮肤病和其他职业病等共 115 种。

3. 工伤的认定

(1)工伤事故赔偿责任认定的实质性条件。追究工伤事故赔偿责任须具备以下实质条件:劳动者与企业之间必须存在劳动关系;劳动者必须有人身损害事实;损害事实必须是在劳动者履行工作职责的过程中发生;事故与劳动者受到损害的事实之间必须存在因果关系;事故必须不是劳动者自己故意造成的。

(2)工伤事故赔偿责任认定的程序性条件。

① 申请。职工发生事故伤害或者按照职业病防治法规定被诊断、鉴定为职业病,所在单位应当自事故伤害发生之日或者被诊断、鉴定为职业病之日起 30 日内,向统筹地区劳动保障行政部门提出工伤认定申请。遇有特殊情况,经报劳动保障行政部门同意,申请时限可以适当延长。

用人单位未按前款规定提出工伤认定申请的,工伤职工或者其直系亲属、工会组织在事故伤害发生之日或者被诊断、鉴定为职业病之日起 1 年内,可以直接向用人单位所在地统筹地区劳动保障行政部门提出工伤认定申请。

提出工伤认定申请应当提交：工伤认定申请表、与用人单位存在劳动关系（包括事实劳动关系）的证明材料、医疗诊断证明或者职业病诊断证明书（或者职业病诊断鉴定书）等材料。

② 受理机构审查。工伤保险统筹地区劳动保障行政部门对工伤认定申请进行审查，如果申请人提供材料不完整的，劳动保障行政部门应当当场或者在 15 个工作日内以书面形式一次性告知工伤认定申请人需要补正的全部材料。如果申请人提供的申请材料完整，属于劳动保障行政部门管辖范围且在受理时效内的，应当受理。劳动保障行政部门受理或者不予受理的，应当书面告知申请人并说明理由。

③ 调查核实。劳动保障行政部门受理工伤认定申请后，根据需要可以对提供的证据进行调查核实，有关单位和个人应当予以协助。用人单位、医疗机构、有关部门及工会组织应当负责安排相关人员配合工作，据实提供情况和证明材料。

劳动保障行政部门在进行工伤认定时，对申请人提供的符合国家有关规定的职业病诊断证明书或者职业病诊断鉴定书，不再进行调查核实。职业病诊断证明书或者职业病诊断鉴定书不符合国家规定的格式和要求的，劳动保障行政部门可以要求出具证据部门重新提供。

职工或者其直系亲属认为是工伤，用人单位不认为是工伤的，由该用人单位承担举证责任。用人单位拒不举证的，劳动保障行政部门可以根据受伤害职工提供的证据依法作出工伤认定结论。

④ 出具工伤认定行政决定书并送达。劳动保障行政部门应当自受理工伤认定申请之日起 60 日内作出工伤认定决定。认定决定包括工伤或视同工伤的认定决定和不属于工伤或不视同工伤的认定决定。劳动保障行政部门应当自工伤认定决定作出之日起 20 个工作日内，将工伤认定决定送达工伤认定申请人以及受伤害职工（或其直系亲属）和用人单位，并抄送社会保险经办机构。

⑤ 不服认定决定书的，可以申请行政复议或行政诉讼。

4. 劳动能力的鉴定

劳动者发生工伤后，如果经过治疗后存在残疾，影响劳动能力的，应当进行劳动能力鉴定。省、自治区、直辖市劳动能力鉴定委员会和设区的市级劳动能力鉴定委员会负责本辖区劳动者劳动能力的鉴定。

（二）工伤保险待遇

依照规定，我国工伤保险待遇主要包括：

1. 工伤医疗的停工留薪期的待遇

职工因工作遭受事故伤害或者因患职业病需要暂停工作接受工伤医疗的，在停工留薪期内，原工资福利待遇不变，由所在单位按月支付。

停工留薪期一般不超过 12 个月。伤情严重或者情况特殊，经设区的市级劳动能力鉴定委员会确认，可以适当延长，但延长期不得超过 12 个月。工伤职工评定伤残等级后，停发原待遇，按照法律的有关规定享受伤残待遇。工伤职工在停工留薪期满后仍需治疗的，继续享受工伤医疗待遇。

生活不能自理的工伤职工在停工留薪期需要护理的,由所在单位负责。

2. **工伤致残待遇**

(1)生活自理障碍待遇标准。工伤职工已经评定伤残等级并经劳动能力鉴定委员会确认需要生活护理的,从工伤保险基金中按月支付生活护理费。

生活护理费按照生活完全不能自理、生活大部分不能自理或者生活部分不能自理3个不同等级支付,其标准分别为统筹地区上年度职工月平均工资的50%、40%或者30%。

(2)功能障碍待遇标准。劳动功能障碍分为十个伤残等级,最重为一级,最轻的为十级。根据劳动功能障碍伤残等级不同,享有不同的待遇标准。

3. **工亡待遇**

职工因工伤死亡,其直系亲属可以从工伤保险基金领取丧葬费补助金,供养亲属抚恤金和一次性工亡补助金。具体待遇是:

(1)丧葬补助金为6个月的统筹地区上年度职工月平均工资。

(2)供养亲属抚恤金按照职工本人工资的一定比例发给由因工死亡职工生前提供主要生活来源,无劳动能力的亲属。标准为:配偶每月40%,其他亲属每人每月30%,孤寡老人或者孤儿每人每月在上述标准的基础上增加10%。

(3)一次性工亡补助金标准为48个月至60个月的统筹地区上年度职工月平均工资。

五、医疗保险和生育保险

(一)医疗保险

医疗保险,是指劳动者患病或非因工负伤后,获得物质帮助的社会保险制度。医疗保险是医疗保障体系中的重要组成部分,由用人单位和劳动者个人双方负担、共同缴纳、地区统筹,保障广大参保人员的基本医疗需要。

1. **基本医疗保险的覆盖范围**

基本医疗保险费的征缴范围为:国有企业、城镇集体企业、外商投资企业、城镇私营企业和其他城镇企业及其职工,国家机关及其工作人员,事业单位及其职工,民办非企业单位及其职工,社会团体及其专职人员。

2. **基本医疗保险费的缴纳比例及缴费基数**

基本医疗保险费由用人单位和职工个人共同缴纳。用人单位和职工应当按时足额缴纳基本医疗保险费。用人单位缴费率应控制在职工工资总额的6%左右,职工个人缴费为职工工资总额的2%。随着经济发展,用人单位和职工缴费率可作相应调整。具体的缴费比例由各地根据当地情况确定。

基本医疗保险缴费基数。企业和个人基本医疗保险缴费基数与本养老保险缴费基数相同。

(二)生育保险

生育保险,是指保障女职工因怀孕和分娩而从社会上获得物质帮助的一种社会保险制度。生育保险待遇的主要项目有:

1. 产假

在我国,生育假期为 90 天(其中产前假 15 天),难产者增加 15 天,多胎生育者每多生一个婴儿增加 15 天,流产产假以怀孕时间长短区别,怀孕不满 4 个月流产者为 15~30 天,4 个月以上者为 42 天。

2. 生育津贴

在我国,在法定产假期间,停发工资,按月从生育保险基金中支付生育津贴,其标准为本单位上年度职工月平均工资。

3. 生育医疗待遇

我国规定,女职工生育的检查费、接生费、手术费、住院费和药费等医疗护理费用,因生育引起疾病的医疗费,以及采取避孕措施控制生育的费用,由生育保险基金支付;女职工生育出院后非因生育所引起的疾病的治疗,产假期满后的休息治疗,则按照医疗保险规定办理。

第六节 劳动争议处理

一、劳动争议概念和受案范围

(一)劳动争议概念

劳动争议,也称劳动纠纷或劳资纠纷,是指劳动法律关系的当事人,即用人单位和劳动者之间,因劳动权利义务的履行问题而发生的纠纷。

(二)受案范围

(1)根据《劳动争议调解仲裁法》规定,劳动争议处理的范围是:① 因确认劳动关系发生的争议;② 因订立、履行、变更、解除和终止劳动合同发生的争议;③ 因除名、辞退和辞职、离职发生的争议;④ 因工作时间、休息休假、社会保险、福利、培训以及劳动保护发生的争议;⑤ 因劳动报酬、工伤医疗费、经济补偿或者赔偿金等发生的争议;⑥ 法律、法规规定的其他劳动争议。

(2)下列纠纷不属于劳动争议:① 劳动者请求社会保险经办机构发放社会保险金的纠纷;② 劳动者与用人单位因住房制度改革产生的公有住房转让纠纷;③ 劳动者对劳动能力鉴定委员会的伤残等级鉴定结论或者对职业病诊断鉴定委员会的职业病诊断鉴定结论的异议纠纷;④ 家庭或者个人与家政服务人员之间的纠纷;⑤ 个体工匠与帮工、学徒之间的纠纷;⑥ 农村承包经营户与受雇人之间的纠纷。

属于劳动争议范围的劳动纠纷,可以依据劳动法进行处理,不属于劳动争议范围的纠纷,可以依据民事法律或其他相关法律解决。

二、劳动争议处理机构

（一）用人单位劳动争议调解委员会

企业劳动争议调解委员会由职工代表和企业代表组成。职工代表由工会成员担任或者由全体职工推举产生，企业代表由企业负责人指定。企业劳动争议调解委员会主任由工会成员或者双方推举的人员担任。用人单位劳动争议调解委员会在当地工会和当地劳动争议仲裁委员会的指导下，调解本企业劳动争议。

（二）劳动争议仲裁委员会

劳动争议仲裁委员会是国家授权，依法独立处理劳动争议的专门机构，由劳动行政部门、工会和用人单位共同组建，其中，劳动行政部门的代表在仲裁机构中居于首席地位。

（三）人民法院

《劳动法》第83条规定，劳动争议当事人对仲裁裁决不服的，可以自收到仲裁裁决书之日起15日内向人民法院提起诉讼。一方当事人在法定期限内不起诉又不履行仲裁裁决的，另一方当事人可以申请人民法院强制执行。这一规定确立了劳动争议可以由人民法院审理的原则。

三个劳动争议处理机构处理劳动争议时，其职责有以下界定：发生劳动争议，当事人不愿协商、协商不成或者达成和解协议后不履行的，可以向调解组织申请调解；不愿调解、调解不成或者达成调解协议后不履行的，可以向劳动争议仲裁委员会申请仲裁；对仲裁裁决不服的，除《劳动争议调解仲裁法》另有规定的外，可以向人民法院提起诉讼。

其中，另有规定指的是：追索劳动报酬、工伤医疗费、经济补偿或者赔偿金，不超过当地月最低工资标准12个月金额的争议；因执行国家的劳动标准在工作时间、休息休假、社会保险等方面发生的争议。针对这些劳动争议做出的仲裁裁决为终局裁决，裁决书自作出之日起发生法律效力。当然，如果劳动者对仲裁裁决不服或者用人单位有证据证明仲裁是不公正或违法的，还是可以提起诉讼的。

三、劳动争议的解决途径

（一）劳动争议和解

劳动争议和解，是指当事人双方自行协商，达成解决劳动争议的协议。以和解的方式处理劳动争议有利于构建和谐劳动关系，不会伤害彼此的感情，有利于纠纷的快速、彻底解决，也节省当事人的人力、财力和时间。

（二）调解程序

调解是特指用人单位劳动争议调解委员会的调解，它不涉及劳动争议仲裁程序和诉讼程序中的调解，也不包括人民调解委员会的一般调解和企业主管部门的行政调解。

调解委员会的调解,应当严格遵循自愿原则,即是否进行调解,由当事人双方自行决定,对任何一方不得强迫;不愿调解的,可直接申请仲裁;经调解是否达成协议,由当事人自愿,不得强加;调解协议的履行,也要靠当事人自觉,不得强制执行。

调解委员会调解劳动争议,一般应按照下列程序:

(1)当事人申请;

(2)审查和受理;

(3)调解。

(三)仲裁程序

我国处理劳动争议采取"仲裁前置"的原则,仲裁是处理劳动争议法定的必经程序,劳动争议必须先经过仲裁委员会仲裁,不服裁决才可以向人民法院提起诉讼,否则,人民法院将不予以受理。

仲裁包括以下程序:

1. 当事人申请仲裁

根据《劳动争议调解仲裁法》的规定,劳动争议申请仲裁的时效期间为一年。仲裁时效期间从当事人知道或者应当知道其权利被侵害之日起计算。同时,适用诉讼时效中止、中断的规定。对于劳动关系存续期间因拖欠劳动报酬发生争议的,劳动者申请仲裁不受一年仲裁时效期间的限制;但是,劳动关系终止的,应当自劳动关系终止之日起一年内提出。

仲裁申请书应当包括以下内容:① 职工当事人的姓名、职业、住址和工作单位;企业的名称、地址和法定代表人的姓名、职务。② 仲裁请求及所根据的事实和理由。③ 证据和证据来源、证人姓名和住所。书写仲裁申请确有困难的,可以口头申请,由劳动争议仲裁委员会记入笔录,并告知对方当事人。

2. 立案

劳动争议由劳动合同履行地或者用人单位所在地的劳动争议仲裁委员会管辖。双方当事人分别向劳动合同履行地和用人单位所在地的劳动争议仲裁委员会申请仲裁的,由劳动合同履行地的劳动争议仲裁委员会管辖。劳动争议仲裁机构主要审查受理范围、管辖权限、申诉方、申诉期限、申请要求以及必要的事实根据等问题。在审查的基础上,仲裁委员会作出是否受理的决定。

3. 仲裁

仲裁包括五个环节:

(1)仲裁的准备。

(2)调查取证。

(3)调解。仲裁庭对受理的劳动争议案应当先行调解。调解由仲裁人员主持,依照仲裁程序进行。经调解达成协议的,应当制作仲裁调解书。仲裁调解书送达后,即发生法律效力,任何一方当事人都不得反悔。双方必须按照调解书的内容严格履行;若一方当事人不履行,另一方当事人可申请人民法院强制执行。

但是,调解未达成协议,或仲裁调解书送达前当事人反悔的,仲裁庭应及时裁决。

（4）仲裁。如果经通知无正当理由拒不到场或未经仲裁委员会允许中途退场的,将产生下列法律后果:属申请人的,按撤诉处理;属被诉人的,可作缺席裁决。仲裁庭开庭裁决,可以根据案情选择以下程序:① 由书记员查明双方当事人、代理人及有关人员是否到庭,宣布仲裁员、书记员名单;② 告知当事人的申诉、申辩权利和义务,询问当事人是否申请回避并宣布案由;③ 听取申诉人的申诉和被诉人的答辩;④ 仲裁员以询问方式,对需要进一步了解的问题进行当庭调查,并征询双方当事人的最后意见;⑤ 不宜进行调解或调解达不成协议的,应及时休庭合议并作出裁决;⑥ 仲裁庭复庭,宣布仲裁裁决;⑦ 对仲裁庭难于作结论或需提交仲裁委员会决定的疑难案件,仲裁庭应当宣布延期裁决。

（5）制作裁决书。仲裁裁决书应写明以下内容:① 申诉人和被诉人的姓名、性别、年龄、民族、职业、工作单位和地址,单位名称、地址及法定代表人（或负责人）或代理人的姓名、职务。② 申诉的理由,争议的事实和要求。③ 裁决认定的事实、理由和适用的法律、法规。④ 裁决的结果及费用的负担。⑤ 不服裁决,向人民法院起诉的期限。

4. 送达

仲裁裁决书制成后,应当在规定的期限内送达。送达分三种方式:① 直接送达,即将仲裁文书直接送交受送达人;本人不在的,交其成年亲属签收;受送达人已向仲裁委员会指定代收人的,交代收人签收;受送达人方是企业或单位的,可以交其负责收件人签收。若受送达人拒绝接受仲裁文书的,送达人应邀请有关组织的代表或其他在场的人,说明情况,在送达回执上证明拒收事由和日期,由送达人、见证人签名或盖章,把仲裁文书留在受送达人的住所,即视为送达。② 邮寄送达。是对直接送达仲裁文书有困难的采取的一种送达方式。邮寄送达以挂号查询回执上注明的收件日期为送达日期。③ 公告送达。因受送达人下落不明而采取一种送达方式,公告送达自发出公告之日起,经过 30 日,即视为送达。

（四）诉讼程序

诉讼程序并非劳动争议处理中的必经程序,只有当劳动争议当事人不服仲裁裁决,到人民法院起诉,该程序才会启动。

人民法院统一行使国家审判权,一切劳动争议案件,除因追索劳动报酬、工伤医疗费、经济补偿或者赔偿金,不超过当地月最低工资标准 12 个月金额的争议或因执行国家的劳动标准在工作时间、休息休假、社会保险等方面发生的争议而作出的仲裁裁决外,均可以人民法院的审判为最终处理方式。

当事人对仲裁裁决不服的,自收到裁决书之日起 15 日内,可以向人民法院起诉。人民法院审理劳动争议案件的条件是:① 起诉人必须是劳动争议的当事人。当事人因故不能亲自起诉的,可以直接委托代理人起诉,其他人未经委托无权起诉。② 必须是不服劳动争议仲裁委员会仲裁而向人民法院起诉,未经仲裁程序不得直接向人民法院起诉。③ 必须有明确的被告、具体的诉讼请求和事实根据。不得将仲裁委员会作为被告向人民法院起诉。④ 提起诉讼的时间,必须是在法律规定的期限内,即收到仲裁裁决书之日起 15 日内起诉,否则人民法院不予受理。⑤ 起诉必须向有管辖权的人民法院提出，一般应向仲裁委员会所在地人民法院起诉。

思考与练习

一、有问有答

1. 劳动合同应具有哪些条款？

2. 劳动合同的解除有哪些情形？

3. 用人单位提前解除劳动合同的条件和程序是什么？

4. 企业裁员的条件是什么？

5. 我国对于劳动者休息制度是如何规定的？

6. 企业安排劳动者加班加点应遵守哪些规定？

7. 请举例说明我国现行法律是如何计算加班加点工资的？

8. 劳动安全的主要内容有哪些？

9. 什么是社会保险？社会保险的特征是什么？

10. 如何认定工伤范围？

11. 追究工伤赔偿责任的实质性条件和程序性条件是什么？

12. 劳动争议的解决途径有哪些？试述劳动争议仲裁和劳动争议诉讼有什么关系？

二、案例分析

李某从单位辞职后在一家大酒店做中餐厅厨师，酒店为他办了各项社会保险。2005 年 1 月 15 日，李某从酒店下班，驱车返家途中被一辆同向行驶的轿车撞上，身受重伤。交警部门经勘查认定，李某应负事故的主要责任。由于伤势过重，治疗后，李某基本失去了生活自理能力。因为李某在这次交通事故中因"负事故的主要责任"，酒店老板认为"不属于工伤"，事故后一直没向当地劳动保障部门申报。2006 年 1 月 16 日，李某向万宁市人事劳动保障局提出申请，要求对他当年的事故认定为工伤。2006 年 2 月，万宁市人事劳动保障局作出结论，认定其在此次交通事故中受的损伤不属于工伤，并且申请认定工伤 1 年时效已经届满，作出不予认定的决定。李某不服，向海南省人事劳动保障厅申请行政复议。省人事劳动保障厅复议后维持了万宁市人事劳动保障局的决定。

问题：（1）李某受到的伤害属于工伤吗？申请工伤认定有没有逾期？

（2）两级劳动行政部门作出不予认定工伤的决定，李某可通过什么途径维护自己权益？

（3）如果李某被认定为工伤，工伤待遇应当由谁支付？

能力训练

调查酒店在用工中还存在哪些不符合劳动法律法规的地方，并给出改进措施。

第六章 酒店管理法律制度

案例导入

案例 6-1

成帅酒店于 2001 年 10 月开始营业。为了能多盈利,老板成某未经消防部门审批,擅自对酒店内部消防设施进行改造,将酒店三楼走道通往应急疏散楼道处改造成一棋牌室,同时安装了房门;将四楼通往应急疏散楼道的过道改成客房,并将后门改成窗户,后又加装了防盗窗。2006年,成某购置一台电脑放于总台处,用于住宿旅客信息登记与传输。电脑长时间开机,但酒店疏于对电脑的日常维护管理。2008 年 2 月 15 日凌晨 1 点 50 分,电脑主机起火引发火灾,导致住在该酒店的 11 人死亡,4 人受伤。成某的女儿也不幸身亡,妻子被烧成重伤。

问题: 1. 找出成帅酒店存在哪些安全上的隐患?

2. 该酒店有可能违反了哪个法律规定?

3. 作为酒店老板,需要承担什么责任?

理论知识

第一节　酒店的治安管理

一、酒店治安管理概述

治安好,酒店业兴,这是人所共知的道理。改革开放以来,我国酒店业有了很大的发展,社会安定、治安良好、客人有安全感是酒店业发展的基本条件之一。因此,酒店业治安状况的好坏,对酒店业的发展至关重要。为此,我国十分重视酒店业的治安管理。1987 年 11 月 10 日,公安部发布了《旅馆业治安管理办法》(以下简称《办法》),这是我国酒店业治安管理的行政法规,也是我国酒店业健康发展的一个法制保障。

二、开办酒店的治安管理

酒店的治安管理关系到酒店企业的正常经营,以及旅客的生命财产安全。开办酒店,其房屋建筑、消防设备、出入口和通道等,必须符合消防治安法规的有关规定,并且要具备必要的防盗安全设施。申请开办酒店应经主管部门审查批准,经当地公安机关签署意见,向工商行政管理部门申请登记,领取营业执照后,才可以开业。经批准开业的酒店,如有歇业、转业、合并、迁移、改变名称等情况,应当在工商行政管理部门办理变更登记后 3 日内,向当地公安机关备案。

三、酒店经营中的治安管理

酒店经营,必须遵守国家的法律,建立各项安全管理制度,设置治安保卫组织或者指定安全人员。酒店接待旅客住宿必须登记,查验旅客的身份证件,并要求旅客按规定的项目如实登记。在接待境外旅客住宿时,除了要履行上述查验身份证件、如实登记规定项目外,酒店还应当在 24 小时内向当地公安机关报送住宿登记表。

旅客住店时,往往都随身携带一些财物。为了保障旅客的安全,减少失窃被盗等治安案件的发生,酒店必须设置旅客财物保管箱、保管柜或保管室、保险柜,指定专人负责保管工作。对旅客寄存的财物,要建立严格完备的登记、领取和交接制度,以减少因旅客财物丢失造成旅客与酒店之间纠纷的发生。

酒店对旅客遗留的物品,应当加以妥善保管,并设法将遗留物品归还原主;如果遗留物品客人不明,则应当揭示招领。经揭示 3 个月后仍然无人认领的,则应当登记造册,送当地公安机关按拾到遗留物品处理。对于旅客遗留物品中的违禁物品和可疑物品,酒店应当及时报告公安机关处理。同时,酒店在经营中,如果发现旅客将违禁的易燃、易爆、剧毒、腐蚀性和放射性等危险物品带入酒店,必须加以制止并及时报告公安机关处理,以避免安全事故的发生。公安机关对违禁将上述危险物品带入酒店的旅客,可以依照《治安管理处罚条例》有关的规定,予以行政处罚。如果因此造成重大事故、造成严重后果并构成犯罪的,由司法机关依法追究其刑事责任。

四、酒店娱乐场所的治安管理

娱乐场所是指向公众开放的、消费者自娱自乐的营业性歌舞、游艺等场所。其经营宗旨是丰富人民群众文明、健康的娱乐生活,促进社会主义精神文明建设。其经营方向是坚持为人民服务、为社会主义服务,开展文明、健康的娱乐活动。

《娱乐场所管理条例》已经 2006 年 1 月 18 日国务院第 122 次常务会议通过,自 2006 年 3 月 1 日起施行;1999 年 3 月 26 日国务院发布的《娱乐场所管理条例》同时废止。

(一)娱乐场所的设立、变更

1. 娱乐场所的设立

设立娱乐场所,应当向所在地县级人民政府文化主管部门提出申请;设立中外合资经营、中外合作经营的娱乐场所,应当向所在地省、自治区、直辖市人民政府文化主管部门提出申请。外国投资者可以与中国投资者依法设立中外合资经营、中外合作经营的娱乐场所,不得设立外商独资经营的娱乐场所。

申请设立娱乐场所,应当提交投资人员、拟任的法定代表人和其他负责人身份资料。

有下列情形之一的人员,不得开办娱乐场所或者在娱乐场所内从业。

(1)曾犯有组织、强迫、引诱、容留、介绍卖淫罪,制作、贩卖、传播淫秽物品罪,走私、贩卖、运输、制造毒品罪,强奸罪,强制猥亵、侮辱妇女罪,赌博罪,洗钱罪,组织、领导、参加黑社会性质组织罪的;

(2)因犯罪曾被剥夺政治权利的;

(3)因吸食、注射毒品曾被强制戒毒的;

(4)因卖淫、嫖娼曾被处以行政拘留的。

娱乐场所不得设在下列地点:

(1)居民楼、博物馆、图书馆和被核定为文物保护单位的建筑物内;

(2)居民住宅区和学校、医院、机关周围;

(3)车站、机场等人群密集的场所;

(4)建筑物地下一层以下;

(5)与危险化学品仓库毗连的区域。

娱乐场所的边界噪声,应当符合国家规定的环境噪声标准。

娱乐场所的使用面积,不得低于国务院文化主管部门规定的最低标准;设立含有电子游戏机的游艺娱乐场所,应当符合国务院文化主管部门关于总量和布局的要求。

受理申请的文化主管部门应当就书面声明向公安部门或者其他有关单位核查,公安部门或者其他有关单位应当予以配合;经核查属实的,文化主管部门应当依法进行实地检查,做出决定。予以批准的,颁发娱乐经营许可证,并根据国务院文化主管部门的规定核定娱乐场所容纳的消费者数量;不予批准的,应当书面通知申请人并说明理由。

有关法律、行政法规规定需要办理消防、卫生、环境保护等审批手续的,从其规定。

文化主管部门审批娱乐场所应当举行听证。

申请人取得娱乐经营许可证和有关消防、卫生、环境保护的批准文件后,方可到工商行政管理部门依法办理登记手续,领取营业执照。娱乐场所取得营业执照后,应当在 15 日内向所在地县级公安部门备案。

2. 娱乐场所的变更

娱乐场所改建、扩建营业场所或者变更场地、主要设施设备、投资人员,或者变更娱乐经营许可证载明的事项的,应当向原发证机关申请重新核发娱乐经营许可证,并向公安部门备案;需要办理变更登记的,应当依法向工商行政管理部门办理变更登记。

(二) 娱乐场所活动内容和形式

1. 娱乐场所活动内容

禁止娱乐场所内的娱乐活动含有下列内容。

(1) 违反宪法确定的基本原则的;

(2) 危害国家统一、主权或者领土完整的;

(3) 危害国家安全,或者损害国家荣誉、利益的;

(4) 煽动民族仇恨、民族歧视,伤害民族感情或者侵害民族风俗、习惯,破坏民族团结的;

(5) 违反国家宗教政策,宣扬邪教、迷信的;

(6) 宣扬淫秽、赌博、暴力以及与毒品有关的违法犯罪活动,或者教唆犯罪的;

(7) 违背社会公德或者民族优秀文化传统的;

(8) 侮辱、诽谤他人,侵害他人合法权益的;

(9) 法律、行政法规禁止的其他内容。

娱乐场所及其从业人员不得实施下列行为,不得为进入娱乐场所的人员实施下列行为提供条件:

(1) 贩卖、提供毒品,或者组织、强迫、教唆、引诱、欺骗、容留他人吸食、注射毒品;

(2) 组织、强迫、引诱、容留、介绍他人卖淫、嫖娼;

(3) 制作、贩卖、传播淫秽物品;

(4) 提供或者从事以营利为目的的陪侍;

(5) 赌博;

（6）从事邪教、迷信活动；

（7）其他违法犯罪行为。

2. 娱乐场所的形式要求

歌舞娱乐场所应当在营业场所的出入口、主要通道安装闭路电视监控设备并正常运转。歌舞娱乐场所应当将闭路电视监控录像资料留存 30 日备查，不得删改或者挪作他用。

歌舞娱乐场所的包厢、包间内不得设置隔断，并应当安装展现室内整体环境的透明门窗。包厢、包间的门不得有内锁装置。营业期间，歌舞娱乐场所内亮度不得低于国家规定的标准。

娱乐场所使用的音像制品或者电子游戏应当是依法出版、生产或者进口的产品。歌舞娱乐场所播放的曲目和屏幕画面以及游艺娱乐场所的电子游戏机内的游戏项目，不得含有法律禁止的内容；歌舞娱乐场所使用的歌曲点播系统不得与境外的曲库链接。

游艺娱乐场所不得设置具有赌博功能的电子游戏机机型、机种、电路板等游戏设施设备，不得以现金或者有价证券作为奖品，不得回购奖品。

娱乐场所的法定代表人或者主要负责人应当对娱乐场所的消防安全和其他安全负责。娱乐场所应当确保其建筑、设施符合国家安全标准和消防技术规范，定期检查消防设施状况，并及时维护、更新。娱乐场所应当制定安全工作方案和应急疏散预案。营业期间，娱乐场所应当保证疏散通道和安全出口畅通，不得封堵、锁闭疏散通道和安全出口，不得在疏散通道和安全出口设置栅栏等影响疏散的障碍物。娱乐场所应当在疏散通道和安全出口设置明显指示标志，不得遮拦、覆盖指示标志。

任何人不得非法携带枪支、弹药、管制器具或者携带爆炸性、易燃性、毒害性、放射性、腐蚀性等危险物品和传染病病原体进入娱乐场所。迪斯科舞厅应配备安全检查设备，对进入营业场所的人员进行安全检查。娱乐场所应当在营业场所的大厅、包厢、包间内的显著位置悬挂含有禁毒、禁赌、禁止卖淫嫖娼等内容的警示标志、未成年人禁入或者限入标志。标志应当注明公安部门、文化主管部门的举报电话。

歌舞娱乐场所不得接纳未成年人。除国家法定节假日外，游艺娱乐场所设置的电子游戏机不得向未成年人提供。娱乐场所不得招用未成年人；招用外国人的，应当按照国家有关规定为其办理外国人就业许可证。娱乐场所应当建立营业日志，记载营业期间从业人员的工作职责、工作时间、工作地点；营业日志不得删改，并应当保存 60 日备查。

每日凌晨 2 时至上午 8 时，娱乐场所不得营业。娱乐场所提供娱乐服务项目和出售商品，应当明码标价，并向消费者出示价目表；不得强迫、欺骗消费者接受服务、购买商品。

娱乐场所应当建立巡查制度，发现娱乐场所内有违法犯罪活动的，应当立即向所在地县级公安部门、县级人民政府文化主管部门报告。

（三）对娱乐场所的监管

文化主管部门、公安部门和其他有关部门的工作人员依法履行监督检查职责时，有权进入娱乐场所。娱乐场所应当予以配合，不得拒绝、阻挠。

文化主管部门、公安部门和其他有关部门的工作人员依法履行监督检查职责时，需要查阅闭路电视监控录像资料、从业人员名簿、营业日志等资料的，娱乐场所应当及时提供。

文化主管部门、公安部门和其他有关部门应当记录监督检查的情况和处理结果。监督检查记录由监督检查人员签字归档。公众有权查阅监督检查记录。

文化主管部门、公安部门和其他有关部门应当建立娱乐场所违法行为警示记录系统；对列入警示记录的娱乐场所，应当及时向社会公布，并加大监督检查力度。

文化主管部门、公安部门和其他有关部门应当建立相互间的信息通报制度，及时通报监督检查情况和处理结果。

任何单位或者个人发现娱乐场所内有违法行为的，有权向文化主管部门、公安部门等有关部门举报。文化主管部门、公安部门等有关部门接到举报，应当记录，并及时依法调查、处理；对不属于本部门职责范围的，应当及时移送有关部门。

上级人民政府文化主管部门、公安部门在必要时，可以依法调查、处理由下级人民政府文化主管部门、公安部门调查、处理的案件。下级人民政府文化主管部门、公安部门认为案件重大、复杂的，可以请求移送上级人民政府文化主管部门、公安部门调查、处理。

文化主管部门、公安部门和其他有关部门及其工作人员有违法行为的，任何单位或者个人可以向依法有权处理的本级或者上一级机关举报。接到举报的机关应当依法及时调查、处理。

娱乐场所行业协会应当依照章程的规定，制定行业自律规范，加强对会员经营活动的指导、监督。

五、公安机关对酒店治安的管理职责

公安机关是酒店业治安的主管部门，依法负有以下职责：

(1) 指导、监督酒店建立各项安全管理制度和落实安全防范措施；

(2) 协助酒店对工作人员进行安全业务知识的培训；

(3) 依法惩办侵犯酒店和旅客合法权益的违法犯罪分子。

公安人员到酒店执行公务时，应当出示证件，严格依法办事，要文明礼貌待人，维护酒店的正常经营和旅客的合法权益。酒店工作人员和旅客应当予以协助，同心协力，共同维护和搞好旅游酒店业的治安管理工作。

第二节 酒店的消防管理

一、酒店消防安全管理法律制度概述

新中国成立以来，我国政府颁布了大量的消防法规和政策。早在 1957 年就颁布了《消防监督条例》。1984 年 5 月 13 日颁布了《中华人民共和国消防条例》,同年 3 月 12 日还颁布了《古建筑消防管理规则》。1986 年 6 月颁布了《高层建筑消防管理规则》。1998 年 4 月《中华人民共和国消防法》(以下简称《消防法》)正式颁布,进一步阐明消防工作的方针和原则,明确消防工作贯彻预防为主,防消结合的方针,坚持专门机关与群众相结合的原则,实行防火责任制。2009 年 5 月 1 日,重新修订后的《消防法》施行。

二、酒店消防安全管理制度

(一) 酒店行政管理部门的消防管理职责

酒店的消防管理要贯彻"预防为主,防治结合"的方针,本着自防自救的原则,实行严格管理和科学管理。

酒店行政主管部门要在自己的职责范围内,贯彻执行消防法规,对本系统、本行业的消防工作实施监督管理,组织防火安全检查,整改火险隐患,加强防火、灭火、逃生自救等消防安全常识教育培训,督促整改火灾隐患,保障消防安全。

(二) 酒店企业的消防管理责任

《机关、团体、企业、事业单位消防安全管理规定》第 4 条明确规定,法人单位的法定代表人或者非法人单位的主要负责人是单位的消防安全责任人,对本单位的消防安全工作全面负责。酒店企业的消防安全责任人应当履行下列消防安全职责:

(1) 贯彻执行消防法规,保障单位消防安全符合规定,掌握本单位的消防安全情况;

(2) 将消防工作与本单位的生产经营、管理等活动统筹安排,批准实施年度消防工作计划;

(3) 为本单位的消防安全提供必要的经费和组织保障;

(4) 确定逐级消防安全责任,批准实施消防安全制度和保障消防安全的操作规程;

(5) 组织防火检查,督促落实火灾隐患整改,及时处理涉及消防安全的重大问题;

(6) 根据消防法规的规定,建立专职消防队、义务消防队;

(7) 组织制定符合本单位实际的灭火和应急疏散预案,并实施演练。

(三) 酒店消防管理制度的内容

按照《机关、团体、企业、事业单位消防安全管理规定》要求,单位应当按照国家有关规定,结合本单位的特点,建立健全各项消防安全制度和保障消防安全的操作规程,并公布执行。

单位消防安全制度主要包括一下内容:消防安全教育、培训;防火巡查、检查;安全疏散设施管理;消防(控制室)值班;消防设施、器材维护管理;火灾隐患整改;用火、用电安全管理;易燃易爆危险物品管理和场所防火防爆;专职和义务消防队的组织管理;灭火和应急疏散预案演练;燃气和电气设备的检查和管理(包括防雷、防静电);消防安全工作考评和奖惩;其他必要的消防安全内容。

（四）重点场所的消防安全管理

宾馆、饭店、商场、公共娱乐场所等公众聚集场所（以下统称公众聚集场所）是旅游行业开展旅游活动的重点和经常性场所，属于消防安全重点单位的应当实行严格管理。按照《公安部关于实施〈机关、团体、企业、事业单位消防安全管理规定〉有关问题的通知》提出的界定标准，客房数在 50 间以上的宾馆、建筑面积在 200 平方米以上的公共娱乐场所等都属于消防安全重点单位。重点场所的消防安全管理内容如下：

1. 健全消防安全管理机构，明确管理责任

消防安全重点单位及其消防安全责任人、消防安全管理人应当报当地公安消防机构备案。消防安全重点单位应当设置或者确定消防工作的归口管理职能部门，并确定专职或者兼职的消防管理人员。归口管理职能部门和专兼职消防管理人员在消防安全责任人或者消防安全管理人的领导下开展消防安全管理工作。

2. 须具备消防安全条件且检查合格后方可开业

公众聚集场所应当在具备下列消防安全条件后，向当地公安消防机构申报进行消防安全检查，经检查合格后方可开业使用。

（1）依法办理建筑工程消防设计审核手续，并经消防验收合格；

（2）建立健全消防安全组织，消防安全责任明确；

（3）建立消防安全管理制度和保障消防安全的操作规程；

（4）员工应当经过消防安全培训，至少每半年进行一次，培训的内容包括组织、引导在场群众疏散的知识和技能；

（5）建筑消防设施齐全、完好有效；

（6）制定灭火和应急疏散预案，至少每半年进行一次演练。

3. 要宣传消防知识

公众聚集场所在营业、活动期间，应当通过张贴图画、广播、闭路电视等向公众宣传防火、灭火、疏散逃生等常识。

4. 改造、扩建和室内装修工程应遵守消防安全规定

宾馆、饭店和餐饮、娱乐场所的改造、扩建和室内装修工程，要认真执行国家有关消防技术规范和消防管理规章，采用非燃或难燃材料，并经公安消防监督部门审核、验收。要按照有关电气安全规程的规定，定期对电气设备、开关、线路、照明灯具、镇流器等进行检查，凡不符合安全防火要求的，要及时维修和更换。

三、与酒店有关的消防管理具体要求

（1）高层建筑的防火设计图纸，必须经当地公安消防监督机关审核批准，方可交付施工，施工不得擅自变更防火设计内容，确需变更的，必须经当地公安消防监督机关批准。

（2）高层建筑的高级宾馆、饭店和医院病房楼的室内装修，应当采用非燃或难燃材料。

（3）餐厅、舞厅、酒吧间以及游乐场、礼堂、剧院和体育馆等公共场所,必须按额定人数售票,场内不准超员。

（4）居住宾馆、饭店的旅客不得将易燃易爆化学物品带入建筑物内;宾馆、饭店的客房内,不得使用电炉、电熨斗、电烙铁等电热器具,在客房内,不得安装复印机、打字机等办公设备,确因工作需要,应经消防安全机构审批。

（5）建筑物内的走道、楼梯、出口等部位,要经常保持畅通,严禁堆放物品,疏散标志和指示灯要保持完整好用。

（6）高级宾馆和饭店要设有与附近公安消防队直通的火警电话,宾馆、饭店各楼层服务台的值班人员,在火灾紧急情况,必须负责引导住客迅速安全转移,客房内应有安全疏散路线指导图。

（7）餐厅、各楼层服务台、走道等应当配置相应种类的轻便灭火器材,宾馆、饭店的各楼层宜配备供住客自救用的安全门或缓降器、软梯、救生袋等避难救生器具等等。

四、消防灭火救援管理制度

（1）各单位应设有与附近公安消防队直通的火警电话。

（2）任何人发现火灾时,都应当立即报警,任何单位和个人都应当无偿为报警提供方便,不得阻挠报警,严禁谎报火警。

（3）公共场所发生火灾时,该公共场所的现场工作人员有责任引导在场群众疏散。

（4）发生火灾的单位必须立即组织力量扑救火灾,邻近单位应当给予支援。

（5）对因参加救火受伤、致残或者死亡的人员,按照国家有关规定给予医疗和抚恤。

（6）各单位应定期总结消防工作,对成绩突出的集体和个人给予奖励。

五、违反酒店消防管理的处罚

凡有下列情形之一的,情节较轻的,由经营或使用单位给予经济处罚、行政纪律处分;情节严重的,由公安机关依照治安管理处罚条例的有关规定给予处罚;构成犯罪的,依法追究刑事责任。

（1）擅自将消防设备、器材挪作他用或损坏的;

（2）违反消防法规和制度的;

（3）对存在火险隐患拒不整改的;

（4）造成火灾事故的直接责任人;

（5）贯彻消防法规不力,管理不严或因玩忽职守而引起火灾事故的单位领导人。

第三节　酒店的食品安全管理

一、食品安全管理法律制度概述

（一）食品安全

食品，指各种供人食用或者饮用的成品和原料以及按照传统既是食品又是药品的物品，但是不包括以治疗为目的的物品。

食品安全，指食品无毒、无害，符合应当有的营养要求，对人体健康不造成任何急性、亚急性或者慢性危害。

（二）食品安全标准

根据《食品安全法》的规定，食品安全标准应当包括下列内容：

（1）食品、食品相关产品中的致病性微生物、农药残留、兽药残留、重金属、污染物质以及其他危害人体健康物质的限量规定。

（2）食品添加剂的品种、使用范围、用量。

（3）专供婴幼儿和其他特定人群的主辅食品的营养成分要求。

（4）对与食品安全、营养有关的标签、标识、说明书的要求。

（5）食品生产经营过程的卫生要求。

（6）与食品安全有关的质量要求。

（7）食品检验方法与规程。

（8）其他需要制定为食品安全标准的内容。

（三）制定《食品安全法》的重要意义

近年来，随着经济社会快速发展，食品安全出现了一些新情况、新问题，不少食品存在安全隐患，食品安全事故不断，食品安全问题仍然比较突出，引起了党中央、国务院的高度重视和全社会的广泛关注。全面解决我国食品安全问题，必须从法制、体制、机制等方面建立起长效的食品安全治理体系，因此制定《食品安全法》有着十分重要的意义：

（1）制定《食品安全法》是贯彻落实科学发展观，构建以人为本的和谐社会的具体体现，是保证公众身体健康和生命安全的需要。

（2）制定《食品安全法》是加强社会领域立法，完善我国食品安全法律体系，形成适应经济社会发展的预防为主、管理科学、责任明确、综合治理的现代食品安全监管制度的需要。

（3）制定《食品安全法》是促进我国食品工业和食品贸易发展的需要。

二、《食品安全法》的具体内容

《食品安全法》共分 10 章 104 条，内容包括总则、食品安全风险监测和评估、食品安全标准、食品生产经营、食品检验、食品进出口、食品安全事故处置、监督管理、法律责任、附则。食品安全法自 2009 年 6 月 1 起施行。

（一）明确了《食品安全法》的适用范围

《食品安全法》第 2 条明确规定下列活动为该法调整范围：

（1）食品生产和加工（以下称食品生产），食品流通和餐饮服务（以下称食品经营）。

（2）食品添加剂的生产经营。

（3）用于食品的包装材料、容器、洗涤剂、消毒剂和用于食品生产经营的工具、设备（以下称食品相关产品）的生产经营。

（4）食品生产经营者使用食品添加剂、食品相关产品。

（5）对食品、食品添加剂和食品相关产品的安全管理。

食用农产品则遵守《中华人民共和国农产品质量安全法》的规定监管。但是，制定有关食用农产品的质量安全标准、公布食用农产品安全有关信息，应当遵守本法的有关规定。

保健食品则在《食品安全法》第 51 条明确，其具体管理办法由国务院规定。

同时，该法还在附则的第 99 条，对食品、食品添加剂、用于食品的包装材料和容器、用于食品生产经营的工具、设备、用于食品的洗涤剂、消毒剂等用语的含义，进行了法律解释。

（二）确立了食品安全监管体制

（1）对国务院有关食品安全监管部门的职责进行明确界定。国务院质量监督、工商行政管理和国家食品药品监督管理部门依照《食品安全法》和国务院规定的职责，分别对食品生产、食品流通、餐饮服务活动实施监督管理。国务院卫生行政部门承担食品安全综合协调职责，负责食品安全风险评估、食品安全标准制定、食品安全信息公布、食品检验机构的资质认定条件和检验规范的制定，组织查处食品安全重大事故。

（2）在县级以上地方人民政府层面，进一步明确工作职责，理顺工作关系。县级以上地方人民政府统一负责、领导、组织、协调本行政区域的食品安全监督管理工作，建立健全食品安全全程监督管理的工作机制；统一领导、指挥食品安全突发事件应对工作；完善、落实食品安全监督管理责任制，对食品安全监督管理部门进行评议、考核。县级以上地方人民政府依照本法和国务院的规定确定本级卫生行政、农业行政、质量监督、工商行政管理、食品药品监督管理部门的食品安全监督管理职责。有关部门在各自职责范围内负责本行政区域的食品安全监督管理工作。按照食品安全法规定，实行省以下垂直领导的质监部门应当在所在地人民政府的统一组织、协调下，依法做好食品安全监督管理工作。

（3）为防止各食品安全监管部门各行其是、工作不衔接，《食品安全法》规定县级以上卫生行政、农业行政、质量监督、工商行政管理、食品药品监督管理部门应当加强沟通、密切配合，按照各自的职责分工，依法行使职权，承担责任。

（4）为了使食品安全监管体制运行更加顺畅，《食品安全法》规定，国务院设立食品安全委员会，其工作职责由国务院规定。

（5）《食品安全法》授权国务院根据实际需要，可以对食品安全监督管理体制作出调整。

（三）质监部门职责

1. 负责食品生产许可

我国对食品生产经营实行许可制度。从事食品生产应当依法取得食品生产许可。县级以上质监部门依照《行政许可法》的规定,审核申请人提交的相关资料,必要时对申请人的生产经营场所进行现场核查;对符合规定条件的,决定准予许可;对不符合规定条件的,决定不予许可并书面说明理由。

国家对食品添加剂的生产实行许可制度。申请食品添加剂生产许可的条件、程序,按照国家有关工业产品生产许可证管理的规定执行。

食品生产经营者在本法施行前已经取得相应许可证的,该许可证继续有效。

2. 食品安全履行风险评估通报、建议、监管职责

《食品安全法》的亮点之一就是食品安全风险监测和评估。该法也对质检系统在该项工作中的具体职责进行了明确规定。一是获知有关食品安全风险信息后,应当立即向国务院卫生行政部门通报;二是应当向国务院卫生行政部门提出食品安全风险评估的建议,并提供有关信息和资料;三是当食品安全风险评估结果得出食品不安全结论的,应当依据职责范围立即采取相应措施,确保该食品停止生产,并告知消费者停止食用。

3. 提供食品安全标准编号

《食品安全法》规定,食品安全国家标准由国务院卫生行政部门负责制定、公布,由国家标准化管理委员会提供国家标准编号。该法还规定,食品安全标准是强制执行的标准。除食品安全标准外,不得制定其他的食品强制性标准。国务院卫生行政部门应对现行的食用农产品质量安全标准、食品卫生标准、食品质量标准和有关食品的行业标准中强制执行的标准予以整合,统一公布为食品安全国家标准。

4. 责令召回不符合安全标准的食品

《食品安全法》规定,我国建立食品召回制度。具体规定是:食品生产者发现其生产的食品不符合食品安全标准,应当立即停止生产,召回已经上市销售的食品,通知相关生产经营者和消费者,并记录召回和通知情况。食品生产者应当对召回的食品采取补救、无害化处理、销毁等措施,并将食品召回和处理情况向县级以上质监部门报告。当食品生产经营者未依照规定召回或者停止经营不符合食品安全标准的食品时,县级以上质监、工商、药监部门可以责令其召回或者停止经营。

5. 开展食品检验工作

《食品安全法》明确指出,食品安全监督管理部门对食品不得实施免检。县级以上质监部门应当对食品进行定期或者不定期的抽样检验。质监部门应当购买抽检的样品,不收取检验费和其他任何费用。另外,县级以上质监部门在执法工作中需要对食品进行检验的,应当委托经资质认定的食品检验机构进行,并支付相关费用。对检验结论有异议的,可以依法进行复检。

该法还规定,食品检验机构按照国家有关认证认可的规定取得资质认定后,方可从事食品检验活动。食品检验实行食品检验机构与检验人负责制。食品检验报告应当加盖食品检验机构公章,并有检验人的签名或者盖章。食品检验机构和检验人对出具的食品检验报告负责。

6. 参与食品安全事故处置

《食品安全法》规定,质监部门在日常监督管理中发现食品安全事故,或者接到有关食品安全事故的举报,应当立即向卫生行政部门通报,并会同卫生部门,按照卫生部门的要求进行处理。具体工作包括:封存可能导致食品安全事故的食品及其原料,并立即进行检验;对确认属于被污染的食品及其原料,责令食品生产经营者依照规定予以召回、停止经营并销毁;封存被污染的食品用工具及用具,并责令进行清洗消毒等。

7. 实施对食品生产者的监督检查

《食品安全法》规定,县级以上质监部门对食品生产者进行监督检查,应当记录监督检查的情况和处理结果,建立食品生产者食品安全信用档案,对有不良信用记录的食品生产者增加监督检查频次。在履行监管职能时,质监部门可以行使"五大"权力。包括:进入食品生产经营场所实施现场检查;对生产经营的食品进行抽样检验;查阅、复制有关合同、票据、账簿以及其他有关资料;查封、扣押有证据证明不符合食品安全标准的食品,违法使用的食品原料、食品添加剂、食品相关产品,以及用于违法生产经营或者被污染的工具、设备;查封违法从事食品生产经营活动的场所等措施。

8. 准确、及时、客观的公开食品安全信息

《食品安全法》规定,县级以上质监部门应依据职责公布食品安全日常监督管理信息,应当做到准确、及时、客观。当获知依据该法需要统一公布的信息,应当向上级主管部门报告,由上级主管部门立即报告国务院卫生行政部门;必要时,可以直接向国务院卫生行政部门报告。县级以上卫生行政、农业行政、质量监督、工商行政管理、食品药品监督管理部门应当相互通报获知的食品安全信息。

9. 处理投诉举报

《食品安全法》规定县级以上质监部门接到咨询、投诉、举报,对属于本部门职责的,应当受理,并及时进行答复、核实、处理;对不属于本部门职责的,应当书面通知并移交有权处理的部门处理。有权处理的部门应当及时处理,不得推诿;应当按照法定权限和程序履行食品安全监督管理职责;对生产者的同一违法行为,不得给予二次以上罚款的行政处罚;涉嫌犯罪的,应当依法向公安机关移送。

10. 对违反《食品安全法》的行为实施处罚

《食品安全法》涉及的行政处罚有8条,近20种违法行为的行政处罚,包括:对未经许可从事食品生产经营活动,或者未经许可生产食品添加剂的(第84条);生产经营营养成分不符合食品安全标准的专供婴幼儿和其他特定人群的主辅食品(第85条第3项);未建立并遵守查验记录制度、出厂检验记录制度(第87条第2项);事故单位在发生食品安全事故后未进行处置、报告的(第88条)等。《食品安全法》规定的行政处罚罚款幅度,大多数界于《产品

质量法》和《特别规定》之间,比《产品质量法》严厉,体现了食品安全监管严峻形势下,"乱世用重典"的立法倾向;比《特别规定》轻,则体现了更加成熟、理性的立法思想,考虑了实践中行政处罚履行的问题。

（四）食品安全制度框架

1. 建立了食品安全风险监测和评估机制

食品安全风险监测和评估是国际上流行的预防和控制食品风险的有效措施。《食品安全法》从食品安全风险监测计划的制定、发布、实施、调整等方面,规定了完备的食品安全风险监测制度。同时,《食品安全法》还从食品安全风险评估的启动、具体操作、评估结果的用途等方面规定了一整套完整的食品安全风险评估制度。

2. 调整了食品安全标准制定、发布体系

《食品安全法》明确了食品安全国家标准的制定、发布主体,制定方法,明确对有关标准进行整合。食品安全国家标准由国务院卫生行政部门负责制定、公布,并对现行的食用农产品质量安全标准、食品卫生标准、食品质量标准和有关食品的行业标准中强制执行的标准予以整合,统一公布为食品安全国家标准。

3. 明确了食品安全事故处置机制

《食品安全法》规定了制定食品安全事故应急预案及食品安全事故的报告制度。事故发生单位和接收病人进行治疗的单位应当及时向事故发生地县级卫生部门报告。食品安全监督管理部门在日常监督管理中发现食品安全事故,或者接到有关食品安全事故的举报,应当立即向卫生行政部门通报。另外,规定了县级以上卫生行政部门处置食品安全事故的措施。

4. 明确了食品企业的责任义务

《食品安全法》规定食品生产经营企业应当建立健全本单位的食品安全管理、食品生产从业人员健康管理、进货查验记录以及食品出厂检验记录制度,依照法律、法规和食品安全标准从事生产经营活动,对社会和公众负责,保证食品安全,接受社会监督,承担社会责任。

5. 明确食品流通环节的监管机制

《食品安全法》规定由工商行政管理部门负责食品流通的食品安全监管,主要职责是食品的流通环节的许可管理、流通环节的食品召回及停止经营、食品抽样检验、监督检查、食品广告管理,将食品安全事故、举报以及食品安全信息通报给卫生部门、参与食品安全事故的调查处理。

6. 明确餐饮环节的监管机制

《食品安全法》规定由食品药品监督部门负责餐饮服务的食品安全监管,主要职责是食品的餐饮服务的许可管理、餐饮服务的食品召回及停止经营、食品抽样检验、监督检查,将食品安全事故、举报以及食品安全信息通报给卫生部门、参与食品安全事故的调查处理。

7. 国家建立食品安全信息统一公布制度

由国务院卫生行政部门统一公布的信息包括:国家食品安全总体情况;食品安全风险评估信息和食品安全风险警示信息;重大食品安全事故及其处理信息;其他重要的食品安全

信息和国务院确定的需要统一公布的信息。其中食品安全风险评估信息和食品安全风险警示信息以及重大食品安全事故及其处理信息，其影响限于特定区域的，也可以由有关省、自治区、直辖市人民政府卫生行政部门公布。县级以上农业行政、质量监督、工商行政管理、食品药品监督管理部门依据各自职责，准确、及时、客观地公布食品安全日常监督管理信息。

8. 设立食品安全委员会

该委员会是一个常设机构，虽然该机构的职责未在法律中说明，但是结合该法附则中"国务院根据实际需要，可以对食品安全监督管理体制作出调整"的规定，可以预见该机构很可能在下一轮食品安全监管体制改革中扮演重要角色。

9. 明确了食品安全违法行为的法律责任

《食品安全法》的法律责任部分共1章15条，明确了食品生产经营者，食品检验机构、人员，食品安全监督管理部门或者承担食品检验职责的机构、食品行业协会、消费者协会、县级以上地方人民政府食品安全监管违法行为直接负责的主管人员和其他直接责任人员的民事、行政以及刑事法律责任。并特别规定了民事赔偿责任优先以及十倍索赔制度，体现了立法为民的思想。

第四节 酒店星级评定制度

一、星级

用星的数量和设色表示旅游饭店的等级。星级分为五个等级，即一星级、二星级、三星级、四星级、五星级（含白金五星级）。最低为一星级，最高为白金五星级。星级越高，表示旅游饭店的档次越高。预备星级作为星级的补充，其等级与星级相同。

星级以镀金五角星为符号，用一颗五角星表示一星级，两颗五角星表示二星级，三颗五角星表示三星级，四颗五角星表示四星级，五颗五角星表示五星级，五颗白金五角星表示白金五星级。

二、星级评定总则

由若干建筑物组成的饭店其管理使用权应该一致，饭店内包括出租营业区域在内的所有区域应该是一个整体，评定星级时不能因为某一区域财产权或经营权的分离而区别对待。

饭店开业一年后可申请星级，经星级评定机构评定批复后，可以享有五年有效的星级及其标志使用权。开业不足一年的饭店可以申请预备星级，有效期一年。

除非本标准有更高要求，饭店的建筑、附属设施、服务项目和运行管理应符合安全、消防、卫生、环境保护等现行的国家有关法规和标准。

三、星级的评定规则

（一）星级评定的责任分工

旅游饭店星级评定工作由全国旅游星级饭店评定机构统筹负责，其责任是制定星级评定工作的实施办法和检查细则，授权并督导省级以下旅游星级饭店评定机构开展星级评定工作，组织实施五星级饭店的评定与复核工作，保有对各级旅游星级饭店评定机构所评饭店星级的否决权。

省、自治区、直辖市旅游星级饭店评定机构按照全国旅游星级饭店评定机构的授权和督导，组织本地区旅游饭店星级评定与复核工作，保有对本地区下级旅游星级饭店评定机构所评饭店星级的否决权，并承担推荐五星级饭店的责任。同时，负责将本地区所评星级饭店的批复和评定检查资料上报全国旅游星级饭店评定机构备案。

其他城市或行政区域旅游星级饭店评定机构按照全国旅游星级饭店评定机构的授权和所在地区省级旅游星级饭店评定机构的督导，实施本地区旅游饭店星级评定与复核工作，保有对本地区下级旅游星级饭店评定机构所评饭店星级的否决权，并承担推荐较高星级饭店的责任。同时，负责将本地区所评星级饭店的批复和评定检查资料逐级上报全国旅游星级饭店评定机构备案。

（二）星级的申请

申请星级的旅游饭店，应执行《旅游统计调查制度》，承诺履行向全国旅游星级饭店评定机构提供不涉及本饭店商业机密的经营管理数据的义务。

旅游饭店申请星级，应向相应评定权限的旅游星级饭店评定机构递交星级申请材料；申请四星级以上的饭店，应按属地原则逐级递交申请材料。申请材料包括：饭店星级申请报告、自查自评情况说明及其他必要的文字和图片资料。

（三）星级的评定规程

1. 受理

接到饭店星级申请报告后，相应评定权限的旅游星级饭店评定机构应在核实申请材料的基础上，于 14 天内作出受理与否的答复。对申请四星级以上的饭店，其所在地旅游星级饭店评定机构在逐级递交或转交申请材料时应提交推荐报告或转交报告。

2. 检查

受理申请或接到推荐报告后，相应评定权限的旅游星级饭店评定机构应在一个月内以明查和暗访的方式安排评定检查。检查合格与否，检查员均应提交检查报告。对检查未予通过的饭店，相应星级评定机构应加强指导，待接到饭店整改完成并要求重新检查的报告后，于一个月内再次安排评定检查。对申请四星级以上的饭店，检查分为初检和终检：

（1）初检由相应评定权限的旅游星级饭店评定机构组织，委派检查员以暗访或明查的形式实施检查,并将检查结果及整改意见记录在案,供终检时对照使用。初检合格,方可安排终检。

(2) 终检由相应评定权限的旅游星级饭店评定机构组织,委派检查员对照初检结果及整改意见进行全面检查。终检合格,方可提交评审。

3. 评审

接到检查报告后一个月内,旅游星级饭店评定机构应根据检查员意见对申请星级的饭店进行评审。评审的主要内容有:审定申请资格,核实申请报告,认定本标准的达标情况,查验违规及事故、投诉的处理情况等。

4. 批复

对于评审通过的饭店,旅游星级饭店评定机构应给予评定星级的批复,并授予相应星级的标志和证书。对于经评审认定达不到标准的饭店,旅游星级饭店评定机构不予批复。

(四)星级的评定办法

(1) 星级的评定按照本标准给出的最低得分和得分率执行。

(2) 星级评定和复核的检查工作由星级标准检查员承担。

(五)星级的评定原则

(1) 饭店所取得的星级表明该饭店所有建筑物、设施设备及服务项目均处于同一水准。如果饭店由若干座不同建筑水平或设施设备标准的建筑物组成,旅游星级饭店评定机构应按每座建筑物的实际标准评定星级,评定星级后,不同星级的建筑物不能继续使用相同的饭店名称。否则,旅游星级饭店评定机构应不予批复或收回星级标志和证书。

(2) 饭店取得星级后,因改造发生建筑规格、设施设备和服务项目的变化,关闭或取消原有设施设备、服务功能或项目,导致达不到原星级标准的,必须向原旅游星级饭店评定机构申报,接受复核或重新评定。否则,原旅游星级饭店评定机构应收回该饭店的星级证书和标志。

(3) 某些特色突出或极其个性化的饭店,若其自身条件与本标准规定的条件有所区别,可以直接向全国旅游星级饭店评定机构申请星级。全国旅游星级饭店评定机构应在接到申请后一个月内安排评定检查,根据检查和评审结果给予评定星级的批复,并授予相应星级的证书和标志。

(六)星级的复核及处理

(1) 星级复核是星级评定工作的重要补充部分,其目的是督促已取得星级的饭店持续达标,其责任划分完全依照星级评定的责任分工。

(2) 对已经评定星级的饭店,旅游星级饭店评定机构应按照本标准进行复核,每年一次。

(3) 复核工作应在饭店对照星级标准自查自纠,并在将自查结果报告旅游星级饭店评定机构的基础上,由旅游星级饭店评定机构以明查或暗访的形式安排抽查验收。旅游星级饭店评定机构应于本地区复核工作结束后进行认真总结,并逐级上报复核结果。

（4）对严重降低或复核认定达不到本标准相应星级的饭店,按以下办法处理:① 旅游星级饭店评定机构根据情节轻重给予签发警告通知书、通报批评、降低或取消星级的处理,并在相应范围内公布处理结果。② 凡在一年内接到警告通知书三次以上或通报批评两次以上的饭店,旅游星级饭店评定机构应降低或取消其星级,并向社会公布。③ 被降低或取消星级的饭店,自降低或取消星级之日起一年内,不予恢复或重新评定星级;一年后,方可重新申请星级。④ 已取得星级的饭店如发生重大事故,造成恶劣影响,其所在地旅游星级饭店评定机构应立即反映情况或在权限范围内作出降低或取消星级的处理。

（5）饭店接到警告通知书、通报批评、降低星级的通知后,必须认真整改并在规定期限内将整改情况报告处理机构。

（6）旅游星级饭店评定机构对星级饭店进行处理的责任分工依照星级评定的责任分工办理。全国旅游星级饭店评定机构保留对各星级饭店的直接处理权。

（7）凡经旅游星级饭店评定机构决定提升或降低、取消星级的饭店,应立即将原星级标志和证书交还授予机构,由旅游星级饭店评定机构作出更换或没收的处理。

（七）星级的标志和证书

旅游饭店星级的标志和证书由全国旅游星级饭店评定机构统一制作、核发。

旅游饭店星级的标志应置于饭店前厅的最明显位置。

四、服务质量要求

（一）服务基本原则

（1）对客人礼貌、热情、亲切、友好;

（2）对所有客人,不分种族、民族、国别、贫富、亲疏,一视同仁;

（3）密切关注并尽量满足客人的需求,高效率地完成对客服务;

（4）遵守国家法律法规,保护客人的合法权益;

（5）尊重客人的道德信仰与风俗习惯,不损害民族尊严。

（二）服务基本要求

1. 仪容仪表要求

（1）着工装、佩工牌上岗,仪容仪表端庄、大方、整洁;

（2）服务过程中表情自然、亲切,热情适度,提倡微笑服务;

（3）遵守饭店的仪容仪表规范。

2. 言行举止要求

（1）站、坐、行姿符合各岗位的规范与要求,主动服务,有职业风范;

（2）以协调适宜的自然语言和身体语言对客服务,让客人感到尊重舒适。

3. 语言要求

(1) 语言文明、简明、清晰,符合礼仪规范;

(2) 对客人提出的问题暂时无法解决时,应耐心解释并于事后设法解决,不推诿和应付。

五、管理制度要求

(一) 有员工手册

(二) 有饭店组织机构图和部门组织机构图

(三) 管理制度

主要针对管理层如层级管理制度、质量控制制度、市场营销制度、物资采购制度等。一项完整的饭店管理制度包括制度名称、制度目的、管理职责、项目运作规程(具体包括执行层级、管理对象、方式与频率、管理工作内容)、管理分工、管理程序与考核指标等项目。

(四) 部门化运作规范

包括管理人员岗位工作说明书、管理人员工作项目核检表、专门的质量管理文件、工作用表和质量管理记录等内容。

(五) 服务和专业技术人员岗位工作说明书

对服务和专业技术人员的岗位要求、任职条件、班次、接受指令与协调渠道、主要工作职责等内容进行书面说明。

(六) 服务项目、程序与标准说明书

针对服务和专业技术人员岗位工作说明书的要求,对每一个服务项目完成的目标、为完成该目标所需要经过的程序,以及为各个程序的质量标准进行说明。

(七) 工作技术标准说明书

对国家和地方主管部门和强制性标准所要求的特定岗位的技术工作如锅炉、强弱电、消防、食品加工与制作等,应有相应的工作技术标准的书面说明,相应岗位的从业人员应知晓。

(八) 其他可以证明饭店质量管理水平的证书或文件

知识链接 6-1

五星级酒店的划分标准

1. 饭店布局和功能划分合理,设施设备使用方便、安全。

2. 内外装修采用高档材料,工艺精致,具有突出风格。

3. 指示用标志清晰、实用、美观,公共信息图形符号符合 GB/T10001.1 和 GB/T10001.2 的规定。

4. 有中央空调(别墅式度假饭店除外),各区域通风良好。

5. 有与本星级相适应的计算机管理系统。

6. 有公共音响转播系统;背景音乐曲目、音量适宜,音质良好。

7. 设施设备养护良好,无噪音,达到完备、整洁和有效。

8. 各项管理制度健全,与饭店规模和星级相一致。

9. 各种指示用和服务用文字至少用规范的中英文同时表示。

10. 能用普通话和英语提供服务,必要时能够用第二种外国语提供服务。

11. 前厅。

(1) 空间宽敞,与接待能力相适应,不使客人产生压抑感;

(2) 气氛豪华,风格独特,装饰典雅,色调协调,光线充足;

(3) 有与饭店规模、星级相适应的总服务台;

(4) 总服务台各区段有中英文标志,接待人员 24 小时提供接待、问询和结账服务;

(5) 提供留言服务;

(6) 提供一次性总账单结账服务(商品除外);

(7) 提供信用卡结算服务;

(8) 18 小时提供外币兑换服务;

(9) 提供饭店服务项目宣传品、客房价目表、中英文所在地交通图、全国旅游交通图、所在地和全国旅游景点介绍、主要交通工具时刻表、与住店客人相适应的报刊;

(10) 24 小时接受客房预订;

(11) 有贵重物品保险箱,且保险箱位置安全、隐蔽,能够保护客人的隐私;

(12) 设门卫应接员,18 小时迎送客人;

(13) 设专职行李员,有专用行李车,24 小时提供行李服务,有小件行李存放处;

(14) 有管理人员 24 小时在岗值班;

(15) 设大堂经理,24 小时在岗服务;

(16) 在非经营区设客人休息场所;

(17) 提供代客预订和安排出租汽车服务;

(18) 门厅及主要公共区域有残疾人出入坡道,配备轮椅,有残疾人专用卫生间或厕位,能为残疾人提供必要的服务。

12. 客房。

(1) 至少有 40 间(套)可供出租的客房。

(2) 70% 客房的面积(不含卫生间和门廊)不小于 20 平方米。

(3) 装修豪华,具有文化氛围,有舒适的床垫、写字台、衣橱及衣架、茶几、座椅或沙发、床头柜、床头灯、台灯、落地灯、全身镜、行李架等高级配套家具。室内满铺高级地毯,或用优质木地板或其他高档材料装饰。采用区域照明且目的物照明度良好。

(4) 客房门能自动闭合,有门窥镜、门铃及防盗装置。显著位置张贴应急疏散图及相关说明。

(5) 有面积宽敞的卫生间,装有高级抽水恭桶、梳妆台(配备面盆、梳妆镜和必要的盥洗用品)、浴缸并带淋浴喷头(另有单独淋浴间的可以不带淋浴喷头),配有浴帘。水龙头冷热标识清晰。采取有效的防滑措施。采用豪华建筑材料装修地面、墙面和天花,色调高雅柔和,采用分区照明且目的物照明度良好。有良好的无明显噪音的排风系统,温度与客房无明显差异。有 110/220 伏不间断电源插座、电话副机。配有吹风机。24 小时供应冷、热水。

(6) 有方便使用的电话机,可以直接拨通或使用预付费电信卡拨打国际、国内长途电话,并备有电话使用说明和所在地主要电话指南。

(7) 提供国际互联网接入服务,并备有使用说明。

(8) 有彩色电视机,播放频道不少于 16 个,画面和音质优良。备有频道指示说明。播放内容应符合中国政府规定。

(9) 有可由客人调控且音质良好的音响装置。

(10) 有防噪音及隔音措施,效果良好。

(11) 有至少两种规格的电源插座,方便客人使用,并提供插座转换器。

(12) 有纱帘及遮光窗帘。

(13) 有单人间。

(14) 有套房。

(15) 有至少 4 个开间的豪华套房。

(16) 有与本星级相适应的文具用品。有服务指南、价目表、住宿须知、所在地旅游景区(点)介绍和旅游交通图、与住店客人相适应的报刊。

(17) 客房、卫生间每天全面清理一次,每日或应客人要求更换床单、被单及枕套。客用品和消耗品补充齐全,并应客人要求随时进房清理,补充客用品和消耗品。

(18) 床上用棉织品(床单、枕芯、枕套、棉被及被衬等)及卫生间针织用品(浴巾、浴衣、毛巾等)材质良好、工艺讲究、柔软舒适。

(19) 提供开夜床服务,放置晚安致意品。

(20) 24 小时提供冷热饮用水及冰块,并免费提供茶叶或咖啡。

(21) 客房内设微型酒吧(包括小冰箱),提供适量酒和饮料,备有饮用器具和价目单。

(22) 客人在房间会客,可应要求提供加椅和茶水服务。

(23) 提供叫醒、留言及语音信箱服务。

(24) 提供衣装干洗、湿洗、熨烫及修补服务,可在 24 小时内交还客人。18 小时提供加急服务。

(25) 有送餐菜单和饮料单,24 小时提供中西餐送餐服务。送餐菜式品种不少于 8 种,饮料品种不少于 4 种,甜食品种不少于 4 种,有可挂置门外的送餐牌。

(26) 提供擦鞋服务。

13. 餐厅及吧室。

(1) 有布局合理、装饰豪华的中餐厅。

(2) 有布局合理、装饰豪华、格调高雅的专业外国餐厅,配有专门厨房。

(3) 有独具特色、格调高雅、位置合理的咖啡厅(或简易西餐厅),能提供自助早餐、西式正餐。咖啡厅(或有一餐厅)营业时间不少于 18 小时并有明确的营业时间。

(4) 有 3 个以上宴会单间或小宴会厅。能提供宴会服务。

(5) 有专门的酒吧或茶室或其他供客人休息交流且提供饮品服务的场所。

(6) 餐具按中外习惯成套配置,材质高档,工艺精致,有特色,无破损磨痕,光洁、卫生。

(7) 菜单及饮品单装帧精美,完整清洁,出菜率不低于 90%。

14. 厨房。

(1) 位置合理,布局科学,传菜路线不与其他公共区域交叉。

(2) 墙面满铺瓷砖,用防滑材料满铺地面,有地槽,有吊顶。

(3) 冷菜间、面点间独立分隔,有足够的冷气设备。冷菜间内有空气消毒设施。

(4) 冷菜间有二次更衣场所及设施。

(5) 粗加工间与其他操作间隔离,各操作间温度适宜,冷气供应充足。

(6) 有必要的冷藏、冷冻设施,生熟食品及半成食品分柜置放。有干货仓库并定期清理过期食品。

(7) 洗碗间位置合理。

(8) 有专门放置临时垃圾的设施并保持其封闭,排污设施(地槽、抽油烟机和排风口等)保持畅通清洁。

(9) 厨房与餐厅之间,有起隔音、隔热和隔气味作用的进出分开、自动闭合的弹簧门。

(10) 采取有效的消杀蚊蝇、蟑螂等虫害措施。

15. 会议康乐设施。

有会议康乐设施设备,并提供相应服务。

16. 公共区域。

(1) 有足够的停车场。

(2) 3 层以上建筑物有数量充足的高质量客用电梯,轿厢装饰高雅;另配有服务电梯。

(3) 有公用电话。

(4) 各主要区域均有男女分设的间隔式公共卫生间。

(5) 有商店,出售旅行日常用品、旅游纪念品、工艺品等商品。

(6) 有商务中心,代售邮票,代发信件,代办电报、电传、传真、复印、国际长途电话,提供打字和电脑出租等服务。

(7) 代购交通、影剧、参观等票务。

(8) 提供市内观光服务。

(9) 有紧急救助室。

(10) 有应急供电系统和应急照明设施。

(11) 主要公共区域有闭路电视监控系统。

(12) 走廊地面满铺地毯或其他高档材料,墙面整洁、有装修装饰,24 小时光线充足,无障碍物。紧急出口标识清楚醒目,位置合理。

17. 在选择项目中至少具备 33 项。

思考与练习

一、有问有答

1. 酒店治安管理制度的主要内容是什么？
2. 酒店消防管理制度的主要内容是什么？
3. 酒店娱乐场所管理制度的主要内容是什么？
4. 简述酒店星级评定的规则。
5. 简述酒店星级评定制度中的服务质量要求。
6. 简述酒店星级评定制度中的管理制度要求。

二、案例分析

1. 某酒店打出了这样的宣传广告："三星级的价格标准，四星级的配套设施，五星级的服务体验，酒店拥有各类高档套房 120 余间（套），是集住宿、餐饮、会议接待、商务会议、娱乐、健身等功能于一体的现代高档商务酒店。酒店按欧式风格设计装修，温馨、典雅的异国风情，让你尽享异国完美人生。"

问题：你认为这样的宣传科学吗？为什么？

2. 2008 年 10 月 4 日，在绍兴某五星级酒店里，同时有三对新人在举办婚礼，但是让这些沉浸在幸福中的新人和众多亲友没想到的是，这顿婚宴居然吃倒了一大片。5 日凌晨婚宴结束后，开始陆续有人因为肚子痛上医院急诊，发展到后来居然有上百人因为食物中毒进了医院。

问题：该酒店和当地有关部门分别应该承担哪些职责？

能力训练

到星级酒店实地调查，查找酒店内不符合消防安全要求的做法和设置。

第七章 酒店财税法律制度

□ 学习目标

【能力目标】

能够初步处理旅游饭店在运行过程中所涉及的财税方面的法律问题。

【知识目标】

1. 了解价格和价格法的概念,价格机制的内容。

2. 掌握经营者价格行为的内容,特别是明码标价的具体规定。

3. 理解政府价格调控行为的内容。

4. 了解税收的概念和特征、税法构成要素、增值税、消费税、营业税、企业所得税、个人所得税概念。

5. 本章的难点在于增值税销售额的界定、进项税额的抵扣、应纳税额的计算;营业税计税依据的确定、营业额、应纳税额计算;企业所得税应纳税所得额的确定和应纳税额的计算。

6. 本章的重点在于掌握旅游饭店业价格行为规则及增值税、营业税、所得税应纳税额的计算。

案例导入

案例 7-1

王先生为了给几个远道来看他的大学同学接风,打电话给某饭店预订一个包厢。接线生告诉他,包厢就餐有"最低消费"限额,标准为每人 150 元,一桌 10 人共 1500 元,不满 10 人按 10 人算。王先生听不明白了:"凭什么不到 10 个人,要按 10 个人计费? 这明显对消费者不公平。何况 6 个人怎么吃得完 10 个人的饭菜呢?"饭店声称:这种"最低消费"在其他饭店也存在;而这一"最低消费"的标准目前主要针对包厢,不在包厢就不收;况且随着场地租金、装修成本、人力资源成本的增加,这种"最低消费"的限制是饭店保证适当盈利的正当经营行为。

问题: 饭店是否有权设定消费者的最低消费额度?

理论知识

第一节　价格法概述

一、价格和价格法

价格是商品价值的货币表现，广泛地存在于人们的商品交换中。价格包括商品价格和服务价格。以商品是否具有实物形态为标准进行划分，商品价格分为有形产品的价格和无形资产的价格。有形产品是占有一定的空间，具有实物形态的进入商品交换领域的各种产品；无形资产是不具有实物形态，但是却可以带来经济利益的专有权利。

服务价格是指有偿服务的收费。在商品交换中，它是以服务的形式提供一定的价值，所交换的对象是一定形式的服务，这种服务是有偿的，所以人们有时将服务称为服务商品，从理论上将有偿地提供服务列入商品交换的范畴，也反映了有偿服务的实质；以收费的形式表现服务价格，这只是一种形式上的不同，并不改变它的价格特征。常见的服务价格有：旅游饭店业、餐饮业收费，旅游、文化收费，运输、公共交通收费，医疗收费，教育收费，邮电资费，广告、信息服务收费，科技服务收费等。上述许多服务项目是属于经营性的，但还有一些项目是带有补偿的性质，包括能够完全补偿消耗和仅仅部分补偿消耗的两种情况。这些都是服务价格的特定形式，它是提供了一定的服务，在服务的过程中形成了物质上和人力上的消耗，以收取费用的形式来补偿这种消耗，因而在一定意义上带有交换的性质。

为了规范价格行为，发挥价格合理配置资源的作用，稳定市场价格总水平，保护消费者和经营者的合法权益，促进社会主义市场经济健康发展，我国颁布了许多有关价格方面的法规，其中1997年12月29日由全国人大常委会通过的《中华人民共和国价格法》（以下简称《价格法》）最为重要。

价格法是调整价格关系的法律规范的总称。价格法的调整对象，是指与价格的制定、运行和调控、监督、检查有关的各种关系。

二、价格机制

国家实行并逐步完善宏观经济调控下主要由市场形成价格的机制。价格的制定应当符合价值规律；大多数商品和服务价格实行市场调节价，极少数商品和服务价格实行政府指导价或者政府定价。市场调节价，是指由经营者自主制定，通过市场竞争形成的价格。政府指导价，是指依照《价格法》规定，由政府价格主管部门或者其他有关部门，按照定价权限和范围规定基准价及其浮动幅度，指导经营者制定的价格。政府定价，是指依照《价格法》规定，由政府价格主管部门或者其他有关部门,按照定价权限和范围制定的价格。《价格法》确定了价格机制,明确了价值规律在定价中的作用,规定了三种价格(市场调节价、政府指导价、政府定价)形式的基本格局。

三、国家的价格管理职能

国务院价格主管部门统一负责全国的价格工作。国务院其他有关部门在各自的职责范围内,负责有关的价格工作。县级以上地方各级人民政府价格主管部门负责本行政区域内的价格工作。县级以上地方各级人民政府其他有关部门在各自的职责范围内,负责有关的价格工作。国家对价格活动具有管理职能,这是国家管理经济的一个组成部分,为了能够正确地行使这种职能,《价格法》从四个方面对国家管理中应坚持的基本原则和主要职责作了规定:

(1) 国家支持和促进市场竞争;

(2) 市场竞争必须是公平、公开、合法的;

(3) 维护正常的价格秩序;

(4) 对价格活动实行管理、监督和必要的调控。

第二节　经营者的价格行为

一、经营者自主制定价格

商品价格和服务价格,除依照《价格法》规定适用政府指导价或者政府定价外,实行市场调节价,由经营者依照《价格法》自主制定。在价格行为上享有权利的经营者,应当是依法取得经营资格的合法经营者,是指从事生产、经营商品或者提供有偿服务的法人、其他组织和个人。

(1) 定价的原则:经营者定价,应当遵循公平、合法和诚实信用的原则。

(2) 定价的依据:经营者定价的基本依据是生产经营成本和市场供求状况。经营者应当努力改进生产经营管理,降低生产经营成本,为消费者提供价格合理的商品和服务,并在市场竞争中获取合法利润。

(3) 内部价格管理制度:经营者应当根据其经营条件建立健全内部价格管理制度,准确记录与核定商品和服务的生产经营成本,不得弄虚作假。

二、经营者的权利、义务

经营者进行价格活动,享有下列权利:自主制定属于市场调节的价格;在政府指导价规定的幅度内制定价格;制定属于政府指导价、政府定价产品范围内新产品的试销价格,特定产品除外;检举、控告侵犯其依法自主定价权利的行为。

经营者在价格活动中应履行的义务:进行价格活动,应当遵守法律、法规,执行依法制定的政府指导价、政府定价和法定的价格干预措施、紧急措施。

三、明码标价

(一)明码标价的概念

所谓明码标价,是指经营者在销售、收购商品和提供服务时,公开标明商品价格和服务收费标准的一种方式,其目的是让消费者在购买商品或者接受服务前有一个最基本的了解,它是对经营者价格管理的一项基本制度。经营者销售、收购商品和提供服务,应当按照政府价格主管部门的规定明码标价,注明商品的品名、产地、规格、等级、计价单位、价格或者服务的项目、收费标准等有关情况。经营者不得在标价之外加价出售商品,不得收取任何未予标明的费用。

从实践上说,在市场交易活动中,漫天要价的方式或利用标价误导消费者,进行价格欺诈的行为还比较严重。实行明码标价制度,是维护消费者,经营者合法权益的要求。从理论上说,公平、公开和诚实信用是社会主义市场经济的基本原则,商品和服务实行明码标价制度,是规范市场价格秩序,构建市场诚信体系的重要保障,是社会主义市场体制的内在要求。从法律上说,按照政府价格主管部门的规定明码标价,是《价格法》赋予经营者必须履行的义务,也是我国价格管理最基础的形式之一和一项强制性的行政措施。

(二)明码标价签上对标价数码和使用币种及文字的要求

经营者在明码标示商品价格或服务价格时:

(1)必须使用阿拉伯数字标明人民币元、角、分金额;大宗巨额交易的商品,可用阿拉伯数字标明人民币万元的金额。

(2)除国家另有规定外,从事涉外商品经营和服务的单位实行以人民币标价和计价结算,应当同时用中、外文标示商品和服务内容。

(3)民族自治地方可自主决定使用当地通用的一种或几种文字明码标价。

(三)服务行业如何明码标价

1. 餐饮业

提供餐饮服务的经营者,应使用价目簿或菜谱,并标明菜肴品名、容器规格、主料重量、计价单位、售价等内容。饮料、酒水、香烟应标明品名、产地、等级、规格、计价单位、价格。

2. 饭店业

饭店业的客房价格应标明客房类型、计价单位、价格等。洗涤服务应标明洗涤的种类、洗涤物名称、计价单位、价格等。商务中心代办业务服务应标明服务项目、计价单位、收费标准等。涉外旅游饭店加收服务费的,必须明示。

3. 文化娱乐业

提供歌舞、游艺、棋牌、保龄球等娱乐、健身、休闲服务的经营者,应标明服务项目、服务内容、计费单位、收费标准及其他相关内容。所标示的收费标准必须是该收费项目内的全部费用。

四、不正当价格行为

经营者不得有下列不正当价格行为:

(1) 相互串通,操纵市场价格,损害其他经营者或者消费者的合法权益。

(2) 除依法降价处理鲜活商品、季节性商品、积压商品等商品外,为了排挤竞争对手或者独占市场,以低于成本的价格倾销,扰乱正常的生产经营秩序,损害国家利益或者其他经营者的合法权益。

(3) 捏造、散布涨价信息,哄抬价格,推动商品价格过高上涨的。

(4) 利用虚假的或者使人误解的价格手段,诱骗消费者或者其他经营者与其进行交易。此种行为属于价格欺诈行为,主要表现形式有:① 虚假标价行为。标价签、价目表等所标示商品的品名、产地、规格、等级、质地、计价单位、价格或服务的项目、收费标准等有关内容与实际不符,并以此为手段诱骗消费者、其他经营者购买的行为。② 两套价格行为。对同一商品或服务,在同一交易场所同时使用两种标价签或价目表,以低价格招揽顾客并以高价进行结算的。③ 模糊标价行为。使用欺骗性或误导性的语言、文字、图片、计量单位等标价,诱骗他人与其交易的行为。④ 虚夸折价行为。表示的市场最低价、出厂价、批发价、特价、极品价等价格表示无依据或无从比较的行为。⑤ 模糊折价行为。降价销售所标示的折价商品或服务,其折扣幅度与实际不符的行为;销售处理商品时,不标示处理品和处理品价格的。⑥ 隐蔽价格附加条件行为。收购、销售商品和提供服务带有价格附加条件时,不标示或含糊标示附加条件的行为。⑦ 模糊馈赠行为。采取价外馈赠方式销售商品和提供服务时,不如实标示馈赠物品的品名、数量或馈赠物品为假劣商品的行为。⑧ 虚构原价行为。没有原售价而虚构原售价,虚构降价原因,虚假优惠折扣,谎称降价或将要提价,诱骗他人购买的行为。⑨ 未履行价格承诺行为。收购、销售商品和提供服务前有价格承诺,不履行或不完全履行的行为。⑩ 谎称价格诱骗交易行为。谎称收购、销售价格高于或者低于其他经营者的收购、销售价格,诱骗消费者或经营者与其进行交易的行为。⑪ 质量与价格、数量与价格不附行为。采取掺杂、掺假,以假充真、以次充好、短缺数量等手段,是数量或质量与价格不附的行为。⑫ 假冒政府定价行为。对实行市场调节价的商品和服务价格,谎称为政府定价或者政府指导价的行为。⑬ 其他价格欺诈手段。

(5) 提供相同商品或者服务,对具有同等交易条件的其他经营者实行价格歧视。

(6) 采取抬高等级或者压低等级等手段收购、销售商品或者提供服务,变相提高或者压低价格。

（7）违反法律、法规的规定牟取暴利。

（8）法律、行政法规禁止的其他不正当价格行为。

第三节 政府的价格调控行为

一、政府的定价行为

（一）政府定价的范围

下列商品和服务价格,政府在必要时可以实行政府指导价或者政府定价:

（1）与国民经济发展和人民生活关系重大的极少数商品价格;

（2）资源稀缺的少数商品价格;

（3）自然垄断经营的商品价格;

（4）重要的公用事业价格;

（5）重要的公益性服务价格。

（二）政府定价目录

政府指导价、政府定价的定价权限和具体适用范围,以中央的和地方的定价目录为依据。中央定价目录由国务院价格主管部门制定、修订,报国务院批准后公布。地方定价目录由省、自治区、直辖市人民政府价格主管部门按照中央定价目录规定的定价权限和具体适用范围制定,经本级人民政府审核同意,报国务院价格主管部门审定后公布。省、自治区、直辖市人民政府以下各级地方人民政府不得制定定价目录。

（三）制定政府指导价、政府定价的根据和程序

国务院价格主管部门和其他有关部门,按照中央定价目录规定的定价权限和具体适用范围制定政府指导价、政府定价;其中重要的商品和服务价格的政府指导价、政府定价,应当按照规定经国务院批准。省、自治区、直辖市人民政府价格主管部门和其他有关部门,应当按照地方定价目录规定的定价权限和具体适用范围制定在本地区执行的政府指导价、政府定价。市、县人民政府可以根据省、自治区、直辖市人民政府的授权,按照地方定价目录规定的定价权限和具体适用范围制定在本地区执行的政府指导价、政府定价。

制定政府指导价、政府定价,应当依据有关商品或者服务的社会平均成本和市场供求状况、国民经济与社会发展要求以及社会承受能力,实行合理的购销差价、批零差价、地区差价和季节差价。政府价格主管部门和其他有关部门制定政府指导价、政府定价,应当开展价格、成本调查,听取消费者、经营者和有关方面的意见。政府价格主管部门开展对政府指导价、政府定价的价格、成本调查时,有关单位应当如实反映情况,提供必需的账簿、文件以及其他资料。

1. 政府指导价、政府定价中的听证制度

制定关系群众切身利益的公用事业价格、公益性服务价格、自然垄断经营的商品价格等政府指导价、政府定价,应当建立听证会制度,由政府价格主管部门主持,征求消费者、经营者和有关方面的意见,论证其必要性、可行性。它是价格决策民主化和科学化,消费者直接参与定价的重要形式。实行听证会制度,邀请社会各界代表参加,有利于经营者与消费者之间的沟通和联系,加深相互理解,促使经营者加强经营管理,提高消费者的心理承受能力,使价格决策形成多方制约的格局,提高政府制定价格的科学性、全面性,减少盲目性、片面性,使定价更加符合实际。价格听证是先期的价格决策准备,是一定程度上社会信息的反映,并不代表最终的决策结果。

2. 政府指导价、政府定价的公开

政府指导价、政府定价制定后,由制定价格的部门向消费者、经营者公布。

3. 政府指导价、政府定价的调整

政府指导价、政府定价的具体适用范围、价格水平,应当根据经济运行情况,按照规定的定价权限和程序适时调整。消费者、经营者可以对政府指导价、政府定价提出调整建议。

二、价格总水平调控

(一)稳定市场价格总水平

稳定市场价格总水平是国家重要的宏观经济政策目标。国家根据国民经济发展的需要和社会承受能力,确定市场价格总水平调控目标,列入国民经济和社会发展计划,并综合运用货币、财政、投资、进出口等方面的政策和措施,予以实现。政府可以建立重要商品储备制度,设立价格调节基金,调控价格,稳定市场。

(二)价格监测制度

为适应价格调控和管理的需要,政府价格主管部门应当建立价格监测制度,对重要商品、服务价格的变动进行监测。

(三)价格干预措施

当重要商品和服务价格显著上涨或者有可能显著上涨,国务院和省、自治区、直辖市人民政府可以对部分价格采取限定差价率或者利润率、规定限价、实行提价申报制度和调价备案制度等干预措施。省、自治区、直辖市人民政府采取前款规定的干预措施,应当报国务院备案。

(四)价格干预的紧急措施

当市场价格总水平出现剧烈波动等异常状态时,国务院可以在全国范围内或者部分区域内采取临时集中定价权限、部分或者全面冻结价格的紧急措施。

三、价格监督检查

(一)监督检查和处罚的主管部门

县级以上各级人民政府价格主管部门,依法对价格活动进行监督检查,并依照本法的规定对价格违法行为实施行政处罚。

（二）价格监督检查职权

政府价格主管部门进行价格监督检查时，可以行使下列职权：

（1）询问当事人或者有关人员，并要求其提供证明材料和与价格违法行为有关的其他资料；

（2）查询、复制与价格违法行为有关的账簿、单据、凭证、文件及其他资料，核对与价格违法行为有关的银行资料；

（3）检查与价格违法行为有关的财物，必要时可以责令当事人暂停相关营业；

（4）在证据可能灭失或者以后难以取得的情况下，可以依法先行登记保存，当事人或者有关人员不得转移、隐匿或者销毁。

（三）如实提供价格监督所需的资料

经营者接受政府价格主管部门的监督检查时，应当如实提供价格监督检查所必需的账簿、单据、凭证、文件以及其他资料。

（四）工作人员的保密义务

政府部门价格工作人员不得将依法取得的资料或者了解的情况用于依法进行价格管理以外的任何其他目的，不得泄露当事人的商业秘密。

（五）群众的价格监督

消费者组织、职工价格监督组织、居民委员会、村民委员会等组织以及消费者，有权对价格行为进行社会监督。政府价格主管部门应当充分发挥群众的价格监督作用。新闻单位有权进行价格舆论监督。

（六）举报制度

政府价格主管部门应当建立对价格违法行为的举报制度。任何单位和个人均有权对价格违法行为进行举报。政府价格主管部门应当对举报者给予鼓励，并负责为举报者保密。

第四节　旅游饭店业价格行为规则

一、旅游饭店业价格

旅游饭店业是指为旅客提供客房、餐饮、文化娱乐等服务的各类宾馆、饭店、酒店、招待所、接待站、疗养院、培训中心等。旅游饭店业价格包括客房价格、会议室价格、餐饮价格、文化娱乐价格、保健服务价格以及提供订票、停车、电信、点播影视、送餐、搬运行李、复印打字等相关服务的价格和收费。

旅游饭店业价格实行政府宏观调控下主要由市场形成价格的机制，保护正当的价格竞争，禁止价格欺诈、价格倾销、价格歧视、牟取暴利等扰乱市场价格秩序的行为。旅游饭店业价格区别不同服务项目分别实行政府指导价和市场调节价：

（1）代办车、船票订票服务费、代办电信、点播影视收费及停车收费、送餐、搬运行李等的服务费实行政府指导价。代办电信、点播影视收费，在安装计费设施，经当地同级物价部门核准后，可在电信、影视部门市话、长话、声讯、上网、点播影视收费的基础上加收服务费；提供搬运行李、叫醒等客房服务和代购商品、送餐服务的，经当地同级物价部门核准后，可分别在客房价格或商品、餐饮价格基础上加收服务费。其服务费标准视旅游饭店企业的服务等级水平确定为：五星级或相当于五星级15％，四星级或相当于四星级12％，三星级或相当于三星级10％，二星级或相当于二星级7％，其他5％；允许旅游饭店企业自行下浮。代办车船票订票服务费标准按价格行政主管部门的有关规定执行。

（2）客房、会议室和餐饮、文化娱乐、保健、复印打字服务等实行市场调节价。由旅游饭店企业根据服务成本和市场供求情况自主定价。

（3）举办全国性或区域性大型会议期间的旅游饭店业客房价格，及国家级风景名胜区在旅游黄金周期间内旅游饭店业客房价格发生剧烈波动时，当地政府可实行临时性最高限价管理，并报上一级人民政府批准。

旅游饭店业代办费、服务费的审批程序为：旅游饭店企业凭工商营业执照（复印件）及代办车、船票、代办电信、点播影视业务的有关批件，及旅游饭店企业服务星级证书，到当地同级价格主管部门领取及填写服务价格登记证申请表，办理服务价格登记证，凭证到地税部门购领规定的收费票据，凭证凭票方可收费。

二、旅游饭店业价格行为

旅游饭店企业价格行为，应遵守国家的价格法律、法规和政策，遵循公开、公平、诚实信用原则。各项服务价格应做到质价相符，服务内容和条件发生变化时，其价格应进行调整。

旅游饭店企业执行价格时，须依法实行明码标价。应当将房价表置于总服务台显著位置，供客人参考，如给予客人房价折扣，应当书面约定。即在经营场所的醒目位置或收银台以价目表或价目簿等方式标示服务项目及价格。涉外旅游饭店企业需同时用中英文或两种以上文字明码标价。价目表或价目簿要制作规范、摆放醒目、内容齐全、字迹清晰。旅游饭店企业不得收取标示以外的任何费用。

旅游饭店企业对境内外旅客享受同一服务的，必须实行同一价格，不得实行价格歧视。旅游饭店业服务价格和收费，均以人民币结算。服务项目、价格结算应当详尽准确，开具票据应如实写明服务项目、单价和结算总金额。

客房价格以天数计算。客房收费以"间/夜"为计算单位（钟点房除外）。按客人住"间/夜"，计收一天房费；次日12时以后、18时以前办理退房手续者，饭店可以加收半天房费；次日18时以后办理退房手续者，饭店可以加收一天房费。会议室收费按每半日一次计收，不足半日按半日计收。

按照国家计委和省人民政府的有关规定，旅游饭店企业按客房营业收入的3％、休闲娱乐营业收入的2‰计提价格调节基金,并单独列账逐季上缴同级价格行政主管部门价格调节基金专户。除此之外,未经省人民政府批准,旅游饭店企业不得价外向旅客征收或代征其他任何费用。

三、旅游饭店业违反价格规定的行为

旅游饭店企业违反规定,有下列行为之一者,由政府价格主管部门依照国家有关法律、法规、规章规定予以处罚:

(1) 违反定价权限制定价格或擅自提高收费标准的;

(2) 减少服务内容、降低服务质量,变相涨价的;

(3) 按最低消费方式标价、计价,不按规定明码标价及收取标示以外费用的;

(4) 强制消费者接受保险或服务的;

(5) 不办理服务价格登记证的收取代办费、服务费的;

(6) 不按时足额上缴价格调节基金的;

(7) 不执行政府价格干预措施的行为;

(8) 其他违反本规则规定的行为。

案例 7-2

万象实业有限责任公司 2008 年 3 月支付人工费用如下:

① 支付李军工资 1800 元,年底一次性资金 5600 元;

② 支付张莹工资 4200 元,年底一次性奖金 28000 元;

③ 支付陆明工程设计费 5000 元;

④ 因有奖销售支付茹贵奖金 3000 元;

⑤ 支付殷实特许权使用费 50000 元。

问题: 如何计算该公司应代扣代缴个人所得税的税额?

第五节 税法概述

一、税收的概念和特征

(一) 税收的概念

税收是以国家为主体,为实现其国家职能,凭借政治权力,按照法定的标准,无偿地取得财政收入的一种特殊分配形式。税收体现了国家与纳税人之间的一种特定收入分配关系。税收是国家取得财政收入的一种主要手段,是国家调控经济生活的重要的经济杠杆之一。

(二) 税收的特征

税收具有强制性、无偿性和固定性三个特征。

1. 强制性

税收的强制性,是指国家凭借政治权力,依照国家的法律、法规的规定进行征税,只要符合税法规定的应纳税条件,就必须无条件地履行纳税义务,否则将受到法律的制裁。

2. 无偿性

税收的无偿性,是指国家对于纳税人是一种无偿的征收,不需要付出相应的对价。无偿性是税收的本质属性,体现了财政分配的本质。

3. 固定性

税收的固定性,是指税收是按照法律规定的范围、标准、环节、期限等进行。这些标准在一定时期内具有相对的稳定性,从而使国家税收具有客观性的标准,未经立法程序不得随意变更或修改。

二、税法的概念和构成要素

(一) 税法的概念

税法是国家制定的用以调整国家与纳税人之间在征纳税方面的权利义务关系的法律规范的总称。它是国家税务机关及一切纳税单位和个人依法征税、依法纳税的行为规则。税法与税收密不可分。

(二) 税法的构成要素

税法的构成要素是指税法应当具备的必要因素和内容。税法的构成要素主要有:

1. 纳税主体

纳税主体又称纳税义务人,是指税法规定的直接负有纳税义务的单位和个人。法人、非法人的社会组织和个人都可以成为我国税法的纳税义务人。

与纳税人相对应的还有扣缴义务人,是指税法直接规定的负有代扣代缴、代收代缴义务的单位和个人。

2. 征税客体

征税客体又称为课税对象,是指税法规定对什么征税,是区分不同税种的主要标志。不同的征税对象构成不同的税种。根据征税对象性质的不同,可以将税种分为对流转额征税、对所得额(收益)征税、对财产征税、对资源征税和对特定行为征税等五大类。

3. 税目

税目是征税客体的具体化,它反映了征税的具体范围,是征税的具体依据。如个人所得税征税对象是个人应税所得,其税目包括工资、稿酬、劳务、财产租赁、财产转让等11项。

4. 税率

税率是指应纳税额与征税客体数额之间的数量关系或比例,是计算应纳税额的尺度。税率的高低直接关系到国家财政收入的多少和纳税人的负担水平,是税法的核心要素。

我国现行的税率分为比例税率、累进税率和定额税率等。

5. 计税依据

计税依据是指计算应纳税额的依据或标准,即根据什么来计算纳税人应缴纳的税额。计税依据可分为三种:从价计征,是以计税金额为计税依据;从量计征,是以征税客体的重量、体积、数量为计税依据;复合计征,即征税客体的价格和数量均为其计税依据。

6. 纳税环节

纳税环节是税法规定的征税对象在从生产到消费整个流转过程中应当缴纳税款的环节。纳税环节有两种类型:单一环节征税和多环节征税。单一环节征税,如资源税,一般在开采或生产环节征收;多环节征税,如增值税,每流转一次,就要征收一次。

7. 纳税期限

纳税期限是指纳税单位和个人缴纳税款的期限。我国现行税制的纳税期限有三种形式:一是按期纳税;二是按次纳税;三是按年计征,分期预缴。纳税人按纳税期限缴纳税款,是税收规定的纳税人必须履行的义务。

8. 纳税地点

纳税地点是指纳税人(包括扣缴义务人)依据税法规定向征税机关申报纳税的具体地点。税法确定纳税人应向哪里的征税机关申报纳税,以及哪里的征税机关有权进行税收管辖。

9. 减税、免税

减免税是国家对某些纳税人给予鼓励、照顾的一种特殊措施。它把税收的严肃性和灵活性结合起来,使税法能够更好地贯彻党和国家政策,保证国家财政收入和合理调节纳税人的经济利益。减免税主要包括三个方面的内容:

(1)减税和免税。减税是指对应征税款减少征收一部分。免税是对按规定应征收的税款全部免征。

(2)起征点。它是指征税对象达到征税数额开始征税的界限。征税对象的数额未达到起征点的不征税,达到或超过起征点的,就其全部数额征税,而不是仅就超过起征点的部分征税。

(3)免征额。它是指征税对象总额中免予征税的数额。即将纳税的一部分给予减免,只就减除后剩余部分计征税款。如《个人所得税法实施条例》规定,对工资、薪金所得,以每月收入额减除费用 2000 元后的余额,为应纳税所得额。

10. 法律责任

法律责任是税法规定的纳税人和征税工作人员违反税法规范应当承担的不利法律后果,是对纳税人和征税工作人员违反税法的行为采取的惩罚措施。

三、我国现行税种

根据我国税收法律制度的规定,我国现行的税种主要有:增值税、消费税、营业税、关税、企业所得税、个人所得税、资源税、城镇土地使用税、房产税、城市房地产税、车辆购置税、车船使用税、车船使用牌照税、城市维护建设税及教育费附加、土地增值税、印花税、屠宰税、耕地占用税、船舶吨税等。

酒店业涉及的主要税种有：营业税、城市维护建设税及教育费附加、企业所得税、个人所得税等。如果是利用自有房产经营酒店的，还要缴纳房产税和土地使用税。

本章主要介绍增值税、营业税、消费税、企业所得税、个人所得税等几种主要税种。

知识链接 7-1

国外税事

国外有句格言："人一生只有两样事不可避免，那就是死亡和纳税。"古罗马在圣经时代就有税收的记载了：每隔 5 年，国民就会全部聚集在神马尔斯广场，向税收监察官申报自己家庭财产和收入，最后由税收监察官裁定每户应缴纳税额。在东罗马帝国，当时的税种已达 20 多种，如：土地税、人头税、食品过称税、造船税、沿岸税、仓库税、市场税、橱窗税、夏季遮阳布蓬税等。国外不少国家实行的是"高福利高税额"，许许多多形形色色的税种，在我们看来，简直令人匪夷所思。比如法国巴黎的"乞丐税"；美国公款用餐的"奢侈税"；临海的外尼密镇的"风景税"；加利福尼亚州的"离婚税"；比利时的"更名税"；墨西哥的"棺材税"、"骑马税"；土耳其人每日打开笼头洗脸时须交的"环境清洁税"、"污水税"、"增值税"；澳大利亚新南威尔士州的"犯罪税"；芬兰出租车司机开车时放歌碟的"音乐税"；更令人惊讶的是 17 世纪荷兰以门口大小为依据征收的"房产税"；意大利著名水城威尼斯开征的"撒尿税"；新西兰政府针对全国农场主饲养的牛羊数超过总人口数10 倍而开征的家畜"打嗝税"、"污物税"、"屁税"……看来国外还真的有"屁税"！

第六节　流转税法

流转税是以商品流转额和非商品流转额为征税对象的一类税。流转税具有收入稳定、课征及时、便于稽征管理的特点，是我国现行税收制度中的主要税种。我国流转税主要包括增值税、消费税、营业税、关税等，其中营业税是酒店缴纳的主要税种。

一、增值税

(一) 增值税概述

增值税是指以在我国境内销售货物或者提供加工、修理修配劳务以及进口货物的单位和个人取得的增值额为计税依据征收的一种流转税。"增值额"是指纳税人在生产、经营或劳务活动中所创造的新增价值，即纳税人在一定时期内从事销售货物或提供劳务所取得的收入大于其购进商品或取得劳务时所支付金额的差额。由于新增价值在实际操作中难以准确计算，因此，增值税的计算一般采用税款抵扣的方式计算，即根据货物或者应税劳务的销售额和税法规定的适用税率先计算一个增值税税额，然后再从中扣除上一道环节已纳增值税税款,其余额即为纳税人应缴纳的增值税税额。

(二) 增值税的一般规定

1. 纳税人

增值税的纳税人是指在我国境内销售货物或者提供加工、修理修配劳务以及进口货物的单位和个人。根据生产、销售规模和会计核算是否健全,增值税纳税人可分为一般纳税人和小规模纳税人。增值税一般纳税人可以使用增值税专用发票,并实行税款抵扣制度。

2. 征税范围

(1) 销售货物或者进口货物。销售货物是指在中华人民共和国境内有偿转让货物的所有权。货物是指有形动产,包括电力、热力、气体和自来水,不动产除外。进口货物是指进入中国关境的货物,除依法征收关税外,还在进口环节征收增值税。

(2) 提供加工、修理修配劳务。加工,是指受托加工货物,即委托方提供原料及主要材料,受托方按照委托方的要求制造货物并收取加工费的业务;修理修配是指受托对损伤和丧失功能的货物进行修复,使其恢复原状和功能的业务。

(3) 视同销售行为。以下行为属于视同销售行为,应当征收增值税:将货物交付其他单位或者个人代销;销售代销货物;设有两个以上机构并实行统一核算的纳税人,将货物从一个机构移送其他机构用于销售,但相关机构设在同一县(市)的除外;将自产或者委托加工的货物用于非增值税应税项目;将自产、委托加工的货物用于集体福利或者个人消费;将自产、委托加工或者购进的货物作为投资,提供给其他单位或者个体工商户;将自产、委托加工或者购进的货物分配给股东或者投资者;将自产、委托加工或者购进的货物无偿赠送其他单位或者个人等。

(4) 混合销售行为。混合销售行为,是指一项销售行为既涉及增值税应税货物、又涉及应缴纳营业税的劳务行为。如生产商销售设备取得收入 100 万元,同时又为客户培训员工,取得培训费 5 万元,这项业务中既有货物的销售(应纳增值税),又有培训劳务的销售(应纳营业税),属于混合销售。从事货物的生产、批发或零售的企业,企业性单位及个体工商户,以及从事货物的生产、批发或零售为主,并兼营非应税劳务的单位和个体工商户的混合销售行为,视为销售货物,应当征收增值税;其他单位和个人的混合销售行为,视为销售非应税劳务,不征收增值税,征收营业税。

(5) 兼营行为。兼营行为是指纳税人在从事应税货物销售或应税劳务的同时又从事应缴纳营业税的劳务,且两者无直接联系的行为。纳税人兼营非应税劳务的,应分别核算销售额,分别征收增值税或营业税。如果不分别核算或不能准确地分别核算销售额,其非应税劳务与货物或应税劳务应一并征收增值税。

(6) 其他应征增值税的行为。

3. 税率与征收率

(1) 增值税税率。增值税的基本税率为 17%;增值税纳税人销售或者进口粮食、自来水、图书、饲料、农业产品等货物,按低税率 13% 计征增值税;对出口货物(国家另有规定除外)实行零税率。

纳税人兼营不同税率的货物或者应税劳务,应当分别核算不同税率货物或者应税劳务的销售额;未分别核算销售额的,从高适用税率。

(2) 增值税征收率。小规模纳税人增值税征收率为 3%。

(三) 增值税应纳税额的计算

1. 一般纳税人增值税税额的计算

应纳税额＝当期销项税额－当期进项税额

当期销项税额小于当期进项税额不足抵扣时,其不足部分可以结转下期继续抵扣。

(1) 销项税额的计算。销项税额是指纳税人销售货物或提供应税劳务,按照销售额或应税劳务收入和规定的税率计算并向购买方收取的增值税税额。销项税额的计算公式为:

销项税额＝销售额×适用税率

"销售额"是指纳税人销售货物或者提供应税劳务向购买方收取的全部价款和价外费用,但是不包括收取的销项税额。纳税人收取的销售额如为含增值税的销售额,在计税时应换算为不含增值税的销售额。不含税销售额＝含税销售额÷(1＋税率或征收率)

(2) 进项税额的计算。进项税额是指纳税人购进货物或者接受应税劳务所支付或者负担的增值税额。根据税法规定,一般纳税人准予从销项税额中抵扣的进项税额,限于下列增值税扣税凭证上注明的增值税税额和按规定的扣税率计算的进项税额:

从销售方取得的增值税专用发票上注明的增值税税额;

从海关取得的完税凭证上注明的增值税税额;

其他按规定计算的准予抵扣的进项税额,如,增值税一般纳税人购买农业生产者销售的农业产品,或者向小规模纳税人购买的农业产品,准予按照买价和 13% 的扣除率计算进项税额进行抵扣,一般纳税人外购货物或销售货物所支付的运费,根据运费结算单据所列金额按 7% 的扣除率计算进项税额准予扣除。

但以下项目的进项税额不得从销项税额中抵扣:用于非增值税应税项目、免征增值税项目、集体福利或者个人消费的购进货物或者应税劳务;非正常损失的购进货物及相关的应税劳务;非正常损失的在产品、产成品所耗用的购进货物或者应税劳务;国务院财政、税务主管部门规定的纳税人自用消费品等。

案例 7-3

甲公司是增值税一般纳税人,6 月份销售应税货物取得不含增值税的销售收入额 30 万元,收取送货运费 1.17 万元;当月购进货物 20 万元,增值税专用发票上注明的进项税税额为 3.4 万元,另支付运费 2 万元,购进价值 3 千元办公用打印机一台。已知增值税适用税率为 17%。

问题:请计算甲公司的销项税额、进项税额和应纳增值税额。

2. 小规模纳税人的增值税税额计算方法

小规模纳税人实行简易征收制度,不得抵扣进项税额。计算公式如下:

应纳税额＝销售额×征收率

二、消费税

消费税是对在我国境内生产、委托加工和进口应税消费品的单位和个人，以及国务院确定的销售应税消费品的其他单位和个人，就其消费品的销售额或销售数量征收的一种流转税。

（一）消费税的一般规定

1. 消费税的纳税义务人

消费税的纳税人是指在我国境内生产、委托加工和进口应税消费品的单位和个人，以及国务院确定的销售应税消费品的其他单位和个人，为消费税的纳税义务人。

2. 消费税的征收范围及税目、税率

（1）消费税的征收范围。消费税的征收范围主要是特殊消费品、奢侈品和非生活必需品、高能耗和高档消费品、不可再生和替代的稀缺资源性消费品以及其他一些具有一定财政意义的消费品等5大类，包括高尔夫球及球具、高档手表、游艇、木制一次性筷子、实木地板、烟、酒及酒精、化妆品、贵重首饰及珠宝玉石、鞭炮、焰火、成品油、汽车轮胎、摩托车、小汽车等14个税目基本税目。

（2）消费税税目税率表。消费税税目税率具体规定见表7-1。

表 7-1　消费税税目税率表

税　　目	税　　率
一、烟	
1. 卷烟	
（1）甲类卷烟	45％加 0.003 元/支
（2）乙类卷烟	30％加 0.003 元/支
2. 雪茄烟	25％
3. 烟丝	30％
二、酒及酒精	
1. 白酒	20％加 0.5 元/500 克（或者 500 毫升）
2. 黄酒	240 元/吨
3. 啤酒	
（1）甲类啤酒	250 元/吨
（2）乙类啤酒	220 元/吨
4. 其他酒	10％
5. 酒精	5％
三、化妆品	30％
四、贵重首饰及珠宝玉石	
1. 金银首饰、铂金首饰和钻石及钻石饰品	5％
2. 其他贵重首饰和珠宝玉石	10％

续表

税　　目	税　　率
五、鞭炮、焰火	15％
六、成品油 　　1. 汽油 　　　（1）含铅汽油 　　　（2）无铅汽油 　　2. 柴油 　　3. 航空煤油 　　4. 石脑油 　　5. 溶剂油 　　6. 润滑油 　　7. 燃料油	 0.28 元/升 0.20 元/升 0.10 元/升 0.10 元/升 0.20 元/升 0.20 元/升 0.20 元/升 0.10 元/升
七、汽车轮胎	3％
八、摩托车 　　1. 气缸容量（排气量，下同）在 250 毫升（含 250 毫升）以下的 　　2. 气缸容量在 250 毫升以上的	 3％ 10％
九、小汽车 　　1. 乘用车 　　　（1）气缸容量（排气量，下同）在 1.0 升（含 1.0 升）以下的 　　　（2）气缸容量在 1.0 升以上至 1.5 升（含 1.5 升）的 　　　（3）气缸容量在 1.5 升以上至 2.0 升（含 2.0 升）的 　　　（4）气缸容量在 2.0 升以上至 2.5 升（含 2.5 升）的 　　　（5）气缸容量在 2.5 升以上至 3.0 升（含 3.0 升）的 　　　（6）气缸容量在 3.0 升以上至 4.0 升（含 4.0 升）的 　　　（7）气缸容量在 4.0 升以上的 　　2. 中轻型商用客车	 1％ 3％ 5％ 9％ 12％ 25％ 40％ 5％
十、高尔夫球及球具	10％
十一、高档手表	20％
十二、游艇	10％
十三、木制一次性筷子	5％
十四、实木地板	5％

消费税实行从价定率、从量定额,或者从价定率和从量定额复合计税 3 种办法计算应纳税额。一般应税消费品实行单一比例税率,最高税率为 45%,最低税率为 3%;黄酒、啤酒、成品油实行单一定额税率;卷烟、粮食白酒、薯类白酒实行复合税率,即在实行比例税率的同时实行定额税率。

(二)消费税应纳税额的计算

1. 从价定率消费税应纳税额计算

其计算公式为:

$$应纳税额＝应税消费品的销售额×消费税税率$$

销售额的确定有以下几种方法:

(1)纳税人生产应税消费品用于销售的,销售额为纳税人销售应税消费品向购买方收取的全都价款和价外费用。价外费用是指纳税人价外收取的基金、集资费、返还利润、补贴、违约金(延期付款利息)和手续费、包装费、储备费、优质费、运输装卸费、代收款项、代垫款项以及其他各种性质的价外费用。

(2)委托加工的应税消费品,按照受托方的同类消费品的销售价格计算纳税,没有同类消费品销售价格的,按照组成计税价格计算纳税。其计算公式为:

$$组成计税价格＝(材料成本＋加工费)÷(1－比例税率)$$

(3)纳税人自产自用的应税消费品,用于其他方面应缴纳消费税的,按照纳税人生产的同类消费品的销售价格计算纳税,没有同类消费品销售价格的,按照组成计税价格计算纳税。其计算公式为:

$$组成计税价格＝(成本＋利润)÷(1－比例税率)$$

(4)进口的应税消费品,实行从价定率办法计算纳税的,按照组成计税价格计算纳税。其计算公式为:

$$组成计税价格＝(关税完税价格＋关税)÷(1－比例税率)$$

2. 从量定额消费税应纳税额计算

实行从量定额办法计算应纳税额的,以销售数量为计税依据。其计算公式为:

$$应纳税额＝销售数量×单位税额$$

3. 复合计税办法消费税应税额的计算

(1)纳税人自产自用的应税消费品,其组成计税价格计算公式为:

$$组成计税价格＝(成本＋利润＋自产自用数量×定额税率)÷(1－比例税率)$$

(2)委托加工的税消费品,其组成计税价格计算公式:

$$组成计税价格＝(材料成本＋加工费＋委托加工数量×定额税率)÷(1－比例税率)$$

(3)进口的应税消费品,其组成计税价格计算公式:

$$组成计税价格＝(关税完税价格＋关税＋进口数量×消费税定额税率)$$
$$÷(1－比例税率)$$

三、营业税

营业税是对在我国境内提供应税劳务、转让无形资产或销售不动产的单位和个人就其营业额征收的一种流转税。

(一) 营业税的一般规定

1. 营业税的纳税义务人和扣缴义务人

(1) 营业税的纳税义务人。在中华人民共和国境内提供营业税应税劳务、转让无形资产或者销售不动产的单位和个人,为营业税的纳税义务人。单位包括企业、行政单位、事业单位、军事单位、社会团体及其他单位、个人(包括个体工商户和其他个人)。

(2) 营业税的扣缴义务人。营业税的扣缴义务人是指负有代扣代缴义务的单位和个人。主要包括:委托金融机构发放贷款的,营业税以受托发放贷款的金融机构为扣缴义务人;建筑安装业务实行分包或者转包的,营业税以总承包人为扣缴义务人;境外单位或者个人在境内发生应税行为而在境内未设机构的,营业税以代理人为扣缴义务人;没有代理人的,以受让者或者购买者为扣缴义务人;单位或者个人进行演出,由他人售票的,营业税以售票者为扣缴义务人;分保险业务,营业税以初保险人为扣缴义务人。

2. 营业税的征收范围及税目、税率

(1) 营业税的征收范围有3个方面:一是提供营业税应税劳务,包括交通运输业、建筑业、金融保险业、邮电通信业、文化体育业、娱乐业、服务业的应税劳务;二是转让无形资产,包括转让土地使用权、商标权、专利权、专有技术、著作权和商誉;三是销售不动产,包括销售建筑物、构筑物和销售其他土地附着物。现行营业税按上述征收范围分别设置了交通运输业、建筑业、金融保险业、邮电通信业、文化体育业、娱乐业、服务业、转让无形资产、销售不动产等9个税目。

征收范围中的特殊规定:① 混合销售行为。如果单位或个人发生的一项销售行为既涉及应税劳务(应征营业税的劳务),又涉及货物(为增值税征税范围),即为混合销售行为。对从事货物生产、批发或零售的企业、企业性单位及个体经营者的混合销售行为,视同销售货物征收增值税,不征营业税;其他单位或个人的混合销售行为,视同提供应税劳务征收营业税,不征增值税。但从事运输业务的单位或个人,发生销售货物并负责运输所售货物的混合销售行为,征收增值税,不征收营业税。纳税人的行为是否属于混合销售行为由国家税务总局所属征收机关确定。② 兼营行为。纳税人兼营应税劳务与货物或非应税劳务(征增值税的),应分别核算应税劳务的营业额和货物或非应税劳务的销售额,不分别核算或不能准确核算的,其应税劳务与货物或非应税劳务一并征收增值税,不征收营业税。纳税人兼营的应税劳务是否应一并征收增值税,由国家税务总局所属征收机关确定。

(2) 营业税税目税率。营业税按照行业实行有差别的比例税率,营业税税目税率具体规定见表7-2所示。

表7-2 营业税税目税率表

税 目	税 率
一、交通运输业	3%
二、建筑业	3%
三、金融保险业	5%
四、邮电通信业	3%
五、文化体育业	3%
六、娱乐业	5%~20%
七、服务业	5%
八、转让无形资产	5%
九、销售不动产	5%

税法规定,纳税人兼营不同税目应税行为的,应当分别核算不同税目的营业税、转让额、销售额,然后按各自的适用税率计算应纳税额;未分别核算的,应从高适用税率计算纳税。

(二)营业税应纳税额的计算

营业税应纳税额＝营业额×税率

1. 营业税应纳税额的确定

营业税以营业额作为计税依据。营业额是指纳税人提供应税劳务,转让无形资产或者销售不动产向对方收取的全部价款和价外费用。价外费用包括向对方收取的手续费、基金、集资费、代收款项、代垫款项及其他各种性质的价外收费。

(1)交通运输业。交通运输一般以实际收入为计税依据。纳税人将承揽的运输业务分给其他单位或者个人的,以其取得的全部价款和价外费用扣除其支付给其他单位或者个人的运输费用后的余额为营业额。

(2)建筑业。纳税人将建筑工程分包给其他单位的,以其取得的全部价款和价外费用扣除其支付给其他单位的分包款后的余额为营业额。除了提供建筑业劳务的同时销售自产货物的混合销售,应当分别核算,征收增值税和营业税情形外,纳税人提供建筑业劳务(不含装饰劳务)的,其营业额应当包括工程所用原材料、设备及其他物资和动力价款在内,但不包括建设方提供的设备的价款。纳税人自建自用的房屋不缴纳营业税;如纳税人将自建的房屋对外销售(不包括个人自建自用住房销售),除按销售不动产征收营业税外,其自建行为还应按建筑业缴纳营业税,自建行为的营业额根据同类工程的价格确定,无同类工程价格的,按组成计税价格确定。

(3)金融业。一般贷款业务的营业额,是发放贷款取得的收入全额;外汇、有价证券、期货等金融商品买卖业务,以卖出价减去买入价后的余额为营业额;转贷业务的营业额,是贷款利息减去借款利息后的余额为营业额;融资租赁业务,以租赁费及设备残值扣除设备价款为营业额；买卖外汇的营业额，是以经营者根据外汇市场行情的变化，买卖外汇所得的收益；买卖证券的营业额，是经营者根据市场行情的变化，买卖证券所得的收益，即证券买进价与卖出价之间的差额；金融经纪业的营业额，是金融机构从事金融经纪业务所取得的全部收入。

（4）邮电通信业。邮政业务以提供传递函件或包件、邮汇、报刊发行、邮务物品销售、邮政储蓄和其他邮政业务的收入为营业额；电信业务以提供电报、电话、电传、电话机安装、电信物品销售和其他电信业务的收入为营业额。

（5）文化体育业。单位或个人进行演出，以全部票价收入或者包场收入减去付给提供演出场所的单位、演出公司或者经纪人的费用后的余额为营业额，按照文化业3％的税率计算纳税。提供演出场所的单位取得的场租收入按照服务业（租赁业）5％的税率纳税；演出公司或者经纪人取得的收入按照服务业（代理业）5％的税率纳税。

（6）娱乐业。娱乐业的营业额为经营娱乐业收取的全部价款和价外费用，包括门票收费、台位费、点歌费、烟酒、饮料、茶水、鲜花、小吃等收费及经营娱乐业的其他各项收费。

旅游酒店业以其取得的全部价款和价外费用扣除替旅游者支付给其他单位或者个人的住宿费、餐费、交通费、旅游景点门票和支付给其他接团旅游企业的旅游费后的余额为营业额。

2. 营业税的应纳税额计算方法

按营业额全额为计税依据计算应纳税额。其应纳税额的计算公式为：

营业税应纳税额＝营业额×税率

案例 7-4

某歌舞厅 2005 年 7 月门票收入 1 万元，点歌费收入 5 万元，烟酒和饮料销售收入 12 万元，服务人员工资支出 1.8 万元，水电费及购货支出 3.6 万元。

问题：1. 请计算该歌舞厅当月应纳营业税额。

2. 按营业额减去准予扣除金额后的余额为计税依据计算应纳税额。

3. 按组成计税价格为计税依据计算应纳税额。

按税法规定，纳税人的自行建筑行为或者价格明显偏低又无正当理由的应税行为，在没有同类应税业务价格据以计税时，应按组成计税价格计算纳税。其计算公式为：

组成计税价格＝营业成本或工程成本×（1＋成本利润率）÷（1－营业税税率）

应纳税额＝组成计税价格×营业税税率

案例 8-4

2004 年 1 月某公司自己新建的两栋楼，一栋留为办公自用房屋，一栋进行销售。其中，房屋工程成本为 2200 万元，成本利润率为 15％，销售额为 1800 万元。

问题：请计算该公司应纳营业税税额。

第七节　所得税法

所得税是指以纳税人的所得额为征税对象的一种税。所得税法就是指调整所得税税收关系的法律规范的总称。我国现行的所得税基本规范主要有《企业所得税法》、《个人所得税法》以及《企业所得税法实施条例》、《个人所得税法实施条例》。

一、企业所得税

企业所得税，是指国家对企业在一定时间的生产经营所得和其他所得依法征收的一种税。它是国家参与企业利润分配并调节收入的重要手段，也是国家筹集财政收入的重要渠道。

（一）企业所得税的一般规定

1. 纳税义务人

企业所得税的纳税义务人是指在中华人民共和国境内企业和其他取得收入的组织。企业所得税的纳税人具体包括国有企业、集体企业、私营企业、联营企业、股份制企业、外商投资企业和外国企业及有生产经营所得和其他所得的其他组织，如事业单位、社会团体等组织。个人独资企业、合伙企业除外。

企业分为居民企业和非居民企业。

居民企业是指依法在中国境内成立，或者依照外国（地区）法律成立但实际管理机构在中国境内的企业。非居民企业，是指依照外国（地区）法律成立且实际管理机构不在中国境内，但在中国境内设立机构、场所的，或者在中国境内未设立机构、场所，但有来源于中国境内所得的企业。

2. 征税范围

对居民企业应当就其来源于中国境内、境外的所得缴纳企业所得税。

对非居民企业在中国境内设立机构、场所的，应当就其所设机构、场所取得的来源于中国境内的所得，以及发生在中国境外但与其所设机构、场所有实际联系的所得，缴纳企业所得税。

对非居民企业在中国境内未设立机构、场所的，或者虽设立机构、场所但取得的所得与其所设机构、场所没有实际联系的，应当就其来源于中国境内的所得缴纳企业所得税。

3. 税率

企业所得税的税率是指对纳税人应纳税所得额征税的比率。企业所得税实行 25% 的比例税率。

对非居民企业在中国境内未设立机构、场所的，或者虽设立机构、场所但取得的与其所设机构、场所没有实际联系的所得，适用税率为 20%。

对符合条件的小型微利企业，《企业所得税法》28 条有规定的按 20％的税率征收企业所得税。对国家需要重点扶持的高新技术企业，《企业所得税法》28 条有规定的按 15％的税率征收企业所得税。

(二) 企业所得税应纳税额的计算

1. 应纳税所得额的确定

企业每一纳税年度的收入总额，减除不征税收入、免税收入、各项扣除以及允许弥补的以前年度亏损后的余额，为应纳税所得额。其计算公式为：

应纳税所得额＝收入总额－不征税收入、免税收入、各项扣除以及允许弥补的以前年度亏损的金额

(1) 收入总额是企业以货币形式或非货币形式取得的各种收入。具体包括：销售货物收入；提供劳务收入；转让财产收入；股息、红利等权益性投资收益；利息收入；租金收入；特许权使用费收入；接受捐赠收入；其他收入。

(2) 不征税收入包括：财政拨款；依法收取并纳入财政管理的行政事业性收费、政府性基金；国务院规定的其他不征税收入。

(3) 免税收入。企业的下列收入为免税收入：国债利息收入；符合条件的居民企业之间的股息、红利等权益性投资收益；在中国境内设立机构、场所的非居民企业从居民企业取得与该机构、场所有实际联系的股息、红利等权益性投资收益；符合条件的非营利组织的收入。

(4) 准予扣除项目。准予扣除项目是指企业实际发生的与取得收入有关的、合理的支出，包括成本、费用、税金、损失和其他支出。

其中，企业缴纳房产税、车船使用税、土地使用税、印花税等，如果已经计入管理费中扣除的，不再以销售税金单独扣除。企业缴纳的增值税属于价外税，不在扣除范围之内。企业发生的公益性捐赠支出，在年度利润总额 12％以内的部分，准予在计算应纳税所得额时扣除。企业职工的工资扣除实行计税工资扣除法，职工福利费、工会经费和职工教育经费，分别以 14％、2％、2.5％的比例扣除。企业发生的与生产经营活动有关的业务招待费支出，按照发生额的 60％扣除，但最高不得超过当年销售（营业）收入的 5‰。企业发生的符合条件的广告费和业务宣传费支出，除国务院财政、税务主管部门另有规定外，不超过当年销售（营业）收入 15％的部分，准予扣除；超过部分，准予在以后纳税年度结转扣除。

(5) 不准予扣除的项目。在计算应纳税所得额时，下列支出不得扣除：向投资者支付的股息、红利等权益性投资收益款项；企业所得税税款；税收滞纳金；罚金、罚款和被没收财物的损失；公益、救济性捐赠以外的捐赠支出；赞助支出；未经核定的准备金支出；与取得收入无关的其他支出。

企业对外投资期间，投资资产的成本在计算应纳税所得额时不得扣除。

(6) 亏损弥补。企业所得税法规定，企业纳税年度发生的亏损，准予向以后年度结转，用以后年度的所得弥补，但结转年限最长不得超过 5 年。

（7）资产的税务处理。企业所得税法区别资本性支出与收益性支出，确定准予扣除的项目和不准扣除的项目，以正确计算应税所得额。

（8）特别纳税调整。企业与其关联方之间的业务往来，不符合独立交易原则而减少企业或者其关联方应纳税收入或者所得额的，税务机关有权按照合理方法调整。

（9）非居民企业应纳税所得额的计算。对非居民企业在中国境内未设立机构、场所的，或者虽设立机构、场所但取得的与其所设机构、场所没有实际联系的所得，按照下列方法计算其应纳税所得额：① 股息、红利等权益性投资收益和利息、租金、特许权使用费所得，以收入全额为应纳税所得额。② 转让财产所得，以收入全额减除财产净值后的余额为应纳税所得额。③ 其他所得，参照前两项规定的方法计算应纳税所得额。

应当注意的是，在计算应纳税所得额时，企业财务、会计处理办法与税收法律、行政法规的规定不一致的，应当依照税收法律、行政法规的规定计算。

2. 企业所得税应纳税额的计算

企业所得税应纳税额的计算公式为：

应纳税税额＝应纳税所得额×适用税率

案例 7-5

某酒店 2007 年纳税年度的各项应税收入为 180 万元，发生成本为 90 万元，营业费用 10 万元，其中广告费支出 8 万元，业务招待费 9 万元，管理费用 19 万元，财务费用 5 万元，税金 17 万元，营业外支出 7.5 万元，其中罚款支出 2.5 万元，适用税率 25％。

问题：请计算该酒店应纳企业所得税税额。

二、个人所得税

个人所得税是对居住在我国境内的个人取得的各项应税所得和境外的外国人取得来源于我国的应税所得征收的一种税。

（一）个人所得税的一般规定

1. 纳税人与扣缴义务人

个人所得税纳税人是指在中国境内有住所或者在中国境内无住所但居住满 1 年的个人（居民纳税人），以及在中国境内无住所又不居住或者在中国境内无住所而在境内居住不满 1 年的个人（非居民纳税人）。

个人所得税法规定，对除个体工商户生产经营所得以外的其他各项所得，其应纳的个人所得税，均以支付单位或个人为扣缴义务人。

2. 征税范围

对居民纳税人无论其从中国境内境外取得的所得，都应按规定在中国缴纳个人所得税；对非居民纳税人就其来源于中国境内所得向中国缴纳个人所得税。

个人所得税的征税范围具体规定如下：工资、薪金所得；个体工商户的生产、经营所得；对企事业单位的承包经营、承租经营所得;劳务报酬所得;稿酬所得;特许权使用费所得;利息、股息、红利所得;财产租赁所得;财产转让所得;偶然所得;经国务院财政部确定的其他所得。

3. 税率

我国个人所得税分别采用比例税率和超额累进税率两种形式。

(1)工资、薪金所得,适用5%～45%的9级超额累进税率(见表7-3)

表7-3　个人所得税税率表一
(工资、薪金所得适用)

级　数	全月应纳税所得额	税率(%)	速算扣除数
1	不超过500元的	5	0
2	超过500元至2000元的部分	10	25
3	超过2000元至5000元的部分	15	125
4	超过5000元至20000元的部分	20	375
5	超过20000元至40000元的部分	25	1375
6	超过40000元至60000元的部分	30	3375
7	超过60000元至80000元的部分	35	6375
8	超过80000元至100000元的部分	40	10375
9	超过100000元的部分	45	15375

(注:本表所称全月应纳税所得额是指依照本法第6条的规定,以每月收入额减除费用2000元后的余额或者减除附加减除费用后的余额。)

(2)体工商户的生产、经营所得和对企事业单位的承包经营、承租经营所得,适用5%～35%的5级超额累进税率(见表7-4)

表7-4　个人所得税税率表二
(个体工商户的生产、经营所得和对企事业单位的承包经营、承租经营所得适用)

级　数	全年应纳税所得额	税率(%)	速算扣除数
1	不超过5000元的	5	0
2	超过5000元至10000元的部分	10	250
3	超过10000元至30000元的部分	20	1250
4	超过30000元至50000元的部分	30	4250
5	超过50000元的部分	35	6750

(注:本表所称全年应纳税所得额是指依照本法第6条的规定,以每一纳税年度的收入总额,减除成本、费用以及损失后的余额。)

(3)劳务报酬所得,适用比例税率,税率为20%,对劳务报酬所得一次收入畸高的,可以实行加成征收,具体办法由国务院规定。

（4）稿酬所得，适用比例税率，税率为 20%，并按应纳税额减征 30%，其实际税率为 14%。

（5）特许权使用费所得，利息、股息、红利所得，财产租赁所得，财产转让所得，偶然所得和其他所得，适用比例税率，税率为 20%。

（二）个人所得税的计算

1. 工资、薪金所得应纳税额的计算

（1）月工资、薪金所得应纳税额的计算。工资、薪金所得以个人每月取得的工资、薪金收入，包括取得的奖金、津贴（扣除住房公积金、医疗保险金、基本养老金、失业保险金）扣除 2000 元（外籍人士、港、澳、台、华侨人士为 4800 元）的余额为应税所得，根据 9 级超额累进税率，计算应纳税所得额。计算公式为：

应纳税额＝应纳税所得额×适用税率－速算扣除数 ＝（每月收入额－2000 或 4800）×适用税率－速算扣除数

案例 7-6

某中外合资饭店外籍顾问马克 2006 年 7 月取得工资收入 1 万元，中方员工张先生同期取得工资收入 3 千元。请计算两位员工 7 月应缴纳的个人所得税。

（2）个人一次性取得数月奖金应纳税额的计算。个人取得除全年一次性奖金以外的其他各项名目奖金，如半年奖、季度奖等，一律与月工资、薪金收入合并计算应纳税所得额。

（3）全年一次性奖金的计税方法。个人取得全年一次性奖金（包括年终加薪、年薪和绩效工资）的，应分两种情况计算缴纳个人所得税。

① 个人取得全年一次性奖金且获取奖金的当月个人的工资、薪金所得高于（或等于）税法规定的费用扣除额。用全年一次性奖金总额除以 12 个月，按其商数对照工资、薪金所得项目税率表，确定适用税率和对应的速算扣除数，计算缴纳个人所得税。

应纳税额＝当月取得全年一次性奖金×适用税率－速算扣除数

个人当月工资、薪金所得与全年一次性奖金应分别计算缴纳个人所得税。

② 个人取得全年一次性奖金且获取奖金的当月个人的工资、薪金所得低于税法规定的费用扣除额，用全年一次性奖金减去"个人当月工资、薪金所得与费用扣除额的差额"后的余额除以 12 个月，按其商数对照工资、薪金所得项目税率表，确定适用税率和对应的速算扣除数，计算缴纳个人所得税。其计算公式为：

应纳税额＝（当月取得全年一次性奖金－当月工资、薪金所得与费用扣除额的差额）×适用税率－速算扣除数

案例 7-7

若王某月工资收入为 1800 元，年终取得全年一次性奖金 1.2 万元。试计算王某当月的个人所得税。

（4）年薪制所得应纳税额计算。在实行年薪制和绩效工资的单位，个人平时按月取得

的生活费或部分工资,应按月依照工资、薪金所得计算缴纳个人所得税。年终取得的年薪和绩效工资,应按全年一次性奖金计税办法计算缴纳个人所得税。

案例 7-8

唐某 2006 年在某公司任高级主管,年薪 10 万元,每月从公司固定领取收入 5000 元,其余年终考评后一次性领取,试计算唐某本年度应缴纳的个人所得税。

2. 个体工商户生产、经营所得

个体工商户的生产、经营所得应纳税额＝应纳税所得额×适用税率－速算扣除数＝(纳税年度收入总额－成本、费用、损失及税金)×适用税率－速算扣除数

3. 对企事业单位承包、承租所得

对企事业单位的承包经营、承租经营所得应纳税额＝应纳税所得额×适用税率－速算扣除数＝(纳税年度收入总额－必要费用)×适用税率－速算扣除数

4. 劳务报酬所得

(1) 每次收入不足 4000 元的:

应纳税额＝应纳税所得额×适用税率＝(每次收入额－800)×20％

(2) 每次收入在 4000 元以上的:

应纳税额＝应纳税所得额适用税率＝每次收入额×(1－20％)×20％

(3) 每次收入超过 20000 元的:

应纳税额＝应纳税所得额×适用税率－速算扣除数＝每次收入额×(1－20％)×适用税率－速算扣除数

劳务报酬所得一次收入畸高,可以实行加成征收。具体标准是:应纳税所得额超过 2 万～5 万元的部分,依税法规定计算应纳税额后,再按应纳税额加征 5 成;超过 5 万元的部分加征 10 成。因此,劳务报酬所得实际上适用 20％、30％、40％的 3 级超额累进税率。

案例 7-9

甲、乙、丙三人参加演出,甲一次取得劳务报酬 3000 元,乙一次取得劳务报酬 5000 元,丙一次取得劳务报酬 3 万元。请分别计算三人应缴纳的个人所得税税额。

5. 稿酬所得

稿酬所得,适用比例税率 20％,并按应纳税额减征 30％,其实际税率为 14％。

(1) 每次收入不足 4000 元的:

应纳税额＝应纳税所得额×适用税率×(1－30％)＝(每次收入额－800)×20％×(1－30％)

② 每次收入在 4000 元以上的:

应纳税额＝应纳税所得额×适用税率×(1－30％)＝每次收入额×(1－20％)×20％×(1－30％)

6. 特许权使用费所得

(1) 每次收入不足 4000 元的:

应纳税额＝应纳税所得额×适用税率＝(每次收入额－800)×20％

(2) 每次收入在 4000 元以上的：

应纳税额＝应纳税所得额×适用税率＝每次收入额×(1－20％)×20％

7. 利息、股息、红利所得

应纳税额＝应纳税所得额×适用税率＝每次收入额×20％

8. 财产租赁所得

(1) 每次收入不足 4000 元的

应纳税额＝应纳税所得额×适用税率＝(每次收入额－800)×20％

(2) 每次收入在 4000 元以上的：

应纳税额＝应纳税所得额×适用税率＝每次收入额×(1－20％)×20％

9. 财产转让所得

应纳税额＝应纳税所得额×适用税率＝(收入额－财产原值－合理费用)×20％

10. 偶然所得

应纳税额＝应纳税所得额×适用税率＝每次收入额×20％

11. 其他所得

应纳税额＝应纳税所得额×适用税率＝每次收入额×20％

12. 境外所得的税额扣除

税法规定,纳税义务人从中国境外取得的所得,准予其在应纳税额中扣除已在境外缴纳的个人所得税税额。但扣除额不得超过该纳税义务人境外所得依照我国税法规定计算的应纳税额。

思考与练习

一、有问有答

1. 什么是价格法？价格法调整的价格关系包括哪些关系？

2. 经营者价格行为的权利和义务包括哪些内容？

3. 明码标价签上对标价数码和使用币种及文字有什么要求？

4. 国家怎样调控价格总水平和对价格进行监督、检查？

5. 旅游饭店业价格行为规则包括哪些内容？

6. 简述税法的构成要素。

7. 如何确定增值税的小规模纳税人？

8. 什么是增值税混合销售行为？什么是增值税兼营行为？两者有何不同？

9. 简述消费税的税目及纳税环节。

10. 简述营业税的概念及营业税的税目。

二、案例分析

某年 1 月 12 日,乌鲁木齐市消协受理了一起因"酒水开瓶费"引发的投诉。消费者吉先生在乌鲁木齐一家知名餐饮海鲜城消费时,由于自带酒水,海鲜城收取了他 150 元的"开瓶费",吉先生认为"收取酒水开瓶费不合法"。

白女士等 8 人自带了 4 瓶酒和 2 瓶饮料到某餐厅消费。在结账时商家要收取 40 元的开瓶费,白女士和同事对商家的这种行为感到强烈不满。他们认为这是商家的霸王条款,于是双方发生了口角冲突。白女士认为,饭店酒水价格要比市场高出很多,而且品种较单一,所以才自带,这是消费者的自由,商家不应该干预更不应该收取开瓶费。

餐饮行业"谢绝自带酒水"("收取酒水开瓶费")已是个老问题,由餐饮业"谢绝自带酒水"这一行规引发的问题也越来越多。以下是某餐厅酒水价格和市场价的对照比较。

价格　　　饮料	某餐厅	市场价	表面差价利润（差价/市场价）
雪碧、可乐	10 元/听	2 元/听	400%
西湖绿雨、绿晶	12 元/瓶	5 元/瓶	140%
喜力 330ml	25 元/瓶	10 元/瓶	150%
53 度茅台	680 元/瓶	260 元/瓶	162%
本地矿泉水	10 元/瓶	1 元/瓶	900%

从这一对照表中可看出,酒店的酒水价格比市场价高出很多。在市场价的基础上还有 100% 以上的利润。这不免让很多消费者不满,认为酒店存在暴利的嫌疑。

问题:(1) 在我国,餐饮市场已经放开。在一个充分竞争的市场,经营者侵犯消费者的自主选择权的可能性是否很大?

(2) 消费者的观点你同意么,请逐条讨论分析。

(3) 经营者的观点你同意么,请逐条讨论分析。

(4) 在餐饮经营活动中,餐馆的主要产品是什么,酒水产品的成本都包括哪些,市场价或者进货价能否反映出酒水的真实成本?

(5)《价格法》中关于暴利的规定是怎样的,利润达到多少算是暴利?

(6) 请选择一餐馆进行调研,计算所调研餐馆酒水价格是否是暴利?

(7) 对于功能、质量完全相同或者相当接近的商品,其有形价值是相近的。而一旦贴上品牌标签,则商品价格就完全不同。比如规格、质量几乎完全相似的衬衫,因为贴牌不同,其产品价格就相差甚远。这一部分的差额收益,就是品牌的作用所致的附加值。它是一种无形价值,是消费者孜孜以求的一种精神享受。那么,酒店中的酒水产品是否也同样存在"产品附加值"? 应该如何计算?

三、计算题

1. 香港青春偶像实力派男歌星周某与演出公司签订协议,由演出公司承办一场大型演出,地点选择在市区白龙体育馆,三方商定:① 周某支付体育馆场租 5 万元,由体育馆负责售票;② 周某支付演出公司经纪费 10 万元;③ 门票收入共 50 万元,周某支付广告支出 6 万元。试计算该活动中三方应纳的营业税税额。

2. 某企业 2008 年 3 月发生下列业务:

(1)从国外进口一批 A 类化妆品,关税完税价格为 82 万元,已缴纳关税 23 万元。

(2)委托某工厂加工 B 类化妆品,提供原材料价值 6.8 万元,支付加工费 2000 元。该批加工产品已收回(受托方没有 B 类化妆品同类货物销售价格)。

(3)销售本企业生产的 C 类化妆品,取得销售额 58 万元(不含增值税,下同),另外,将价值 8000 元的 C 类化妆品赠送给客户。已知化妆品消费税率为 30%。

要求:① 计算 A 类化妆品应缴纳的消费税;② 计算 B 类化妆品应缴纳的消费税;③ 计算 C 类化妆品应缴纳的消费税。

3. 某企业为增值税一般纳税人,2006 年 3 月外购原材料专用发票上注明的税额为 17 万元,当月销售货物取得含税销售额 234 万元,另将价值 20 万元(不含税)的自产商品对外投资,该企业适用的增值税税率为 17%。试计算该企业 3 月份增值税应纳税额。

能力训练

组织学生到当地星级酒店了解酒店定价机制及缴纳的主要税费种类。

第八章　酒店纠纷处理法律制度

□ 学习目标

【能力目标】

　　能通过协商、调解、仲裁、诉讼等手段解决酒店争议纠纷,初步具备纠纷解决能力。

【知识目标】

　1. 了解协商的概念和特征。

　2. 了解调解的概念和种类。

　3. 明确仲裁和诉讼的概念、种类、案件受理的条件和范围。

　4. 仲裁和诉讼的程序、当事人的权利、义务和应当注意的事项等。

　5. 认识民事诉讼证据的重要性和掌握民事诉讼证据的运用。

案例导入

案例 8-1

　　李忠与钱、王、赵是朋友。钱、王、赵三人合伙经营酒店,三人共同向李忠借款50万元,言明半年之后归还,并出具了借条,由钱、王、赵三人共同在借条上签名。半年之后,三人未能按约定时间还钱,李向他们索要,三人互相推诿,李欲向法院提起诉讼,现知道钱住杭州西湖区、王住杭州江干区、赵住杭州萧山区。

　　问题: 李如果到法院起诉,应向哪个法院递交起诉书?

理论知识

第一节　酒店纠纷的协商与调解

　　在酒店经营过程中会发生各种纠纷,包括酒店与消费者的纠纷,酒店与员工的纠纷,酒店与管理部门之间的纠纷,酒店与业务合作者之间的纠纷等。酒店经营中的纠纷可以通过下列途径解决：① 与对方当事人协商和解；② 请求有关人员（部门）调解；③ 向有关行政部门申诉；④ 根据与对方当事人之间达成的仲裁协议提请仲裁机构仲裁；⑤ 向人民法院提起诉讼。

一、协 商

（一）协商的概念

协商是指争议双方自行解决酒店纠纷的方式。是指就发生的酒店纠纷，由当事人之间自行协商，取得谅解，自愿达成协议而解决纠纷的一种方式。酒店经营中发生纠纷一般情况首先应考虑选择协商的方式使矛盾得到解决。协商不拘程序，节省时间，有利于及时解决纠纷，有利于巩固和发展双方的协作关系，增进团结。因此，协商是及时处理纠纷的一种最简便易行的办法。

（二）协商解决酒店纠纷的注意事项

协商解决酒店纠纷，它是建立在争议当事人双方彼此谅解，自愿让步的基础上，参照有关法规和合同条款的规定，通过互相协商使纠纷得到圆满解决。为使协商取得成效，双方当事人在协商解决纠纷时，应注意以下几点：

1. 要查明事实，并分清责任

一般说来，形成纠纷，是由于当事人双方权利与义务之间发生了冲突，为解决冲突，使当事人心悦诚服，就必须查明事实、分清责任。这样可促使当事人在协商中充分考虑到自己的过失，为建立一个互谅互让的协商环境奠定基础。

2. 要求大同、存小异

协商解决酒店纠纷时，双方要本着与人为善，不在枝节问题上纠缠，而应求大同、存小异。

3. 协商要坚持原则

双方应本着诚心解决纠纷的态度进行协商，在协商过程中，既不能怕搞坏关系而作无谓的让步，也不能因为本单位的利益而损害国家利益和公共利益。如果通过协商达成的协议，违反了国家的法律、政策和计划，即使双方自愿，也是无效的。

4. 协商要及时果断

在协商过程中，如果经过认真努力仍无结果，应及早采取新的方式予以解决。对于争议双方所要求解决纠纷的条件差距过大，或一方无诚意，不宜采取协商方式解决其纠纷。

二、调 解

（一）调解的概念和原则

调解，是指由当事人以外的第三方对当事人之间所发生的酒店纠纷，居中调停，在明辨是非责任的基础上，劝说双方互相谅解，自愿达成协议，以解决纠纷的一种纠纷解决方式。

调解在我国被广泛采用，是我国处理纠纷的一个重要特点。不但一般机关、社会团体、企业事业等单位可以为纠纷双方进行调解，仲裁机构和人民法院在处理各种纠纷案件时也都主动进行调解，调解不成时才进行仲裁或判决。因此，我国的调解主要分为行政机关的调解、仲裁机关的调解和人民法院的调解。

调解应遵循下列原则：

1. 自愿原则

调解即是通过第三方的说服、劝说，促使当事人双方互相谅解，由当事人双方自愿达成解决纠纷的协议，就必须有当事人意思表示的一致。当事人的这种意思表示必须是真实的和自愿的，如果违背自愿原则，调解者强制当事人双方或一方接受，当事人的意思表示不是真实的和自愿的，就不成为真正的调解。

2. 合法原则

任何调解都必须符合法律和政策的要求。调解虽然是说服当事人双方互相让步，但并不是不分是非，不顾法律和政策而进行无原则的调和。调解一定要在弄清事实和分清责任的基础上，根据法律、政策的要求来进行。

3. 公益原则

调解和当事人自行和解一样，都应当遵守公益原则，不能损害他人的合法权益，更不得损害国家利益或社会公共利益。

（二）行政调解

1. 行政调解的概念和特征

行政调解，是指由国家行政机关主持下，对特定的酒店纠纷依法进行的调解。其特征是：

（1）调解由国家行政机关主持，它既区别于民间调解，也有别于法院的诉讼调解。

（2）调解的范围只限于行政机关职权管辖之内的事项。除基层人民政府可以调解各类民间纠纷外，其他行政机关只受理与其管理活动相关的调解事项，如工商行政管理机关对酒店经济合同纠纷的调解、版权管理机关对酒店版权纠纷的调解等。

（3）调解一般不具有法律的强制力。调解协议达成后当事人反悔的，不能申请强制执行，当事人可以再申请仲裁或向人民法院提起诉讼。

2. 酒店纠纷的行政调解主管机关

一般酒店纠纷，原则上都可以由主管的行政机关进行调解。主要有：

（1）酒店经济合同纠纷，向工商行政管理机关申请调解。

（2）酒店房产纠纷，由各级房产管理部门调解。

（3）酒店版权纠纷，由版权管理部门调解。

（4）酒店劳动合同纠纷，由企业劳动争议调解委员会调解。需要说明的是，企业劳动争议调解委员会本身不是国家行政机关，但它是受行政法规的委托，成为调解劳动争议的专门的、常设的组织。

3. 行政调解的程序

（1）当事人提出调解申请，应符合法律规定的形式。申请可以是口头形式，也可以是书面形式。法律规定须书面形式的须采用书面形式。

（2）征求对方当事人的意见。根据调解自愿的原则，必须是双方当事人都同意调解。

（3）调查事实、收集证据。因为调解应当建立在分清事实、明辨是非的基础上进行，必须将"以事实为根据"作为调解的出发点。

（4）调解协商。在查明事实、分清是非、明确责任的基础上，依照法律、法规、规章和政策进行调解，要坚持摆事实、讲道理，促使双方当事人互谅互让，达成解决纠纷的协议。

（5）制作和送达调解协议书。对双方达成的协议制作协议书后，应由双方当事人和调解机关签名、盖章，以资信守。当事人应自觉履行调解协议。如果当事人一方反悔，可向仲裁机关或人民法院提请仲裁或诉讼。

知识链接 8-1

合同争议行政调解办法

第一条 为规范合同争议调解工作，及时解决合同争议，保护当事人的合法权益，维护社会经济秩序，根据国家有关法律的规定，制定本办法。

第二条 工商行政管理机关调解合同争议，适用本办法的规定。

第三条 调解合同争议，实行双方自愿原则。

第四条 调解应当符合有关法律、行政法规的规定，应当公平合理。

第五条 除双方当事人要求外，调解不公开进行。

第六条 工商行政管理机关受理法人、个人合伙、个体工商户、农村承包经营户以及其他经济组织相互之间发生的以实现一定经济目的为内容的合同争议，法律、行政法规另有规定的从其规定。

第七条 申请调解合同争议应当符合下列条件：

（一）申请人必须是与本案有直接利害关系的当事人；

（二）有明确的被申请人、具体的调解请求和事实根据；

（三）符合本办法第六条规定的受案范围。

第八条 下列调解申请不予受理：

（一）已向人民法院起诉的；

（二）已向仲裁机构申请仲裁的；

（三）一方要求调解，另一方不愿意调解的。

第九条 申请合同争议调解，应当向工商行政管理机关提出书面调解申请和合同副本。

合同争议调解申请应当写明申请人和被申请人的名称或者姓名、地址，法定代表人姓名、职务，申请的理由和要求，申请日期。

第十条 工商行政管理机关收到调解申请后，应当认真审查有关材料。对被申请人同意调解，符合立案条件的，应当在五日内予以受理，并通知双方当事人提交有关证据材料、法定代表人证明书、授权委托书以及其他必要的证明材料。对被申请人不同意调解，或者虽然同意调解，但不符合立案条件的，应当在五日内书面通知申请人不予受理，并说明理由。

第十一条　受理合同争议调解申请后，应当指定调解员一至二人进行调解。简单的合同争议案件，可以派出调解员就地进行调解。

第十二条　当事人发现调解员与本案有利害关系或者不能公正处理案件的，有权以口头或者书面方式申请其回避；参加办案的调解员认为自己不宜办理本案的，应当自行申请回避。调解员回避后，另行指定调解员。

第十三条　调解员应当提前将调解时间、地点通知当事人。

第十四条　当事人应当对自己的主张提供证据。

第十五条　调解员调解合同争议，应当拟定调解提纲，认真听取双方当事人的意见，如实做好调解笔录，积极促使双方当事人互相谅解，达成调解协议。

第十六条　当事人一方因正当的或者对方当事人可以谅解的理由不参加调解或者中途退出调解的，可以延期调解。

第十七条　一方当事人不愿意继续调解的，应当终止调解。

第十八条　合同争议涉及第三人的，应当通知第三人参加。调解结果涉及第三人利益的，应当征得第三人同意，第三人不同意的，终止调解。

第十九条　调解成立的，双方当事人应当签署调解协议，或者签订新的合同。

调解协议或者新的合同一式三份，双方当事人各保留一份，另一份由工商行政管理机关存档。

第二十条　调解不成立或者当事人不履行调解协议的，工商行政管理机关应当告知当事人根据仲裁协议向仲裁机构申请仲裁，或者向人民法院起诉。

第二十一条　合同争议应当自受理之日起两个月内调解终结。遇有特殊情况确需延长的，可以适当延长，但延长期不得超过一个月。

第二十二条　调解终结后，应当制作调解终结书。

调解终结书应当写明当事人的名称或者姓名、地址，法定代表人或者代理人姓名、职务，争议的主要事实，当事人的请求和调解结果，并由调解员署名，加盖合同争议调解专用章。

应当事人的要求，调解终结书可以送达给当事人。

第二十三条　本办法由国家工商行政管理局负责解释。

第二十四条　本办法自公布之日起施行。

（三）仲裁调解

1. 仲裁调解的概念和特点

仲裁调解，是指仲裁机关在处理案件时，对当事人进行的调解。其特点是：

（1）它是仲裁程序的重要组成部分，是进行仲裁的前置程序。《仲裁法》规定，仲裁庭在作出裁决前，可以先行调解。

（2）它是由仲裁庭或仲裁员一人主持下进行。如调解未达成协议或者调解书签收前一方或者双方反悔的，仲裁庭应进行裁决。

（3）调解达成协议后具有法律效力。即调解书送达后,双方当事人必须自动履行;一方逾期不履行,另一方可向有管辖权的人民法院申请执行。

2. 仲裁调解的程序

仲裁庭在案件处理前,在查明事实、分清责任的基础上,先行调解,促使当事人互相谅解,达成协议。调解达成协议的,应当制作调解书。调解书应当写明当事人的名称、地址、代表人或者代理人姓名、职务;纠纷的主要事实、责任、协议内容和费用的承担。调解书由当事人签收。

（四）人民法院调解

1. 人民法院调解的概念

人民法院调解又称诉讼中调解,是指在民事诉讼中双方当事人在人民法院审判人员的主持和协调下,就案件争议的问题进行协商,从而解决纠纷所进行的活动。人民法院调解,是人民法院依照法律规定行使审判权的一种方式和诉讼活动,既区别于当事人的和解,又区别于人民调解、行政调解和仲裁调解。

2. 人民法院调解的原则

人民法院调解必须遵循以下三项原则:

自愿原则。是指在民事诉讼活动中,人民法院对案件进行调解,必须当事人自愿。

查明事实、分清是非原则。是指人民法院对民事案件进行调解必须在查明案件事实、分清是非。

合法原则。是指人民法院和双方当事人的调解活动及其协议内容必须符合法律的规定。

3. 人民法院调解的特征

（1）它是人民法院按照《民事诉讼法》的规定,在诉讼的全过程和诉讼的各个阶段都可以进行的活动,也是进行判决的前置条件。

（2）它是在人民法院的合议庭或审判人员主持下进行的,审判人员在调解中始终处于主导地位。

（3）调解协议必须是当事人双方自愿达成。调解协议书送达后,即具有法律效力。

（4）以调解方式结束的案件,不发生上诉问题,从而能减少诉讼环节,节省人力、物力和时间。

4. 调解程序及其活动

主要分为以下三个阶段:

（1）调解的开始。调解的开始,通常情况由当事人提出申请开始,人民法院也可以依职权主动提出建议,在征得当事人同意后开始调解。

（2）调解的进行。人民法院受理案件后,经审查,认为法律关系明确、事实清楚,在征得双方当事人同意后,可以进行调解。有些案件,经过开庭后,有通过调解达成协议可能的,还可以根据当事人双方的申请或同意,继续进行调解。人民法院调解可以邀请有关单位和个人进行协助,被邀请的单位和个人,应当协助人民法院进行调解。

(3) 调解的结束。调解的结束分为以下情况:调解因人民法院主持调解而结束;调解因当事人自己达成协议而结束;因调解不成而结束。

5. 人民法院调解的效力

(1) 调解的效力。人民法院的调解书与判决书具有同等效力。具体表现是:对已调解解决的案件,在程序上人民法院不得再行审理或者另行判决;在实体上已确定的权利义务,当事人不得再以同一事实和理由提出异议而向人民法院再行起诉;不得对调解提起上诉。因为调解协议是双方当事人自愿达成的,就不存在对调解不服的问题,因此,当事人不得对调解提起上诉。

调解协议具有法律效力。一方当事人不履行调解协议所确定的义务另一方有权依法申请人民法院强制执行。

(2) 调解生效的时间。根据《民事诉讼法》的规定,调解协议发生法律效力的时间不同。

制作调解书的,调解书由审判人员、书记员署名,加盖人民法院印章,送达双方当事人,调解书经双方当事人签收后,即具有法律效力。

对不需要制作调解书的协议,应当记入笔录,由双方当事人签名或盖章后,即具有法律效力。

第二节　酒店纠纷的仲裁

案例 8-2

甲酒店与乙公司签订了一份原材料采购合同,并单独签订了一份仲裁协议。甲酒店和乙公司在履行过程中发生了纠纷。甲酒店向人民法院起诉,要求乙公司支付货款并赔偿损失,但未声明有仲裁协议。人民法院受理后通知乙公司应诉,乙公司未提出异议且对甲公司的请求进行了答辩。在开庭审理过程中,法庭调查时,乙公司出示了仲裁协议书并指出人民法院没有管辖权。

问题:对此人民法院应如何处理?

一、酒店纠纷仲裁概述

(一) 仲裁的概念

仲裁,也称"公断",是指当事人双方发生纠纷后,争议的双方或者各方根据自愿,由仲裁机构作出具有约束力的裁决,以解决纠纷的一种方式。

仲裁制度由来已久,发生纠纷的双方当事人为了尽快解决争议,往往来用各自推荐 1 名仲裁员共同进行裁决的形式来寻求争议解决的途径。这种做法目前已经成为国际上解决纠纷的惯用方式,其优势在于:

(1) 能充分反映当事人的意志,可以自行约定仲裁机构、地点、时间、选择仲裁员,具有很大的自由度和灵活性；

（2）仲裁实行一裁终局的原则，缩短了解决纠纷的时间，同时也避免了重复收费；

（3）仲裁结果具有法律效力；

（4）仲裁可实行不公开审理，能为当事人保守秘密；

（5）仲裁实行依法独立的原则，仲裁员大都是法律和技术方面的专家，处于中立地位，有利于保持公正和保证仲裁裁决的质量。

当前，我国对酒店纠纷的仲裁有：合同仲裁、劳动争议仲裁和涉外仲裁。

劳动争议的仲裁，属于法定仲裁，其程序应由行政法规作出具体规定；合同仲裁、涉外仲裁包括国际经济贸易仲裁和海事仲裁，其管辖权来自当事人双方的协议，没有协议就无权受理，具有民间性质。

（二）酒店纠纷仲裁的原则

1. 尊重事实、符合法律、公平合理地解决纠纷的原则

裁决纠纷，应建立在查明事实真相的基础上，以当事人之间有争议的客观事实作为处理纠纷的根据，尊重法律规定，区分争议的是非，明确责任，依法处理。

2. 当事人法律地位平等的原则

仲裁是解决具有平等主体地位的公民、法人与其他组织之间发生的合同纠纷和其他财产权益纠纷，其法律地位是平等的。只有当事人双方法律地位平等，仲裁机构才能在仲裁活动中适用法律平等，切实保障当事人平等地行使权力，公平合理地解决纠纷。

3. 当事人协议选定仲裁机构的原则

仲裁不实行级别管辖和地域管辖，由哪一个仲裁委员会受理当事人的仲裁申请，是由当事人双方事先在书面仲裁协议中明确选定了的。选择由哪一个仲裁委员会居中以第三人对纠纷进行处理判断或裁决，完全取决于当事人的意志。

4. 自愿仲裁原则

仲裁的自愿性原则是由仲裁的性质决定的，进行仲裁是当事人自愿选择的结果。没有书面仲裁协议，一方申请仲裁的，仲裁委员会不予受理。

5. "或裁或审"原则

解决酒店合同纠纷和其他财产权益纠纷，既可以通过仲裁途径，也可以通过诉讼途径。或者仲裁，或者诉讼，当事人只能在两者之间任选一种。当事人达成仲裁协议的，一方向人民法院起诉的，人民法院无权受理，仲裁委员会也无权受理当事人没有仲裁协议的仲裁申请。

6. "一裁终局"原则

仲裁实行一次裁决制度，即仲裁委员会作出了裁决即发生法律效力，当事人不得要求二次仲裁、复议或者提起诉讼。当事人双方应当履行仲裁裁决；一方在规定的期限内不履行的，另一方可以向人民法院申请强制其执行。

（三）仲裁的历史沿革

用仲裁方式解决纠纷起源于中世纪的瑞典，最早的仲裁法规是 1889 年英国的《仲裁

法》。1923 年,国际联盟在日内瓦签订了《仲裁条款议定书》。1927 年签订了《关于执行外国仲裁裁决的公约》。1958 年,联合国通过了《承认和执行外国仲裁裁决的公约》。1976 年,联合国国际贸易法委员会制定了《仲裁规则》。仲裁作为解决国际商事争议的一种方式,已在国际上得到普遍承认和广泛采用。

在中国,最早的仲裁法规是 1921 年的《民事公断暂行条例》。当时的仲裁机构设在商会,称为"公断处"。新中国成立后,中央人民政府政务院于 1954 年作出了"关于在中国国际贸易促进委员会内设立对外贸易仲裁委员会的决定"。中国国际贸易促进委员会于 1956 年制定了对外贸易仲裁程序规则,同时成立了对外贸易仲裁委员会。1958 年,国务院又作出了"关于在中国国际贸易促进委员会内设立海事仲裁委员会的决定"。中国国际贸易促进委员会于 1959 年制定了《海事仲裁委员会仲裁程序暂行规则》,成立了海事仲裁委员会。1980 年 2 月 26 日,国务院将对外贸易仲裁委员会更名为对外经济贸易仲裁委员会。1994 年 8 月 13 日,8 届全国人大常委会第 9 次会议通过并公布了《中华人民共和国仲裁法》(以下简称《仲裁法》),自 1995 年 9 月 1 日起施行。该法的制定,旨在为保证公正、及时地仲裁纠纷,就仲裁机构、仲裁协议、仲裁程序、申请撤销裁决、执行以及涉外仲裁等做了规定。

(四) 仲裁协议

仲裁协议是指当事人双方自愿把他们之间的争议提交仲裁解决的书面协定。它包括合同中订立的仲裁条款和以其他书面方式在纠纷发生前或者发生后达成的请求仲裁的协议。

仲裁协议的内容应当包括:① 请求仲裁的意思表示;② 仲裁事项;③ 选定的仲裁委员会。

仲裁协议独立存在,合同的变更、解除、终止或者无效,并不影响仲裁协议的效力。仲裁案件的合同效力的确认权,属于承办此仲裁案的仲裁庭。

(五) 仲裁委员会

仲裁委员会是受理当事人的仲裁申请,对酒店合同纠纷和其他财产权益纠纷居间作出具有约束力的判断或裁决的专门性机构。仲裁委员会可以在省、自治区和直辖市人民政府所在地的市设立,也可以根据需要在其他设区的市设立。仲裁委员会一般由商会组建。仲裁委员会之间没有隶属关系,其成员由法律、经济贸易专家和有实际工作经验的人员组成。

二、酒店纠纷仲裁程序

酒店合同发生纠纷时,当事人的任何一方可以依据合同中的仲裁条款或者事后达成的书面仲裁协议,向仲裁机构申请仲裁。当事人只有在没有合同中订立仲裁条款,事后又没有达成书面仲裁协议的情况下,方可向人民法院起诉。

(一) 仲裁申请和受理

当事人申请仲裁应向仲裁委员会递交仲裁协议、仲裁申请书,并按照被诉人数提交副本。仲裁申请书应当写明:

（1）申诉人名称、地址、法定代表人姓名；

（2）被诉人名称、地址、法定代表人姓名；

（3）仲裁请求和所根据的事实、理由；

（4）证据和证据来源、证人姓名和地址。

仲裁机关自收到仲裁申请书之日起5日内，首先审查仲裁申请是否符合规定。不符合受理条件的，应当书面通知申请人不予受理，并说明理由；符合规定的，应当受理并通知当事人，同时应将仲裁规则和仲裁员名册分送当事人双方。申诉人应向仲裁机关预交受理费。仲裁机关在受理后5日内将仲裁申请书副本发送被诉人。被诉人收到仲裁申请书副本后，应在15日内提交答辩书和有关证据。

当事人、法定代表人可以委托1至2人代为申诉，但必须向仲裁机关提交授权委托书，授权委托书必须记明委托事项和权限。

（二）仲裁庭的组成和开庭

仲裁庭审理仲裁案件，当事人可以约定由3名仲裁员或1名仲裁员组成仲裁庭；由3名仲裁员组成仲裁庭的，应设首席仲裁员。仲裁的审理一般应不公开进行。

仲裁庭确定了开庭时间、地点后，应将开庭时间、地点书面通知当事人。申诉人经书面通知，无正当理由不到庭或者未经仲裁庭许可中途退庭的，可视为撤回仲裁申请。被诉人经书面通知，无正当理由不到庭或者未经仲裁庭许可中途退庭的，可以缺席裁决。

仲裁庭开庭时，由首席仲裁员宣布仲裁庭组成人员名单，询问当事人是否申请回避。当事人如果发现仲裁庭组成人员与本案有利害关系，有权用口头或者书面方式申请该组成人员回避；仲裁庭组成人员如果认为办理本案不适宜，应自行申请回避。

在仲裁审理过程中，仲裁人员应认真听取当事人陈述和辩论，出示有关证据，然后依申诉人、被诉人的顺序征询双方最后意见。仲裁机关在处理案件时，应当先行调解。如调解未达成协议，仲裁庭应进行仲裁。

仲裁机关在处理案件时，可以根据当事人的申请，作出保全措施的裁定。保全措施限于申请仲裁的范围或者与本案有关的财物。所谓保全措施，是指如中止合同的履行、查封和扣押货物、变卖不易保存的货物并保存价款、责令被申请人提供担保或者法律准许的其他方法。仲裁机关采取保全措施时，可以令申请人提供担保。

（三）裁决

仲裁审理终结后，仲裁庭根据评议结果作出裁决。仲裁决定书除写明申诉人和被诉人的基本情况外，还应当写明：仲裁争议事实、裁决理由、请求、裁决结果、仲裁费用的负担和裁决日期。裁决书由仲裁员签名并加盖仲裁委员会印章。裁决书自作出之日起即发生法律效力。

除劳动争议仲裁外，我国仲裁实行一裁终局制度。仲裁作出裁决，当事人应当履行。当事人一方在规定的期限内不履行仲裁机构的仲裁裁决的，另一方可以向有管辖权的人民法院申请强制执行。

三、酒店涉外仲裁

（一）涉外仲裁的概述

涉外仲裁包括国际经济贸易仲裁和海事仲裁。国际经济贸易仲裁，是指由中国国际经济贸易仲裁委员会根据当事人在争议发生之前或者在争议发生之后达成的将争议提交仲裁委员会仲裁的仲裁协议和一方当事人的书面申请，以仲裁的方式，独立、公正地解决产生于国际经济贸易中的争议案件。中国国际经济贸易仲裁委员会又称为中国国际商会仲裁院，1956年成立。仲裁与调解相结合是中国国际经济贸易仲裁委员会仲裁的一个显著特点。

海事仲裁，是指中国海事仲裁委员会根据当事人在争议发生之前或者在争议发生之后达成的将争议提交仲裁委员会仲裁的仲裁协议和一方当事人的书面申请，以仲裁的方式，独立、公正地解决海事争议案件。

（二）涉外仲裁的组织

我国涉外仲裁组织作为民间机构，包括国际经济贸易仲裁和海事仲裁两种。仲裁委员会由主席一人、副主席若干人和委员若干人组成。仲裁委员会设立仲裁员名册，仲裁员由中国国际商会（中国国际贸易促进委员会）从具有国际经济贸易、科学技术和法律等方面知识以及具有有关专业知识和实际经验的中外人士中聘任。目前，仲裁委员会共有仲裁员518名，其中我国港、澳、台地区及外籍仲裁员174名。仲裁委员会设秘书处，负责处理仲裁委员会的日常事务。中国国际经济贸易仲裁委员会作为中国国际商会的常设仲裁机构。长期以来坚持仲裁自愿、独立公正、根据事实符合法律规定、一裁终局的仲裁基本原则，尊重国际惯例，使仲裁的公正性得到了普遍认可，深受当事人的信任。涉外仲裁机构的主要职责是利用仲裁方式解决商事纠纷，组织仲裁案件程序管理并提供相应服务，组成仲裁庭做出终局裁决。

1998年，中国国际经济贸易仲裁委员会仲裁规则扩大了受案范围，除继续受理涉外案件（包括我国港、澳、台地区的案件）外，还受理外商投资企业相互之间和外商投资企业与中国法人、自然人和其他经济组织之间的争议，以及其他外向型争议案件和国家法律法规特别授权的案件。目前，除北京总会外，中国国际经济贸易仲裁委员会还在上海、深圳设有分会，在大连、长沙、重庆、成都、广州等地设有办事处。

（三）涉外仲裁程序

根据1988年9月12日通过的《中国国际经济贸易仲裁委员会仲裁规则》和《中国海事仲裁委员会仲裁规则》的规定，申诉人必须按照有关要求向仲裁委员会提供仲裁申请书，并附具申诉人要求所依据事实的证明文件，在仲裁委员会仲裁员名册中指定1名仲裁员，或者委托仲裁委员会主席指定，按照仲裁规则所附的仲裁费用表的规定预交仲裁费。

仲裁委员会收到仲裁申请书及其附件后，经过审查认为申诉人申请仲裁的手续完备，将申诉人的仲裁申请书及其附件，连同仲裁委员会的仲裁规则和仲裁员名册各一份，寄送给被诉人。被诉人应当在收到仲裁申请书之日起 20 日内指定或委托指定 1 名仲裁员,并在 45 日内向仲裁委员会提交答辩书及有关证明文件。被诉人如对案件有反诉,应当在提交答辩书的期限内提出,反诉书中写明其要求及所依据的事实和证据,以及有关证明文件,并按规定预交仲裁费。当事人向仲裁委员会提交的仲裁申请书、答辩书、反诉书和有关证明材料以及其他文书,应当按照对方当事人和组成仲裁庭的仲裁员人数准备副本。

仲裁审理实行回避制度。仲裁员如果与案件有利害关系,应当自行回避;当事人也有权要求该仲裁员回避。仲裁应当开庭审理,但经双方当事人申请或者征得双方同意,也可以不开庭,只依据书面文件进行审理并作出裁决。开庭审理的案件,不公开进行,如果双方当事人要求公开审理,则由仲裁庭作出决定。

当事人应当对其申诉或者答辩所依据的事实提出证据。证据由仲裁庭审定。仲裁庭认为必要时,可以自行调查、收集证据。仲裁庭开庭时,如果一方当事人或其代理人不出席,仲裁庭可以进行缺席审理和裁决。

仲裁委员会受理的案件,如果当事人双方自行达成和解,撤销案件的,由仲裁委员会主席决定,发生在仲裁庭组成以后的,由仲裁庭作出决定。撤销的案件再次提出仲裁申请的,由仲裁委员会主席作出受理或不受理的决定。

仲裁委员会和仲裁庭可以对案件进行调解,经调解达成协议,仲裁庭应当根据协议的内容作出裁决书。

仲裁案件审理终结,仲裁庭在 45 日内作出仲裁裁决书,裁决依多数仲裁员的意见决定,少数仲裁员的意见可以作成记录附卷。仲裁裁决是终局的,任何一方当事人均不得向人民法院起诉,也不得向其他机构提出变更仲裁裁决的请求。既不允许仲裁当事人对裁决的任何法律事实或程序事项向人民法院起诉,仲裁机构本身也不对已经做出的最终裁决予以复议。当事人应当自动履行裁决;一方当事人不履行的,可以根据中国法律或有关国际条约向中国法院或外国有管辖权的法院申请强制执行。

知识链接 8-2

《中华人民共和国劳动争议调解仲裁法》第 27 条规定:

劳动争议申请仲裁的时效期间为一年。仲裁时效期间从当事人知道或者应当知道其权利被侵害之日起计算。

前款规定的仲裁时效,因当事人一方向对方当事人主张权利,或者向有关部门请求权利救济,或者对方当事人同意履行义务而中断。从中断时起,仲裁时效期间重新计算。

因不可抗力或者有其他正当理由,当事人不能在本条第一款规定的仲裁时效期间申请仲裁的,仲裁时效中止。从中止时效的原因消除之日起,仲裁时效期间继续计算。

劳动关系存续期间因拖欠劳动报酬发生争议的,劳动者申请仲裁不受本条第一款规定的仲裁时效期间的限制;但是,劳动关系终止的,应当自劳动关系终止之日起一年内提出。

第三节　酒店纠纷的诉讼

案例 8-3

　　某酒店的采购员甲开车从 A 地去 B 地,在快要到达 B 地时,与突然拐弯的乙驾驶的汽车相撞。导致甲的头部受到撞击,但当时并未感到不适。到达 B 地后,甲的头部开始疼痛,经医院检查为脑震荡,甲为此支出了医疗费数千元。

　　问题:甲应到哪个地方法院起诉?

一、民事诉讼与民事诉讼法

(一) 民事诉讼的概念和特征

　　民事诉讼是指人民法院在双方当事人及其他诉讼参与人的参加下,审理和解决民事案件的活动,以及由于这些活动形成的各种关系的总称。

　　民事诉讼有两个方面的含义:一是诉讼活动,如当事人起诉、应诉活动,其他诉讼参与人如证人、鉴定人的作证与鉴定活动,以及人民法院审理案件的活动;二是法律关系,即由于当事人起诉、应诉形成的法院与原、被告的关系,法院与其他诉讼参与人的关系。

　　民事诉讼具有以下特征:

　　(1) 人民法院与一切诉讼参与人都是民事诉讼法律关系的主体。人民法院代表国家在民事案件行使审判权,是民事诉讼的组织者、指挥者和裁判者;当事人处于重要的地位,可以使诉讼程序发生、变更和结束,没有当事人也就不会有民事诉讼;其他诉讼参与人的诉讼行为对诉讼的顺利进行起着促进作用。

　　(2) 民事诉讼是人民法院、当事人及其他诉讼参与人的活动或者行为的结合,他们的活动或者行为必须依照法定程序进行。各诉讼主体都必须依照《民事诉讼法》的规定进行诉讼,行使诉讼权利,履行诉讼义务。

　　(3) 民事诉讼过程具有阶段性和连续性。《民事诉讼法》以及审判实践将民事诉讼的全过程划分为若干阶段,包括第一审程序的起诉和受理、审理前的准备、开庭审理和宣判四个阶段以及第二审程序和执行程序。

(二) 民事诉讼法的概述

　　民事诉讼法有狭义和广义之分。狭义上的民事诉讼法也叫形式意义上的民事诉讼法,专指民事诉讼法典,也就是国家立法机关制定的关于民事诉讼的专门法律。广义上的民事诉讼法,既包括民事诉讼法典,也包括宪法、法院组织法和其他法律中有关民事诉讼的原则、制度和程序的规定。此外,最高人民法院发布的指导民事审判所作的有关民事诉讼的规定、批复、指示等方面的司法解释,都具有约束力,同样属于实质意义上的民事诉讼法。

二、民事诉讼法的基本制度

民事诉讼法的基本制度是指在民事诉讼的特定阶段或主要环节发挥主导作用的准则。我国民事诉讼法的基本制度主要包括：合议制度、回避制度、陪审制度等。

（一）合议制度

合议制度是指由审判员和陪审员共同组成合议庭对案件进行审判的制度。

第一审合议庭的组成，分以下两种形式：

（1）审判员、陪审员共同组成合议庭。法律对审判员和陪审员的人数及比例并无限制。

（2）全部由审判员组成合议庭，不吸收陪审员参加。人民法院依照普通程序审理的第一审案件，除了可以由审判员组成合议庭审理外，也可以由审判员、陪审员组成合议庭审理。

人民法院审判第二审案件，合议庭必须由审判员组成，不得吸收陪审员参加。

第二审法院发回原审法院重审的案件，原第一审法院应按照第一审程序另行组成合议庭审理，原审合议庭的组成人员不得参加重审案件的合议庭。

再审案件，原生效裁判是第一审法院作出的，适用第一审程序；原生效裁判是第二审作出的，适用第二审程序另行组成合议庭。再审案件的合议庭应重新组成，曾参加原审的审判员、陪审员不得再加入重新组成的合议庭。

提审案件的合议庭应按第二审程序的规定由审判员组成。

（二）回避制度

回避制度是为了保证案件的公正审理，而要求与案件有一定利害关系的审判人员或其他有关人员，不得参与本案的审理活动或诉讼活动的审判制度。

根据法律规定，审判人员、书记员、翻译人员、鉴定人、勘验人在诉讼过程中下有列情形之一的必须回避：

（1）是本案当事人或者当事人、诉讼代理人的近亲属；

（2）有法律上的利害关系；

（3）与本案当事人存在能影响案件公正审理的其他关系。所谓其他关系，主要是指上述两种关系以外的其他较为亲近、密切的关系，如上下级关系、师生关系、同学关系、朋友关系等等。并不是所有这种关系都应回避，只有可能影响到案件公正处理的时候，才适用回避制度。

（三）陪审制度

陪审制度是指人民法院根据案情需要，邀请有关专业人员担任陪审员与审判员共同组成合议庭审理第一审民审案件的法律制度。

民事案件涉及各行各业，许多案件事实本身有很强的专业性和技术性。因此，根据案情的需要，邀请熟悉有关业务，具有专门知识、技能和实践经验的专家、技术人员担任陪审员，有助于查明案情，提高办案效率。

我国民事诉讼中实行陪审制度具有以下特点：

（1）在审判活动中，陪审员与审判员具有同等的权利；

（2）陪审员只适用于第一审案件，但不要求第一审合议庭必须有陪审员参加。

三、主管和管辖

（一）主管

主管是指国家机关行使职权与履行职责的范围与权限。民事诉讼的主管，是指人民法院对哪些民事纠纷有权依法进行审理，哪些民事纠纷可以通过民事诉讼的方式加以解决，即人们通常称之为人民法院受理民事案件的范围。根据《民事诉讼法》的规定，人民法院主管公民之间、法人之间、其他组织之间以及他们互相之间因财产关系、人身关系产生争议形成的民事案件。

（二）管辖

民事诉讼中的管辖是指各级人民法院之间受理第一审民事案件的分工和权限。这里需要指出的是，管辖指的是人民法院受理第一审民事纠纷案件的分工及权限，而不是第二审民事纠纷案件的分工及权限。基于管辖的规定而产生的人民法院审理民事案件的权限为管辖权。

管辖的分类，是指根据不同的标准和不同的角度，把管辖划分为不同的类别。我国《民事诉讼法》规定的诉讼管辖包括：级别管辖、地域管辖、协议管辖和指定管辖。

另外在理论上，《我国民事诉讼法》所规定的管辖按照不同的标准可以分为以下三类：

（1）法定管辖和裁定管辖。法定管辖，是指由法律明确规定第一审民事案件的管辖法院；裁定管辖，是指由人民法院采用裁定、决定等方式确定案件的管辖法院。

（2）专属管辖和协议管辖。专属管辖，是指根据法律规定某类案件只能由某一个或几个人民法院管辖，其他法院不享有管辖权。协议管辖，是指根据法律规定，由双方当事人以协议的方式约定的管辖。

（3）共同管辖和合并管辖。共同管辖，是指对同一案件两个以上的人民法院都享有管辖权。合并管辖，是指对某一个案件有管辖权的人民法院，可以一并管辖虽无管辖权但与此案有牵连的案件。

四、民事诉讼参加人

（一）当事人

民事诉讼中的当事人是指应诉，并受人民法院裁判约束的利害关系人。当事人有广义和狭义之分。狭义的当事人专指原告和被告。广义的当事人除了原告和被告，还包括共同诉讼人、诉讼代表人、第三人、特别程序中的申请人和起诉人、执行程序中的申请执行人和被申请执行人。

1. 当事人的特征

作为民事诉讼当事人,应当具有以下特征:

(1) 以自己名义进行诉讼。

(2) 与案件审理结果有直接或者间接法律上的利害关系。当事人参加诉讼是为了维护自身的利益,案件审理结果必然与其有直接利害关系。对于为保护他人利益而参加诉讼的,例如,财产的代管人、遗产管理人等,案件审理结果虽与其无直接的利害关系,但却有法律上的利害关系,仍可以成为民事诉讼的当事人。

(3) 受人民法院判决、裁定或调解书的约束的当事人在不同的诉讼程序中有不同的称谓。在第一审普通程序和简易程序中,称为原告和被告;在第二审程序中,称为上诉人和被上诉人;在审判监督程序中,适用第一审程序审理的,称为原审原告和原审被告,适用第二审程序审理的,称为原上诉人和原被上诉人;在执行程序中,称为申请执行人和被执行人;在企业法人破产还债程序中称为申请人、被执行人。

2. 当事人的诉讼权利和诉讼义务

根据我国《民事诉讼法》的规定,当事人在诉讼中享有以下权利:

(1) 一方当事人所享有的诉讼权利:① 原告在诉讼中有放弃、变更诉讼请求和撤诉的权利;② 被告在诉讼中有承认或者反驳原告诉讼请求和提起反诉的权利。

(2) 双方当事人都享有的权利:① 有权委托诉讼代理人,提出回避申请,收集、提供证据,进行辩论,选择调解,提起上诉,申请执行;② 有权查阅本案有关材料,并有权复制本案有关材料和法律文件;③ 有权自行和解;④ 有权使用本民族语言、文字进行诉讼;⑤ 有权申请证据保全;⑥ 有权申请财产保全和先予执行;⑦ 有权要求重新调查、鉴定或者勘验;⑧ 认为法庭笔录有错误,有权申请补正;⑨ 认为法院生效的判决、裁定、调解书确有错误,有权申请再审。

根据《民事诉讼法》规定,当事人应承担以下诉讼义务:

(1) 必须依法行使诉讼权利。当事人必须根据民事诉讼法的规定行使诉讼权利,不得滥用法律所赋予的诉讼权利,损害他人的合法权益。

(2) 必须遵守诉讼秩序。当事人必须遵守法庭秩序,服从法庭指挥,不得从事妨害民事诉讼秩序的行为。

(3) 必须履行发生法律效力的判决书、裁定书和调解书。义务人拒不履行的,人民法院可根据权利人的申请或依职权依法强制执行。

(二) 共同诉讼人

当事人一方或者双方为二人以上的诉讼,称为共同诉讼。在共同诉讼中共居于相同诉讼地位的当事人,称为共同诉讼人。原告为二人以上的称为共同原告;被告为二人以上的称为共同被告。

共同诉讼可分为必要的共同诉讼与普通的共同诉讼。必要的共同诉讼,是指当事人具有共同的诉讼标的,人民法院认为属于不可分之诉,必须合并审理的诉讼;普通的共同诉讼,也称为一般的共同诉讼,是指当事人一方或双方诉讼目的是同一种类的,经当事人同意,人民法院认为可以合并审理的诉讼。

(三) 诉讼代表人

诉讼代表人,是指当事人一方或双方人数众多,其诉讼标的为共同的或同一种类的,因无法全部到法院进行诉讼而推选出代表,由其代表人数众多的一方当事人进行诉讼活动的人。

诉讼代表人有以下几个主要特征:① 对诉讼标的有共同权利义务关系或者处于相同地位,具有共同利害关系;② 由众多当事人一方推选出的代表人代表其参加诉讼,人数众多一般指 10 人以上;③ 代表人进行诉讼行为不仅是为了保护自己的利益,也是为了保护被代表人利益;④ 人民法院所作出的判决,既对诉讼代表人产生法律效力,也对其他被代表人产生相同的法律效力。

(四) 诉讼第三人

民事诉讼中的第三人,是指对他人争议的诉讼标的有独立诉讼请求,或虽然没有独立的请求权,但案件的处理结果与他有法律上的利害关系,因而参加到当事人已经开始的民事诉讼中来进行诉讼的人。这就是说,民事诉讼中的第三人有两种:一是有独立请求权的第三人;二是无独立请求权的第三人。

有独立请求权的第三人,是指他人的诉讼开始后,对原、被告争议的诉讼标的有独立请求权的诉讼参加人。无独立请求权的第三人,是指对原、被告双方争议的诉讼标的没有独立请求权,但案件处理的结果,同他有法律上的利害关系,而参加到已经开始的诉讼中来,进行诉讼的人。

五、普通程序的各个阶段

(一) 起诉的概念

公民、法人和其他组织认为自己的民事权益受到侵害,请求人民法院通过审判给予法律保护的诉讼行为就称为起诉。

(二) 起诉的条件

起诉的条件为:

(1) 原告必须是与本案有直接利害关系的公民、法人或其他组织;

(2) 有明确的被告;

(3) 有具体的诉讼请求和事实、理由;

(4) 属于人民法院受理民事诉讼的范围和受诉人民法院管辖。

(三) 起诉的审查和受理

受理,是指人民法院经过对当事人起诉进行审查,对符合法律规定的起诉条件,决定立案审理,从而使诉讼程序开始的一种诉讼行为。

人民法院审查起诉主要从三个方面进行:

(1) 要审查原告的起诉是否属于法院受理民事诉讼的范围,是否属于受诉法院的管辖;

(2) 要审查起诉是否符合法定的四个条件;

(3) 要审查起诉手续是否完备,起诉书内容是否明确具体。

人民法院对起诉审查以后,针对不同情况做出不同的处理:

(1) 人民法院认为起诉符合法定条件的,应在 7 日内立案并通知当事人。

(2) 人民法院认为起诉不符合法定条件的,应在 7 日内裁定不予受理;原告对不予受理裁定不服的,可以提起上诉。如果人民法院在立案后,发现起诉不符合法定条件的,裁定驳回起诉,当事人对驳回起诉的裁定不服的,可以提起上诉。

（四）审理前的准备

审理前的准备是指人民法院接受原告起诉并决定立案受理后,在开庭审理之前,由承办案件的审判员依法所做的各项准备工作。依照现行《民事诉讼法》和有关司法解释的规定,审理前的准备工作主要有:

(1) 送达起诉书副本和提出答辩状;

(2) 告知当事人诉讼权利和义务及合议庭组成人员;

(3) 审阅诉讼材料,调查收集必要的证据;

(4) 更换和追加当事人。

（五）开庭审理

开庭审理是在人民法院审判人员的主持下,在当事人和其他诉讼参与人的参加下,在法院固定的法庭上或纪律允许设置的法庭上,依照法定的程式和顺序,对案件进行实体审理,从而查明案件事实,分清是非,并在此基础上,对案件作出裁判的全部过程。

依照普通程序审理案件,必须严格按照法定的阶段和顺序进行:① 准备开庭;② 法庭调查;③ 法庭辩论;④ 评议和宣判;⑤ 法庭笔录;⑥ 审理期限。

（六）延期审理和诉讼中止、诉讼终结

1. 延期审理的概念

人民法院在已经通知当事人、其他诉讼参与人和公告开庭日期,由于法律规定的原因,需要另定日期进行审理的,称为延期审理。

(1) 必须到庭的当事人和其他诉讼参与人有正当理由没有到庭。对必须到庭的当事人,民事诉讼法只规定了"离婚案件有诉讼代理人的,本人除不能表达意志的以外,仍应到庭",对其他案件未做明文规定的,需要根据具体案例情况来决定。在审判实践中,必须到庭的当事人,一般是指负有赡养、抚育、扶养义务以及其他人民法院认为必须到庭的当事人。对那些给国家、集体或他人造成损害的未成年人的法定代理人,如果不到庭案件就无法处理的,也可以视为必须到庭的当事人。至于案件的重要证人,以及为不通晓当地民族语言文字的当事人配备的翻译,都是必须到庭的其他诉讼参与人。

（2）当事人临时提出回避申请。

（3）需要通知新的证人到庭，调取新的证据，重新鉴定、勘验，或者需要补充调查。

（4）其他应当延期的情形。这是一条弹性条款，可以由人民法院根据案件的具体情况灵活掌握。比如离婚案件经调解未达成协议，或者合议庭成员、当事人一方在审理中突然生病等，都可以延期审理。

决定延期审理的案件，合议庭能确定下次开庭日期的，可以当庭告知。一时不能确定的，也可以在确定后发出开庭通知。

2. 诉讼中止的概念

诉讼进行中，由于发生某种无法克服且难以避免的特殊情况，使诉讼程序暂时停止的，称为诉讼中止。

诉讼中止与延期审理的区别：第一，延期审理是把开庭审理的日期延迟到另一个日期；诉讼中止则是诉讼程序的中断，诉讼的任何阶段，只要有诉讼中止的情况，诉讼程序就停止进行。第二，延期审理的案件恢复审理的日期，由人民法院确定；中止诉讼后恢复的日期则不能预见，只有在中止诉讼的原因消除后，才能恢复诉讼程序。第三，延期审理只是对审理日期的延展，其他诉讼活动并不停止，如调查、取证等工作仍可进行；诉讼中止期间则诉讼程序中断，人民法院和当事人的一切诉讼活动都应该停止进行。

《民事诉讼法》规定，有下列情形之一的，人民法院即应裁定中止诉讼：

（1）一方当事人死亡，需要等待继承人表明是否参加诉讼。

（2）一方当事人丧失诉讼行为能力，尚未确定法定代理人。没有诉讼行为能力的人不能亲自进行有效的参加诉讼行为，必须由他的法定代理人代为诉讼。

（3）作为一方当事人的法人或者其他组织终止，尚未确定权利义务承受人。

（4）一方当事人因不可抗拒的事由，不能参加诉讼。

（5）本案必须以另一案的审理结果为依据，而另一案件尚未审结。

（6）其他应当中止诉讼的情形。这是一条弹性条款，当出现法律没有明确规定的其他特殊情况，人民法院认为应当中止诉讼的，就可以裁定中止诉讼。如当事人出国、调动工作还不知道何时回国及调动到何处或新的地址，人民法院就可以中止诉讼。

3. 诉讼终结的概念

在诉讼进行中，由于一方当事人死亡所出现的其他特定情况，使诉讼程序的继续进行成为不可能，从而结束诉讼程序的，称为诉讼终结。

诉讼终结与诉讼中止不同，其区别是：第一，诉讼终结的原因只能是基于一方当事人死亡所出现的特定情况；而诉讼中止的原因则较多，并有适用复杂情况的弹性条款。第二，诉讼终结是结束诉讼程序，效力与案件审结相同，不会发生重新恢复诉讼程序问题；诉讼中止则是诉讼程序的暂时停止，在中止诉讼的原因消除后，必须恢复诉讼程序，对案件继续进行审理。第三，诉讼终结后，人民法院对当事人的争议没有必要作出文件处理；诉讼中止则应作出文件处理。

（七）撤诉和缺席判决

人民法院受理案件后至作出判决前，原告撤回起诉的诉讼行为叫撤诉。撤诉有当事人申请撤诉和按撤诉处理的区别，前者是当事人对诉讼权利的积极处分，后者是当事人对诉讼权利的消极处分。

（1）提出撤诉申请的人必须是原告或者经过原告特别授权的委托代理人。无民事行为能力的原告，由其法定代理人提出，其他诉讼参加人均不能提出撤诉申请。

（2）申请撤诉必须自愿。

（3）申请撤诉必须符合法律规定。即撤诉不得侵犯国家、集体或者他人的合法权益，不得规避法律或者企图逃避法律制裁。

（4）申请撤诉必须在人民法院宣判前提出，审判后原告不能再提出撤诉。

原告经传票传唤，无正当理由拒不到庭的，或者未经法庭许可中途退庭的按撤诉处理。这里应当注意，无论是按撤诉处理还是缺席判决，对那些并不是必须到庭的当事人都无须一再传唤。只须一次传唤，但必须是"传票传唤"，而不是口头传唤或者电话传唤。

无正当理由拒不到庭以及有独立请求权的第三人经人民法院传票传唤，无正当理由拒不到庭的，或者未经法庭许可中途退庭的，都可以按撤诉处理。原告应预交而未预交案件受理费，人民法院应当通知其预交，通知后仍不预交或者申请减、缓、免交，未经人民法院批准而仍不预交的，裁定按自动撤诉处理。

根据《民事诉讼法》规定和最高人民法院司法解释，有关诉讼参加人不到庭，可以依法适用缺席判决的，主要有以下几种情况：

（1）原告未到庭或中途退庭。原告在被告提出反诉的情况下，经人民法院传票传唤，无正当理由拒不到庭的，或者未经法庭许可中途退庭的，可以缺席判决。

（2）原告申请撤诉未准而拒不到庭。人民法院裁定不准撤诉的案件，原告经传票传唤，无正当理由拒不到庭的，可以缺席判决。

（3）被告不到庭或中途退庭。被告经传票传唤，无正当理由拒不到庭的，或者未经法庭许可中途退庭的，可以缺席判决。

（4）被告法定代理人不到庭。人民法院对无诉讼行为能力的被告的法定代理人，经传票传唤，无正当理由拒不到庭的，可以缺席判决。

（5）无独立请求权的第三人未到庭。无独立请求权的第三人经人民法院传票传唤，无正当理由拒不到庭的，或者未经法庭许可中途退庭的，不影响案件的审理，人民法院可以判决其承担义务。

缺席判决必须在案件事实已经全部查清的情况下才能作出，同时要认真考虑缺席一方当事人的合法权益。

知识链接 8-3

案件受理费标准

1. 财产案件根据诉讼请求的金额或者价额，按照下列比例分段累计交纳：不超过1万元的,每件交纳 50 元;超过 1 万元至 10 万元的部分,按照 2.5％交纳;超过 10 万元至 20 万元的部分,按照 2％交纳;超过 20 万元至 50 万元的部分,按照 1.5％交纳;超过 50 万元至 100 万元的部分,按照 1％交纳;超过 100 万元至 200 万元的部分,按照 0.9％交纳;超过 200 万元至 500 万元的部分,按照 0.8％交纳;超过 500 万元至 1000 万元的部分,按照 0.7％交纳;超过 1000 万元至 2000 万元的部分,按照 0.6％交纳;超过 2000 万元的部分,按照 0.5％交纳。

2. 非财产案件按照下列标准交纳:

(1) 侵害姓名权、名称权、肖像权、名誉权、荣誉权以及其他人格权的案件,每件交纳 100 元至 500 元。涉及损害赔偿,赔偿金额不超过 5 万元的,不另行交纳;超过 5 万元至 10 万元的部分,按照 1％交纳;超过 10 万元的部分,按照 0.5％交纳。其他非财产案件每件交纳 50 元至 100 元。

(2) 知识产权民事案件,没有争议金额或者价额的,每件交纳 500 元至 1000 元;有争议金额或者价额的,按照财产案件的标准交纳。

(3) 劳动争议案件每件交纳 10 元。

(4) 行政案件按照下列标准交纳:商标、专利、海事行政案件每件交纳 100 元;其他行政案件每件交纳 50 元。

(5) 当事人提出案件管辖权异议,异议不成立的,每件交纳 50 元至 100 元。

六、简易程序

简易程序是指第一审普通程序的简化,是基层人民法院和它派出的法庭审理事实清楚、权利义务关系明确、争议不大的简单纠纷民事案件的程序。

(一) 简易程序的特点

简易程序同普通程序相比较.具有以下特点:

(1) 起诉方式简便。适用简易程序审理的案件,原告可以用口头起诉,也可以书面起诉状起诉。人民法院应当将起诉的内容,用口头或者书面方式通知被告,以便被告做好应诉的准备。

(2) 审理程序简便。适用简易程序审理的案件,可以不用书面通知被告应诉和答辩,当事人双方可以同时到基层人民法院和它派出的法庭。在接受当事人双方请求后,法院根据需要和可能,可以当即审理,也可以另定日期审理。

(3) 传唤当事人、证人的方式简便。适用简易程序审理的案件,可以用简便的方式,随时传唤当事人、证人。

(4) 由审判员一人独任审理。

(5) 审理期限短,不能延长。适用简易程序审理的案件,应当从立案起 3 个月内结案。在适用简易程序审理案件过程中,如果发现案件复杂,3 个月内不能结案的,应当转为普通程序审理,组成合议庭进行,并通知当事人,审理期限仍从原立案之次日起算。

(二)简易程序的适用范围

简易程序适用基层人民法院和它派出的法庭。按照级别管辖的规定,中级人民法院、高级人民法院、最高人民法院管辖的第一民事案件,都不是简单的民事案件,所以中级以上的人民法院都不适用简易程序。

基层人民法院和它派出的法庭审理事实清楚、权利义务关系明确、争议不大的简单民事案件,适用简易程序。所谓简单民事案件必须具备三个条件:一是事实清楚,是指当事人双方对他们发生争议的案件事实的陈述基本一致,并对他们的陈述提交了可靠的证据,无须人民法院调查和收集证据就可以判明事实,分清是非;二是权利义务关系明确,是指谁是民事权利的享有者,谁是民事责任的承担者,关系明确;三是争议不大,是指当事人双方对案件的是非、责任及诉讼标的争议没有原则分歧。以上这三个条件必须同时具备,才能确定为简单民事案件。

七、第二审程序

(一)第二审程序概述

第二审程序是指由于民事诉讼当事人不服地方各级人民法院的第一审裁判而在法定期间内向上一级人民法院提起上诉而引起的诉讼程序,是第二审级的人民法院审理上诉案件所适用的程序。二审程序的提起,既可以是当事人,也可以是直接承受一审裁判中实体权利和义务的第三人;同时,既可以是当事人一方不服裁判而提出上诉,也可以因当事人双方不服提出上诉。

当事人不服第一审人民法院的判决、裁定提起上诉,必须在法律规定的期限内进行。对判决提起上诉的期限为 15 日,对裁定提起上诉的期限为 10 日。从判决书、裁定书送达当事人之日起算。对上诉期限的计算还应当指出两点:一是当事人一方在国内、一方在国外的案件,因法律规定的上诉期限不同,必须在双方当事人上诉期限都届满后,判决才发生法律效力。法律规定,国内一方当事人不服一审判决的上诉期限为 15 日,国外一方当事人不服一审判决的上诉期限为 30 日。

当事人提起上诉,应依法交纳诉讼费。诉讼费一般应在递交上诉状的同时交纳。当事人已提出上诉的案件,第一审判决、裁定不发生效力。但对第一审人民法院所作的财产保全、先予执行的裁定效力不发生影响,仍应执行。

(二)上诉案件的审理范围

二审人民法院只对上诉人上诉请求的有关事实和适用法律进行审查。当事人没有请求的,一般不予审查。

(三)上诉案件的审理方式

第二审人民法院审理上诉案件可以开庭审理,也可以依法迳行裁判。合议庭经过阅卷和调查,询问当事人,在事实核对清楚后认为不需要开庭审理的,也可以迳行判决、裁定。第二审人民法院开庭审理是人民法院审理上诉案件的主要方式,必须按照开庭审理程序的有关规定进行。只要符合法律规定的要求,才可以采用迳行裁判的方式。必须指出,迳行裁判不同于书面审理。因为书面审理,是指人民法院受理上诉案件后,一般不介入进行实际调查,也不传唤当事人、证人和其他诉讼参与人,只是对第一审人民法院报送的案卷材料进行审查后即作出裁判,而民事诉讼中的迳行裁判方式,只是简易开庭审理的程序、审判人员不仅必须阅卷,而且还应当对案件的事实进行调查和询问当事人。只有在事实核对清楚后,合议庭认为不需要开庭的,才可以迳行判决、裁定。具体说,以下四类案件可以迳行裁判:① 一审就不予受理、驳回起诉和管辖权异议作出裁定的案件;② 当事人提出的请求明显不能成立的案件;③ 原审判决认定事实清楚,但适用法律错误的案件;④ 原判决违反法定程序,可能影响案件正确判决,需要发回重审的案件。

第二审人民法院审理的案件,无论是依法公开审理还是不公开审理,开庭审理地点可以在上诉审法院进行,也可以到案件发生地或者原审人民法院所在地进行。

(四)上诉案件有关程序问题处理

针对审判实践中,有些上诉案件出现一些如何适用程序的问题,最高人民法院对此作了具体规定。这些规定是:

(1)上诉案件不属于人民法院受理案件范围的,第二审人民法院可以直接裁定撤销原判,驳回起诉。

(2)第一审应追加的当事人未追加的,第二审人民法院可以根据当事人自愿的原则进行调解,调解不成的,发回重审。发回重审的裁定书不列应追加的当事人。

(3)第一审漏判当事人已经提出的诉讼请求的,第二审人民法院可以根据当事人自愿的原则进行调解,调解不成的,发回重审。

(4)在第二审程序中原审原告增加独立的诉讼请求或原审被告进行反诉的,第二审法院可以根据当事人自愿的原则就新增加的诉讼请求或反诉进行调解,调解不成的,告知当事人可以另行起诉。

(5)当事人在第二审程序中达成和解协议的,第二审人民法院可以根据当事人的请求,对双方达成的和解协议进行审查并制作调解书送达当事人;因和解而要求撤诉,经审查符合撤诉条件的,人民法院应予准许。

八、审判监督程序

审判监督程序也称再审程序,是依法对案件进行再审,不增加审级的一种救济程序。

审判监督程序不是一种独立的审判程序,因此,各诉讼法没有对审判监督程序的审限作出特别的规定。再审案件所适用的审判程序,取决于其作出生效的判决、裁定、调解所适用的程序。因而,按照审判监督程序决定再审的案件,其审结时限也应取决于所适用的程序,即适用一审程序再审的案件,应在 6 个月内审结,特殊情况需要延长的,经本院院长批准可以延长 6 个月,如还需要延长的,报请上级人民法院批准。适用二审程序再审的案件,应在 3 个月内审结,有特殊情况需要延长的,经本院院长批准。适用二审程序再审的裁定案件应在立案之日 30 日内审结。再审案件审结时限的起算,应从人民法院按照审判监督程序作出裁定决定再审之日起算。对裁定和调解书的再审从人民法院决定再审之日起算。

思考与练习

一、有问有答

1. 酒店纠纷调解应坚持哪些原则?

2. 酒店纠纷仲裁有什么特点?

3. 如何确定酒店纠纷诉讼的管辖法院?

4. 酒店纠纷诉讼简易程序和普通程序相比,有哪些特点?

二、案例分析

某酒店司机甲为酒店运送货物,汽车在大街上正常行驶,路经十字路口时,行人乙抬一大块玻璃横穿马路,甲急刹车,乙因紧张将玻璃撞到汽车上,玻璃碎片溅伤恰巧路过的小孩丙,致使小孩丙右眼致残。丙向人民法院起诉,要求损害赔偿。

问题:请写出酒店、甲、乙、丙在本案中的诉讼地位。

能力训练

到法院旁听民事案件审理,并要求写出诉讼程序流程。

附　录

中国旅游饭店行业规范

第一章　总　　则

第一条　为了倡导履行诚信准则,保障客人和旅游饭店的合法权益,维护旅游饭店业经营管理的正常秩序,促进中国旅游饭店业的健康发展,中国旅游饭店业协会依据国家有关法律、法规,特制定《中国旅游饭店行业规范》(以下简称为《规范》)。

第二条　旅游饭店包括在中国境内开办的各种经济性质的饭店,含宾馆、酒店、度假村等(以下简称为饭店)。

第三条　饭店应当遵守国家的有关法律、法规和规章,遵守社会道德规范,诚信经营,维护中国旅游饭店行业的声誉。

第二章　预订、登记、入住

第四条　饭店应与客人共同履行住宿合同,因不可抗力不能履行双方住宿合同的,任何一方均应当及时通知对方。双方另有约定的,按约定处理。

第五条　由于饭店出现超额预订而使客人不能入住的,饭店应当主动替客人安排本地同档次或高于本饭店档次的饭店入住,所产生的有关费用由饭店承担。

第六条　饭店应当同团队、会议、长住客人签订住房合同。合同内容应包括客人进店和离店的时间、房间等级与价格、餐饮价格、付款方式、违约责任等款项。

第七条　饭店在办理客人入住手续时,应当按照国家的有关规定,要求客人出示有效证件,并如实登记。

第八条　以下情况饭店可以不予接待:

(一) 携带危害饭店安全的物品入店者;

(二) 从事违法活动者;

(三) 影响饭店形象者;

(四) 无支付能力或曾有过逃账记录者;

(五) 饭店客满;

(六) 法律、法规规定的其他情况。

第三章　饭店收费

第九条　饭店应当将房价表置于总服务台显著位置,供客人参考。饭店如给予客人房价折扣,应当书面约定。

第十条 饭店客房收费以"间/夜"为计算单位(钟点房除外)。按客人住一"间/夜",计收一天房费;次日 12 时以后、18 时以前办理退房手续者,饭店可以加收半天房费;次日 18 时以后退房者,饭店可以加收一天房费。

第十一条 根据国家规定,饭店可以对客房、餐饮、洗衣、电话等服务项目加收服务费,应当在房价表及有关服务价目单上注明。

第四章 保护客人人身和财产安全

第十二条 为了保护客人的人身和财产安全,饭店客房房门应当装置防盗链、门镜、应急疏散图,卫生间内应当采取有效的防滑措施。客房内应当放置服务指南、住宿须知和防火指南。有条件的饭店应当安装客房电子门锁和公共区域安全监控系统。

第十三条 饭店应当确保健身、娱乐等场所设施、设备的完好和安全。

第十四条 对可能损害客人人身和财产安全的场所,饭店应当采取防护、警示措施。警示牌应当中外文对照。

第十五条 饭店应当采取措施,防止客人放置在客房内的财物灭失、毁损。由于饭店的原因造成客人财物灭失、毁损的,饭店应当承担责任。

第十六条 饭店应当保护客人的隐私权。除日常清扫卫生、维修保养设施设备或者发生火灾等紧急情况外,饭店员工未经客人许可不得随意进入客人下榻的房间。

第五章 保管客人贵重物品

第十七条 饭店应当在前厅处设置有双锁的客人贵重物品保险箱。贵重物品保险箱的位置应当安全、方便、隐蔽,能够保护客人的隐私。饭店应当按照规定的时限免费提供住店客人贵重物品的保管服务。

第十八条 饭店应当对住店客人贵重物品的保管服务做出书面规定,并在客人办理入住登记时予以提示。违反第十七条和本条规定,造成客人贵重物品灭失的,饭店应当承担赔偿责任。

第十九条 客人寄存贵重物品时,饭店应当要求客人填写贵重物品寄存单,并办理有关手续。

第二十条 客房内设置的保险箱仅为客人提供存放一般物品之用。对没有按规定存放在饭店前厅贵重物品保险箱内而在客房里灭失、毁损的客人的贵重物品,如果责任在饭店一方,可视为一般物品予以赔偿。

第二十一条 如无事先约定,在客人结账退房离开饭店以后,饭店可以将客人寄存在贵重物品保险箱内的物品取出,并按照有关规定处理。饭店应当将此条规定在客人贵重物品寄存单上明示。

第二十二条 客人如果遗失饭店贵重物品保险箱的钥匙,除赔偿锁匙成本费用外,饭店还可以要求客人承担维修保险箱的费用。

第六章　　保管客人一般物品

第二十三条　饭店保管客人寄存在行李寄存处的行李物品时,应当检查其包装是否完好、安全,询问有无违禁物品,并经双方当面确认后签发给客人行李寄存牌。

第二十四条　客人在餐饮、康乐、前厅行李处等场所寄存物品时,饭店应当当面询问客人物品中有无贵重物品。客人寄存的行李中如有贵重物品的,应当向饭店声明,由饭店员工验收并交饭店贵重物品保管处免费保管;客人事先未声明或不同意核实而造成物品灭失、毁损的,如果责任在饭店一方,饭店按照一般物品予以赔偿;客人对寄存物品没有提出需要采取特殊保管措施的,因为物品自身的原因造成毁损或损耗的,饭店不承担赔偿责任;由于客人没有事先说明寄存物的情况,造成饭店损失的,除饭店知道或者应当知道而没有采取补救措施的以外,饭店可以要求客人承担其所受损的赔偿责任。

第七章　　洗衣服务

第二十五条　客人送洗衣物,饭店应当要求客人在洗衣单上注明洗涤种类及要求,并应当检查衣物状况有无破损。客人如有特殊要求或者饭店员工发现衣物破损的,双方应当事先确认并在洗衣单上注明。客人事先没有提出特殊要求,饭店按照常规进行洗涤,造成衣物损坏的,饭店不承担赔偿责任。客人的衣物在洗涤后即时发现破损等问题,而饭店无法证明该衣物是在洗涤以前破损的,饭店承担相应责任。

第二十六条　饭店应当在洗衣单上注明,要求客人将衣物内的物品取出。对洗涤后客人衣物内物品的灭失,饭店不承担责任。

第八章　　停车场管理

第二十七条　饭店应当保护停车场内饭店客人的车辆安全。由于保管不善,造成车辆灭失或者毁损的,饭店承担相应责任,但因为客人自身的原因造成车辆灭失或者毁损的除外。双方均有过错的,应当各自承担相应的责任。

第二十八条　饭店应当提示客人保管好放置在汽车内的物品。对汽车内放置的物品的灭失,饭店不承担责任。

第九章　　其　　　他

第二十九条　饭店可以谢绝客人自带酒水和食品进入餐厅、酒吧、舞厅等场所享用,但应当将谢绝的告示设置于有关场所的显著位置,或者确认已将上述信息用适当方式告知客人。

第三十条　饭店有义务提醒客人在客房内遵守国家有关规定,不得私留他人住宿或者擅自将客房转让给他人使用及改变使用用途。对违反规定造成饭店损失的,饭店可以要求下榻该房间的客人承担相应的赔偿责任。

第三十一条 饭店可以口头提示或书面通知客人不得自行对客房进行改造、装饰。未经饭店同意进行改造、装饰并因此造成损失的,饭店可以要求客人承担相应的赔偿责任。

第三十二条 饭店有义务提示客人爱护饭店的财物。由于客人的原因造成损坏的,饭店可以要求客人承担赔偿责任。由于客人原因饭店维修受损设施设备期间导致客房不能出租、场所不能开放而发生的营业损失,饭店可视其情况要求客人承担责任。

第三十三条 对饮酒过量的客人,饭店应恰当、及时地劝阻,防止客人在店内醉酒。客人醉酒后在饭店内肇事造成损失的,饭店可以要求肇事者承担相应的赔偿责任。

第三十四条 客人结账离店后,如有物品遗留在客房内,饭店应当设法同客人取得联系,将物品归还或寄还给客人,或替客人保管,所产生的费用由客人承担。三个月后仍无人认领的,饭店可进行登记造册,按拾遗物品处理。

第三十五条 饭店应当提供与本饭店档次相符的产品与服务。饭店所提供的产品和服务如果存在瑕疵,饭店应当采取措施及时加以改进。由于饭店的原因而给客人造成损失的,饭店应当根据损失程度向客人赔礼道歉,或给予相应的赔偿。

第十章 处 理

第三十六条 中国旅游饭店协会会员饭店违反本《规范》,造成不良后果和影响的,除按照有关规定进行处理外,中国旅游饭店业协会将对该会员饭店给予协会通报批评。

第三十七条 中国旅游饭店协会会员饭店违反本《规范》,给客人人身造成较大伤害或者给客人的财产造成严重损失且情节严重的,除按规定进行赔偿外,中国旅游饭店业协会将对该会员饭店给予公开批评。

第三十八条 中国旅游饭店协会会员饭店违反本《规范》,给客人人身造成重大伤害或者给客人的财产造成重大损失且情节特别严重的,除按规定进行赔偿外,经中国旅游饭店业协会常务理事会通过,将对该会员饭店予以除名。

第十一章 附 则

第三十九条 饭店公共场所的安全疏散标志等应符合国家的规定。饭店的图形符号应符合中华人民共和国旅游行业标准 LB/T001-1995 旅游饭店公共信息图形符号。

第四十条 中国旅游饭店协会会员饭店如果同客人发生纠纷应参照本《规范》有关条款协商解决;协商不成的,双方按照国家有关法律、法规和规定处理。

第四十一条 本《规范》适用于中国旅游饭店业协会会员饭店。

第四十二条 本《规范》自 2002 年 5 月 1 日起施行。

第四十三条 本《规范》由中国旅游饭店业协会常务理事会通过并负责解释。